12 passions amoureuses

qui ont changé l'Histoire

DU MÊME AUTEUR

AUX ÉDITIONS ALBIN MICHEL
Les Silences de Dieu, roman (Grand Prix de littérature policière 2003)
La Reine crucifiée, roman
Moi, Jésus, roman

AUX ÉDITIONS CALMANN-LÉVY
Le Livre des sagesses d'Orient, anthologie
L'Ambassadrice, biographie
Un bateau pour l'Enfer, récit
La Dame à la lampe, biographie

AUX ÉDITIONS DENOËL
Avicienne ou la route d'Ispahan, roman
L'Égyptienne, roman
Le Pourpre et l'Olivier, roman
La Fille du Nil, roman
Le Livre de Saphir, roman (Prix des libraires 1996)

AUX ÉDITIONS FLAMMARION
Akhenaton, Le Dieu maudit, biographie
Erevan, roman (Prix du roman historique de Blois)
Inch' Allah, Le Souffle du jasmin, roman
Inch' Allah, Le Cri des pierres, roman
L'homme qui regardait la nuit, roman
La Nuit de Maritzburg, roman

AUX ÉDITIONS GALLIMARD
L'Enfant de Bruges, roman
À mon fils à l'aube du troisième millénaire, essai
Des jours et des nuits, roman

AUX ÉDITIONS PYGMALION
Le Dernier Pharaon, biographie
Douze femmes d'Orient qui ont changé l'Histoire

AUX ÉDITIONS ARTHAUD
Les Nuits du Caire, roman

Site officiel de Gilbert Sinoué :
http://www.sinoue.com

Gilbert SINOUÉ

12 passions amoureuses

qui ont changé l'Histoire

Pygmalion

Sur simple demande adressée à
Pygmalion, 87 quai Panhard et Levassor, 75647 Paris Cedex 13,
vous recevrez gratuitement notre catalogue
qui vous tiendra au courant de nos dernières publications.

© 2015 Pygmalion, département de Flammarion
ISBN : 978-2-7564-1432-4

Préambule

e lecteur pourrait légitimement s'interroger quant au bien-fondé du titre de cet ouvrage : *12 passions qui ont changé l'Histoire* et chercher à comprendre de quelle façon l'amour de Piaf pour Cerdan, celui de Lady Hamilton pour l'amiral Nelson, de Nehru pour Lady Mountbatten ont pu jouer un rôle dans le cours des événements du monde. Et pourtant… Si Lady Mountbatten et Nehru n'avaient été passionnément amoureux, il est probable que le processus qui devait aboutir à l'indépendance de l'Inde eût été bien plus conflictuel qu'il ne le fut. Si Piaf, tout à son manque de Cerdan, n'avait pas insisté pour qu'il vienne la rejoindre au plus vite, non par bateau, comme cela était prévu, mais par avion, le boxeur aurait affronté Jake La Motta et, qui sait, récupéré son titre de champion du monde. Si l'amour fou de dom Pedro pour l'infante de Castille ne s'était pas conclu par l'assassinat de cette dernière, Alphonse IV et son fils ne se seraient pas livré une guerre qui fut à deux doigts de dévaster le royaume du Portugal.

Comment ignorer le rôle déterminant que Lady Hamilton joua auprès de Marie-Caroline, reine du royaume de Naples et de Sicile ? Si, pour l'amour de l'amiral Nelson, l'ambassadrice n'était pas intervenue, la flotte anglaise eût été en bien mauvaise posture et peut-être dans l'incapacité d'aller affronter l'amiral Brueys dans la baie d'Aboukir. Chaque parcelle de l'univers est reliée et il suffit que l'une d'entre elles soit modifiée pour que toutes celles qui l'entourent le soient aussi. Frida Kahlo et Diego Rivera, Rodin et Claudel, le couple Burton et Taylor, Hugo et Juliette ont chacun, à leur manière, et avec plus ou moins d'importance, fait bouger les lignes du destin.

La reine crucifiée

Dom Pedro et Inès de Castro

n coup frappé à la porte arrache Alphonse IV, roi du Portugal, à sa méditation. Il attendait ce visiteur.

— Entrez!

La silhouette d'un jeune homme de vingt ans se glisse dans la pièce.

— Vous m'avez fait mander, père?

La voix est incertaine, comme si les mots butaient contre le palais avant de jaillir.

— Approchez-vous, dom Pedro!

Les deux hommes se ressemblent tant que, s'il n'y avait eu trente années d'écart, on eût pu les croire jumeaux. Grands, la peau mate, le teint hâlé, l'œil et le cheveu noir, la face anguleuse et le nez droit; l'un et l'autre sont campés dans une attitude identique, mélange d'arrogance et d'orgueil.

Dom Pedro attend que le souverain prenne place et s'assied à son tour.

— Comme toujours, vous avez l'air épuisé, note Alphonse. Vous ne dormez pas assez à ce qu'on me dit.

— Nous en avons déjà parlé, père. J'ai la nuit en horreur.

— Il faut bien dormir pourtant. La nature le commande. Que faites-vous donc de vos nuits ?

— Je lis.

— Vous lisez ! De la poésie, bien sûr. De stupides *cancioneiros*. D'ailleurs, il n'y a pas que vos lectures. Aux premières lueurs de l'aube, vous enfourchez votre cheval en compagnie de cet esclave dont j'ai oublié le nom…

— Massala.

— Massala. Et l'on ne vous voit réapparaître qu'au soleil de midi.

— Quel… mal… y a-t-il… à…

À nouveau cette difficulté à prononcer les mots quand la tension se faisait plus forte. Les doigts de dom Pedro se crispent. Quand se guérira-t-il de ce bégaiement qui l'habite depuis qu'il est enfant ? Il inspire à fond et reprend :

— Si vous me disiez plutôt la raison de ma présence.

— Il en est deux.

Alphonse se lève brusquement et marche vers la fenêtre ouverte sur la plaine. Dos tourné, il annonce :

— Une armée mauresque appartenant à la branche des Marinides a débarqué à Gibraltar, répondant aux appels au secours lancés par l'émir de Grenade. Elle est commandée par Abou el-Hassan, le « sultan noir ». Tout porte à croire qu'il compte entreprendre une vaste contre-offensive et remonter vers le nord. Le roi de Castille et de León va se porter à sa rencontre. Il a réclamé mon aide.

Une expression dubitative apparaît sur les traits du jeune prince.

— Et vous avez accepté ?

Alphonse se retourne vivement.

— N'aurais-je pas dû ?

— L'Andalousie n'est pas le Portugal. Que je sache, vous n'avez pas toujours porté la Castille dans votre cœur. L'an passé encore, vous livriez bataille contre ce royaume et son souverain, votre homonyme : Alphonse XI.

Le roi fait un geste d'impatience.

— Alphonse a épousé votre sœur, doña Marie. Elle ne supportait plus d'être maltraitée et avilie par son époux. Je n'ai pas eu d'autre choix que d'intervenir. Mais c'est de l'histoire ancienne. Depuis, mon gendre a fait amende honorable et tout est rentré dans l'ordre.

— Tant mieux. Moi je n'aurais pas absous ce personnage de sitôt.

— Parce que vous avez l'entêtement de la jeunesse et que vous ignorez tout des choses de la politique. D'autre part, vous semblez oublier que, depuis toujours, les Maures sont nos ennemis communs. Tout ce qui met en péril la reconquête met en péril le Portugal.

— Quand partez-vous ?

— Je prends la route demain, à la tête de mille lances.

Il y a un nouveau silence. Le souverain regagne sa place et fourrage dans sa barbe avant de reprendre la parole.

— J'ai aussi autre chose à vous dire.

Pedro hoche la tête et attend.

— Vous allez vous marier.

— Me… marier ?

— Ainsi que vous le rappeliez, il est vrai que l'orage a souvent sévi entre la Castille et nous. Cependant, aujourd'hui, même si les rivalités et les jalousies subsistent, l'union de doña Marie et du roi de Castille nous a permis d'envisager le présent plus sereinement. Le présent… Reste l'avenir.

— L'avenir ?

— Vous, mon fils. L'avenir du royaume, c'est vous. Si nous voulons que la paix si difficilement gagnée perdure, et poursuivre le rapprochement amorcé entre nous et nos voisins…

— Vous souhaitez que…

— Vous épouserez doña Constance. L'infante de Castille. Ce n'est pas un souhait. C'est une exigence. Elle a presque votre âge. Dix-neuf ans. Elle est attrayante à ce qu'on dit. Douce et soumise, ce qui ne gâche rien. Ce mariage rapprochera plus encore les deux royaumes et assurera ma descendance et la vôtre.

Une certaine raideur envahit les traits du jeune prince. Il cherche une réplique. À quoi bon ? Il aurait tant de mal à l'exprimer. Depuis longtemps déjà il a appris qu'un fils de roi ne décide de rien.

— Quand ?

— À mon retour. La demande a été faite et accueillie avec bonheur. Si j'en juge par votre mine, ce bonheur n'est guère partagé.

Dom Pedro met un temps avant d'articuler :

— Le bonheur n'est-il point de feindre de faire par passion ce que l'on fait par intérêt ? Ce sont vos propres mots. Vous vous en souvenez ?

— Parfaitement.

— J'épouserai donc doña Constance. Et la passion naîtra.

— Voilà qui est parfait.

Le roi se lève.

— Il faut nous séparer à présent. Le temps presse. Je dois prendre la route.

— Que Dieu vous protège, père. Revenez-nous sain et sauf.

Le prince esquisse un mouvement timide vers le souverain, mais se ravise. Alphonse ne supporte pas les effusions de quelque ordre qu'elles soient.

Il s'incline et quitte la pièce.

Burgos, en Castille

Malgré le soleil qui dardait ses rayons à travers la fenêtre, Doña Constance réprima un frisson et s'adressa aux six dames d'honneur rassemblées en demi-cercle.

— Je suis transie ! *Senhoras*, que l'une d'entre vous ait la bonté de demander à un serviteur de ranimer ce brasero. Il ne dispense que de l'air froid.

Tandis qu'une dame s'exécutait dans un froissement de soie et de taffetas, elle poursuivit en soupirant :

— Neuf mois d'hiver, trois mois d'enfer. C'est bien la Castille. Croyez-vous qu'il fera le même temps au Portugal ?

Une voix enjouée lui répondit :

— On dit que l'amour peut brûler aussi fort que mille soleils. N'est-ce pas l'amour qui vous attend là-bas ?

— Cara, le soleil se voit. Mais l'amour ? À vrai dire, j'ignore tout de ce mot et du sens qu'il revêt.

Sur sa lancée, l'infante se tourna vers une jeune femme, la plus jeune de toutes :

— Et toi, Inès ? En sais-tu quelque chose ? Après tout, tu vas avoir vingt ans. Un an de plus que moi. Trois cent soixante-cinq jours. Cela compte.

Le visage d'Inès de Castro s'empourpra.

— Oh ! Doña Constance. Je ne sais rien de plus que vous.

Elle rectifia timidement :

— Sinon que c'est un sentiment parmi les plus nobles et les plus purs qui soient.

— Tu en parles avec aise. L'as-tu jamais éprouvé ?

— Non. Jamais. Cependant, je sais que, même invisible, il existe. Après tout, ne pas voir Dieu n'empêche pas la foi.

Des gloussements étouffés firent écho à ses propos. Mais les traits de doña Constance s'assombrirent.

— J'ai peur. Lui plairai-je ? Saurai-je le séduire ? On dit de dom Pedro qu'il est bel homme. Regardez-moi…

L'infante quitta son siège en soulevant légèrement sa houppelande bordée de rouge et se dirigea vers un petit miroir bombé qui ornait l'un des murs de sa chambre.

— Regardez-moi ! Les joues trop rondes ! Les cils modestes ! Les yeux, alors que je n'ai pas dix-neuf ans, déjà assiégés par les cernes, et mes lèvres ne sont qu'un balbutiement de chair.

— Vous vous fustigez, doña Constance, protesta Inès. Ce n'est pas bien. Vous avez tout pour plaire à un gentilhomme. De toute façon, croyez-vous que la beauté soit l'essentiel ?

— Pour une femme, certainement !

L'infante se tourna vers celle qui venait de parler.

— Évidemment, toi tu n'as pas ce souci. Tu rayonnes. Tu irradies.

Elle prit les autres à témoin :

— N'ai-je pas raison ? Soyez sincères. Il n'est pas une seule d'entre vous qui ne se morfonde de jalousie en la présence d'Inès de Castro. Et que dire de l'émoi qu'elle soulève auprès des hommes ? Du plus petit au plus grand, tous, éblouis, chuchotent à l'envi le surnom qu'ils lui ont donné : *Cuello de garza... Cuello de garza...* Gorge de cygne. Ah ! La nature est bien injuste.

Lisbonne, le 15 novembre

La côte tourmentée s'ouvre sur l'immense estuaire où se déversent les eaux languides du Tage. Les portes sont pavoisées. Sur les places, le vin coule déjà à flots.

On guette, on scrute la porte de la Mer d'où devrait apparaître le cortège royal. Brusquement, dans un frémissement d'airain, les cloches de la cathédrale s'ébranlent et, très vite, leurs vibrations envahissent le ciel pour ne plus faire qu'un avec la lumière du soleil.

Un frisson parcourt la foule.

Oui. Les voici !

Des enfants, tout de blanc vêtus, ouvrent la marche en jonchant le chemin de fleurs. Maintenant, c'est au tour du roi Alphonse de franchir la voûte. Son épouse, doña Béatrice, chevauche à ses côtés. La reine offre un étonnant contraste avec son époux. Elle semble si frêle, lui, si immense. Elle semble si sereine, lui si tourmenté.

Les nobles suivent, drapés dans leur surtout brodé de fils d'or et d'argent.

Un hennissement secoue le ciel. C'est le cheval de dom Pedro qui s'agace sans doute de tout ce vacarme. Il esquisse un écart, mais il est vite rattrapé par le cavalier. D'un geste posé, le prince flatte l'encolure de la bête. Elle s'apaise et repart au trot dans le sillage du couple royal.

Tout en progressant, le futur marié prend la peine de répondre aux vivats par de brèves inclinaisons de la tête.

Où va-t-il ? Où l'entraîne son destin ? Quel devenir pour ce mariage ?

L'œil noir de dom Pedro embrasse la cathédrale.

Il n'a pas encore vu l'infante. On la dit gracieuse. Mais la grâce suffit-elle quand il s'agit de conquérir le cœur fermé d'un homme ?

À présent, le cortège est arrivé sur le parvis.

Il faut descendre de cheval. Le roi et la reine sont déjà à l'intérieur. Les nobles aussi.

Un laquais prend la monture en charge. Pedro franchit à son tour le portail et remonte l'allée jusqu'au pied de l'autel où sont rassemblés les membres du clergé et, comme il se doit, monseigneur Mendes, l'évêque de Lisbonne.

Le prince se place à gauche de l'autel. Un courant glacial lui parcourt le dos.

À son tour, l'infante vient de pénétrer dans la cathédrale. Elle marche au bras de son père, le comte Juan Manuel de Penafiel. L'homme a de l'allure. Il semble flotter. Une moustache retroussée barre une face d'aigle.

Leur emboîtant le pas, les dames d'honneur.

Elles sont six.

Maintenant, l'infante et son père ne sont plus qu'à un pas de dom Pedro. Le comte salue et s'écarte.

Les voilà seuls. Face à face.

Elle n'ose pas lever le visage vers lui. Il ose à peine la dévisager. L'évêque les invite à se rapprocher.

La cérémonie peut commencer.

Plus tard, dom Pedro ne se souviendra que de l'impression ressentie lors de l'échange des anneaux, au moment précis où leurs mains se sont frôlées. Une impression de gêne. Dès lors, il comprit que même si leurs êtres étaient liés, leur peau ne s'unirait qu'avec effort.

L'évêque accorde sa bénédiction. Le chœur entonne le *Te Deum*. C'est fini. L'infante de Castille et le prince héritier du Portugal sont mariés. Les deux royaumes peuvent aller en paix.

C'est en pivotant pour remonter l'allée centrale en direction de la sortie que dom Pedro la vit.

Non. Elle ne pouvait être réelle ! Cette blancheur ! L'éclat de ce teint, cette grâce ! Elle ne pouvait être réelle. Ces joues de lis et de roses. Ce cou d'albâtre. Et sous le satin, seins d'ivoire ou de neige ? Cheveux d'or, c'est sûr, tressés dans le poudroiement de la mer de Paille. Lèvres serties dans le rubis et le corail. Et ses yeux. Ses yeux couleur opale comme la mer. Verts comme demain. Verts comme toujours.

Les premiers mots qui vinrent à son esprit furent : Cuello de Garza... Cuello de Garza... Gorge de cygne.

Il dut s'appuyer au bras de doña Constance pour ne pas vaciller. S'en aperçut-elle ?

Lorsqu'ils arrivèrent à la hauteur d'Inès de Castro, Pedro se dit qu'elle devait entendre son cœur devenu fou. Il osa s'arrêter. Il osa lever les yeux vers elle. Il la fixa comme s'il avait voulu se fondre en elle et qu'elle se fondît en lui. Combien de temps ? Combien de temps demeura-t-il ainsi à la contempler ?

La cour attendait. L'évêque attendait.

Finalement, il réussit à s'arracher à sa vision et reprit sa marche vers la sortie.

Montemor, Portugal, 23 novembre

La cloche de l'angélus cessa de tinter. Le silence enveloppa le crépuscule.

Masqué derrière un pilier, dom Pedro scruta une dernière fois l'entrée du cloître de Saint-Vincent avant de laisser tomber d'une voix sourde :

— Elle ne viendra pas.

— Tant mieux, répliqua Massala. Votre idée était absurde ! Réfléchissez donc ! Vous auriez voulu que je remette à doña Inès un pli signé de votre main et ce, au vu et au su de votre épouse et devant les autres dames d'honneur. Folie !

Dom Pedro plongea ses yeux dans ceux de son esclave. Voilà si longtemps que le destin l'avait amené à ses côtés. L'enfance de Pedro avait plus souvent entrevu le visage du vieil homme que celui d'Alphonse.

Il répliqua :

— Faux ! Ce n'est pas ce que j'avais envisagé, et tu le sais bien. Tous les jours, ces dames accompagnent Constance, tous les jours, juste avant l'angélus du soir. Elles se promènent ici, sous les arcades, avant d'entrer en prière. Je serais resté en retrait et tu aurais profité d'un moment où Inès aurait été seule pour l'aborder.

— Et si sa maîtresse était venue à l'interroger sur le contenu du message, qu'aurait-elle répondu ? Si elle avait exigé de lire votre mot ? Je veux bien que votre sort vous importe peu, mais songez donc à doña Inès !

Il secoua la tête fermement.

— Vous me faites peur. Le lit de votre épouse est encore chaud et déjà votre cœur et votre corps s'égarent vers une autre.

Dom Pedro poussa un cri de dépit.

— Tu ne saisis donc pas ? *Je sais que c'est elle.* Dès que je l'ai aperçue dans la cathédrale, j'ai compris que c'était elle.

— Folie ! répéta Massala. Vous m'avez avoué ne rien savoir de cette jeune femme ! Son cœur est peut-être déjà pris. Même son nom vous est inconnu.

— Détrompe-toi. Entre-temps j'ai pris soin de me renseigner. Je sais beaucoup de choses.

Le Berbère le considéra, abasourdi.

— Oui, confirma Pedro, j'ai interrogé l'une des dames d'honneur, ainsi que le Grand Majordome.

— Allah pardonne votre légèreté ! À l'heure qu'il est, soyez certain que votre épouse a été mise au courant de votre démarche.

— Quelle importance ?

Massala se prit le visage entre les mains.

— J'avais bien raison lorsque je vous disais que vous n'êtes qu'un enfant, et que, comme tous les enfants, en vous, tout est extrême.

Indifférent à l'émoi qu'il soulevait, dom Pedro poursuivit :

— Elle n'a point d'époux.

— Mais encore ?

— Elle est la fille de don Fernández de Castro. Un valeureux capitaine.

— C'est fort plaisant, maugréa Massala, mais ne change rien au péril qui vous guette. Comprenez qu'il ne s'agit pas uniquement d'une tromperie, mais d'une atteinte à l'honneur de la Castille. Abandonnez ! Chassez cette personne de vos pensées. De plus, vous oubliez qu'elle est dame d'honneur. Elle le voudrait, que sa fonction lui interdirait toute trahison. Vous perdez votre temps.

Tout à ses pensées, Pedro se remit à avancer le long de la galerie d'ogives.

— Je ne comprends pas ce qui a pu se passer. Pourquoi ne sont-elles pas venues ? Doña Constance est la piété faite femme. Jamais elle ne manque l'occasion de se recueillir.

Il se retourna vivement vers son esclave.

— Il me vient une idée !

Il retira un pli cacheté de l'amigaut de son pourpoint et le tendit à Massala.

— Prends !

Le Berbère eut un mouvement de recul, aussi effrayé que si on lui présentait un charbon ardent.

— Prends, insista Pedro. Tu vas le lui remettre sur-le-champ.

— Sur-le-champ ? Où ? Comment ?

— De la manière la plus simple qui soit. Il te suffira de glisser la lettre sous sa porte. Je sais où se trouve sa chambre.

Devant l'absence de réaction, le ton de la voix se durcit.

— Je t'aime comme on aime un père, Massala. Mais n'oublie pas : tu me dois aussi obéissance.

« *Noble dame, indulgence, indulgence pour mon cœur et mon âme. Voilà des jours que les deux ne m'appartiennent plus, ils sont partis vers vous et vous gouvernez désormais leur destin.*

L'ai-je voulu ? Si vouloir, c'est aspirer à rendre concevable l'impossible, alors sans doute l'ai-je voulu. Si vouloir, c'est rêver d'effleurer la beauté et gravir les marches qui mènent au paradis, oui, je l'ai voulu. Je vous ai aimée avant même de savoir que vous existiez. Je vous aime comme on aime le bonheur et l'espérance et le jour qui se lève et l'impatience qui envahit celui qui guette à l'horizon le retour de l'être aimé. Je vous aime comme le peuple aime le roi, comme le fracas des armes aime la paix. Condamnez-moi, honnissez-moi, méprisez-moi, mais de grâce, épargnez-moi l'indifférence. Votre ressentiment même me sera une consolation, car je me dirai : "Elle pense à moi."

Je vous attendrai demain, dès l'aube, à cinq lieues d'ici, au pied de la statue dédiée à Diane, dans les vestiges du temple romain d'Evora. Mon serviteur Massala se tiendra à vos ordres pour vous y conduire à bord d'un équipage. Vous viendrez lorsqu'il vous siéra. Moi j'y serai aux premières lueurs. J'attendrai jusqu'au soleil couchant. Et je reviendrai tous les jours, tant que Dieu m'accordera la force.

Dom Pedro. »

Assise près de l'âtre, Inès relut la lettre une deuxième fois, puis une troisième, et l'appuya contre sa joue. Ainsi, il avait rendu possible l'inconcevable. Ce qu'elle avait ressenti le jour du mariage, il l'avait aussi ressenti. Cette émotion si forte qu'elle en devenait douloureuse, il l'avait partagée. Chose étrange, au lieu de l'apaiser, savoir que le partage existait rendait le sentiment plus violent encore, plus inquiétant. Soudain, elle eut l'impression que sa chambre était devenue un abîme et qu'elle se tenait tout au bord. Allait-elle basculer ? Était-ce le prix à payer pour vivre ce qu'aucune femme honorable ne devrait s'autoriser à vivre ?

Et maintenant ? Maintenant qu'elle savait. Que faire ?

Constance, Constance. Jamais ce nom n'avait tant pris de place dans son esprit. Presque aussitôt s'y accolèrent le mot « trahison » et un autre mot plus terrible encore : « péché ». Lequel des deux serait le plus lourd à porter si demain elle venait à faillir ?

Que faire ? Mon Dieu, que faire ? Elle ne savait rien de dom Pedro, ou seulement le peu que sa maîtresse avait eu l'heur de lui confier.

Trahison, trahison…

À nouveau ce mot qui frappait à la porte. Elle était folle. Non ! Une de Castro ne pouvait s'abandonner à des amours coupables.

Elle reposa la lettre sur la table. Elle ne se rendrait pas à Evora.

À peine sa décision prise, une douleur inexprimable lui transperça le ventre et la força à se recroqueviller.

Palais de Montemor, Portugal

C'était soir de pleine lune. Pedro remonta sur la pointe des pieds le couloir éclairé par une lueur laiteuse et, parvenu tout au bout, descendit une à une les marches qui conduisaient à l'étage inférieur, vers les chambres où sommeillaient les dames d'honneur. Arrivé devant celle d'Inès de Castro, il frappa deux coups secs et attendit. Il ne se passa rien. Alors, il posa sa main sur la poignée métallique et ouvrit la porte.

Maintenant, arrêté sur le seuil, il hésitait à faire un pas de plus. Il devinait, plus qu'il ne voyait, le corps de la jeune femme couché sur le dos. Il pouvait entendre sa respiration, légère, soyeuse et douce comme l'aile d'un moineau. Partir ou oser ?

Arrivé à hauteur de la tête de lit, il s'agenouilla. Contempler, écouter, lui suffisait. Combien de temps resta-t-il ainsi à se nourrir de cette vision ? Comment évaluer ces instants où le ciel lui-même retient son souffle ?

À un moment donné, elle remua, exhala un soupir et se retourna sur le côté. Son visage ne fut plus qu'à une haleine du visage de dom Pedro.

Il répéta à voix basse à plusieurs reprises, presque à son insu :

— Inès… Inès… Inès…

Elle ouvrit les yeux et le vit.

Sa réaction fut étrange. Elle aurait dû s'affoler, pousser un cri, au lieu de quoi elle demeura immobile, dévisageant calmement Pedro. Déconcerté, il fut incapable d'exprimer quoi que ce soit. De toute façon, c'eût été impossible tant l'émotion lui nouait la gorge.

Au prix d'un effort surhumain, il balbutia :

— Ma lettre… Avez-vous compris le sens de ma lettre ?

Elle se releva, le drap remonté contre sa poitrine.

— Si j'avais su écrire, prononça-t-elle lentement, si seulement j'avais su.

— Oui ?

— Je vous aurais dit les mêmes mots.

Un bonheur tremblé submergea le cœur de dom Pedro. Ainsi, elle était bien de sa chair. Ainsi, leurs deux âmes étaient bien jumelles. Il avait eu si peur.

— Alors, pourquoi ? Pourquoi n'êtes-vous pas venue à Evora ?

Elle répondit sur un ton presque suppliant :

— Ne me posez pas cette question.

Puis, enchaînant très vite :

— Auriez-vous oublié les liens qui m'attachent à doña Constance ? Et ceux, bien plus sacrés encore, qui font de vous son époux ?

Il se releva d'un coup.

— Rien n'est immuable. Jamais.

Elle lui sourit comme on sourit à un enfant.

— Vous parlez en homme libre, dom Pedro, alors que vous et moi sommes prisonniers.

— Vous avez raison, approuva-t-il. Prisonniers l'un de l'autre.

— Entourés de geôliers.

Il marcha vers la fenêtre et fixa longuement le ciel nocturne. Où trouver la voie ? Il savait qu'elle n'avait pas tort, que le présent n'était qu'une immense muraille dressée entre elle et lui. Il bégaya :

— Vivre sans toi… vivre sans toi m'est impossible. S'il n'y avait aucun espoir, je mourrais.

Dans son émotion, il l'avait tutoyée.

— Un prince a-t-il le droit de mourir d'amour, dom Pedro ? Un jour vous serez roi. Votre peuple aura besoin de vous.

— Ni royaume ni rien au monde ne compteront à mes yeux, si je ne te sais à mes côtés !

Les lèvres sèches, il poursuivit en se battant furieusement avec le rythme des syllabes.

— Ne viens-tu pas de me confier que tu aurais pu écrire cette lettre ? Et si tu l'avais écrite, aurais-tu éludé une phrase, une seule, la jugeant inappropriée ? Dis-le-moi. Je t'en conjure. Si la réponse est oui, je fais le serment de survivre avec ma douleur, sans jamais essayer de revenir vers toi.

Un silence interminable s'instaura. Des siècles. Jusqu'au moment où les lèvres d'Inès esquissèrent le mot « non » sans le prononcer.

Alors, il prit place au bord du lit et, toute appréhension abandonnée, il se pencha sur elle. Elle ne le repoussa pas. Sentir la chaleur de Pedro, sa joue contre la sienne, fit tomber ses dernières résistances.

Alavaro Gonçalves, l'un des trois conseillers les plus proches du roi, n'arrivait pas à en croire ses oreilles. Il répéta sa question au serviteur qui se tenait devant lui.

— Es-tu sûr de ce que tu avances ?

— Oui, seigneur. Je l'ai vu. J'ai vu dom Pedro comme je vous vois.

— Il entrait bien dans la chambre de doña Inès ? Tu en es certain ?

— Et ce n'était pas la première fois. C'est ainsi toutes les nuits depuis une semaine.

La surprise de Gonçalves se transforma en effarement.

Incroyable ! Que l'infant forniquât hors du mariage n'était pas pour le choquer ; le jeune homme avait de qui tenir. Son grand-père, le roi Denis, ne s'était guère privé, tant s'en faut! Non, la gêne était ailleurs. Elle était liée aux conséquences politiques.

Gonçalves balaya l'air de la main. Allons! Il se tourmentait pour rien! Il recommanda toutefois à son serviteur:

— Continue de les surveiller. Tiens-moi au courant de tous leurs faits et gestes.

L'homme opina:

— Bien sûr, mon seigneur.

Une fois seul, Gonçalves réfléchit quelques instants.

Il serait peut-être plus prudent d'informer les deux autres conseillers du roi. Nul doute que Coelho et Pacheco se montreraient intéressés par la nouvelle.

Salle des Portulans, Montemor

— Amusant, non? lança Alavaro Gonçalves à l'intention de Pêro Coelho et de Diogo Pacheco.

Ce dernier observa:

— Amusant, en effet. À condition que cela ne devienne pas préoccupant.

Coelho fronça les sourcils.

— Préoccupant? Pourquoi, *amigo*? Ce ne sera pas la première fois qu'un personnage de la cour, roi ou prince, s'offre une maîtresse. Et, de toi à moi, ils sont peu nombreux ceux qui pourraient résister aux charmes de la *senhora* Castro. Un pur joyau que cette damoiselle! Sa gorge! Cette peau!

Il poursuivit, rêveur:

— Je me demande si je ne me risquerai pas un soir à tenter ma chance. La belle ne semble pas très farouche. Et toi, Alavaro ? Qu'en dis-tu ?

— Je pense que pour l'heure il n'y a point lieu de s'alarmer, répliqua Gonçalves. Mais je pense aussi que l'affaire est à surveiller de près. Aucun de vous deux n'ignore l'opinion que j'ai de ces deux malfrats que sont Francisco et Juan. Je parle, bien entendu, des frères de la *senhora* de Castro. Je veux croire qu'ils ne s'aviseront pas de profiter de la situation pour se transformer en chevaux de Troie. Nous savons bien qu'ils n'ont jamais caché leur désir de ramener le Portugal dans le giron de la Castille.

Le secrétaire particulier d'Alphonse protesta :

— Absurde ! Depuis que nos deux royaumes ont signé le traité d'Alcaciñes garantissant à chacun ses limites territoriales, les tensions sont retombées. Que je sache, c'est doña Constance qui est l'épouse de dom Pedro et non cette jeune femme. Réfléchissez ! Elle n'a et n'aura aucun pouvoir sur l'infant. D'autre part, si la Castille avait encore des visées sur nous, rien ne l'empêcherait d'utiliser l'épouse légitime plutôt que la maîtresse. Je ne comprends rien à vos appréhensions.

— Mon cher Coelho, les pages de l'Histoire sont noires de récits où des rois en viennent à préférer leur bâtard à leur enfant légitime. Dois-je te rappeler certains événements qui ne sont pas très éloignés de nous ?

— Un bâtard ? Comme tu y vas ! Aux dernières nouvelles, la *senhora* de Castro n'est pas enceinte !

— Elle pourrait le devenir.

— Tout comme doña Constance ! Encore faudrait-il que toutes deux accouchent d'enfants mâles. Et le chemin sera bien long qui débouchera sur un choix de l'infant !

Une fois le seuil du cloître franchi, doña Constance ordonna à ses dames d'honneur :

— Attendez-moi dans la chapelle. Je vous y rejoindrai tout à l'heure.

Elle invita Inès à la suivre.

— Viens !

Le lieu était désert. Une brise parfumée courait à travers les oliviers avec un murmure de ruisseau.

La dame d'honneur accompagna sa maîtresse sans mot dire jusqu'au bout du jardinet. Son cœur battait la chamade. Elle pressentait la raison de cet aparté. Pedro. Sinon, pourquoi ? Avisant un banc de pierre, Constance s'y installa et fit signe à Inès de prendre place à ses côtés.

L'infante déplia d'un coup sec un éventail aux ailes mouchetées de nacre et, au lieu de s'en servir, le contempla les yeux baissés. Elle resta ainsi, immobile. Et le cœur d'Inès s'inquiéta un peu plus.

Constance se décida enfin à sortir de son mutisme.

— Tu étais mon amie…, furent ses premiers mots.

Inès acquiesça, le ventre noué. Que répondre ?

— L'es-tu encore ? Non ! Ne dis rien. Ma question est absurde. Ne dis rien ! Les hommes sont mauvais, Inès. Et les femmes sont perfides.

À qui s'adressait cette affirmation ? À Inès ? À Pedro ? Aux deux ?

— Depuis quelque temps des rumeurs circulent à Montemor. Elles ont dû te parvenir.

— Des rumeurs, *senhora* ?

— Oui. Noires et vilaines comme les nuits sans amour.

— Je… je ne comprends pas.

— Parce que tu es pure, parce que le mal et la médisance te sont choses étrangères. Pourtant… Pourtant, c'est bien ce qui se passe.

Constance referma posément son éventail et le plaça sur ses cuisses.

— On raconte – de méchantes langues – on raconte que Pedro et toi entretiendriez une relation coupable. C'est faux, naturellement !

Emprisonnant vivement les mains d'Inès, elle poursuivit sur un ton plein d'afféterie :

— Oh ! Pardonne-moi ! Je vois que je te blesse. Ceux qui colportent ces accusations ne te connaissent pas. Ils ignorent tout de ta noblesse, de ta loyauté, de ton incapacité à te livrer à pareilles bassesses. J'ai raison, n'est-ce pas ?

Mon Dieu ! pensa Inès, totalement décontenancée, mais quel jeu joue-t-elle ? Pourquoi ? Est-ce possible qu'elle soit dupe ? Elle scruta sa maîtresse pour essayer de dénouer le vrai du faux, mais les traits de la jeune femme restaient insondables.

— Je t'en prie ! reprit vivement Constance, oublions ces malveillances. Écoute-moi plutôt et parlons de bonheur. J'ai une grande nouvelle à t'annoncer.

L'infante se tint très droite, tandis qu'une lueur d'allégresse traversait ses prunelles.

— J'attends un enfant !

Inès sentit le sol se dérober.

— C'est… c'est merveilleux.

— N'est-ce pas ? Cette naissance sera le plus beau jour de ma vie. Un garçon, si Dieu le veut.

— Dom Pedro…

— Quoi donc ?

— Dom Pedro est-il au courant ?

— Pas encore. Tu es la première à qui j'en parle.

Elle ajouta sur sa lancée :

— Ce n'est pas tout. J'ai une autre nouvelle. Cette fois, elle te concerne.

Inès se tint sur ses gardes.

— Je vous écoute.

— Tu seras la marraine de mon enfant.

Palais de Montemor, septembre 1341

Les cris qui montaient de la chambre de doña Constance résonnaient dans tout le palais. Cris ponctués de gémissements. Gémissements de fleur déchirée.

À l'étage supérieur, la reine Béatrice et le roi finissaient de dîner, installés l'un et l'autre à chaque extrémité de l'imposante table qui meublait la salle à manger. En vérité, c'est le roi qui engloutissait les dernières bouchées de son plat favori : la *carne de porco a alentejana*, mélange de palourdes, de porc, fortement assaisonné de coriandre. Béatrice, elle, n'avait rien mangé de toute la soirée.

Un nouveau cri s'éleva, plus strident que les précédents.

— Cela ne finira donc jamais ? pesta Alphonse.

— Elle souffre.

— Et nous avec.

Il allait porter un ultime morceau de *carne* à ses lèvres, mais laissa son geste en suspens pour s'enquérir :

— À propos. Où est dom Pedro ?

Pedro n'était pas loin. Il chevauchait depuis bientôt deux heures entre vallons et terres plates. Massala galopait à ses côtés. Leurs étalons dessinaient de grands cercles de poussière ocre autour du palais.

— Combien de temps encore allons-nous tourner en rond ? cria Massala, exaspéré.

L'infant ne répondit pas. Il avait la tête toujours pleine des cris de Constance. Pleine de questionnements aussi et d'angoisses.

Comment dénouer ce mystérieux écheveau où s'entre-croisaient le bonheur et le malheur ? L'allégresse d'être père, le désespoir de n'être plus amant ?

La sage-femme devait porter malheur. Dom Pedro n'eut pas le temps de prendre son fils dans ses bras. Louis – c'est le nom qu'on lui avait choisi – Louis fut pris le soir même de convulsions. Il s'éteignit aux premières lueurs de l'aube.

Montemor, Portugal

Nus, serrés l'un contre l'autre, ni lui ni elle n'avaient cherché à faire l'amour. Se garder ainsi leur suffisait.

— Libérée de ta promesse, murmura Pedro, désormais, tout redevient possible.

— Jusqu'au prochain enfant.

— Amour, je t'en prie. Ne gâche pas ces instants. Pourquoi te tourmenter pour demain ? Ne pensons plus qu'au temps présent. Ne sommes-nous pas protégés par le sort ?

Du bout des lèvres, il effleura son front, ses yeux, son cou et le creux de sa gorge avec ce petit bruit de souffle que font les enfants qui embrassent.

— Dis-moi que tu m'aimes.

Elle répondit :

— Dis-moi que tu m'aimes.

— Tu ne me quitteras plus jamais ?

— T'ai-je jamais quitté ?

— Si tu partais, tu me reviendrais toujours ?

Elle le fixa avec une émotion intense.

— Non. Non, Pedro. On pourra me menacer des pires tourments, enfoncer des clous dans ma chair, me vouer au feu des enfers. Jamais plus je ne t'abandonnerai. J'ai trop souffert, j'ai trop pleuré.

Montemor, Portugal

Cinq ans déjà. Cinq fois quatre saisons. L'automne a brûlé les arbres, le printemps les a ravivés. Il y eut de tendres étés et des hivers bienveillants. Deux ans après la mort prématurée du petit Louis, doña Constance accoucha d'un autre enfant. Une fille, cette fois. Elle naquit le 24 avril 1342. On la baptisa du nom de Marie. Inès refusa catégoriquement d'en être la marraine. Soutenue par Pedro, elle ne céda ni aux menaces ni aux supplications.

Et aujourd'hui…

Aujourd'hui, en cette orée du printemps de l'an 1345, le ciel est clair et la campagne verdoie aux alentours du palais. La nature s'étire et s'ébroue dans une lumière transparente. Un parfum indicible embaume les jardins du palais. Et doña Constance s'apprête à donner naissance à un nouvel enfant.

— Sublime journée, nota Diogo Pacheco en effleurant du doigt une fleur d'hibiscus.

— Pour nous, sans doute, mais sans effets pour celle qui se tord dans les douleurs de l'enfantement. On pourra tout reprocher à l'infante, mais pas son manque de fertilité. Trois enfants en quatre ans ! Quand je pense que ma tendre épouse n'a pas été capable de m'en donner plus d'un en quatorze années de mariage !

Pêro Coelho haussa les épaules.

— Trois en cinq ans. Il n'y a là rien d'exceptionnel, surtout lorsque l'on sait la rage qui habite la génitrice. Et reconnaissons que le résultat n'est guère satisfaisant : un garçon mort-né. Ensuite une fille. *Qual tragédia !* Le roi vit plutôt mal l'absence de descendants. En revanche, ce qui me surprend, c'est l'infécondité de la *senhora* de Castro. Crois-tu qu'elle soit stérile ?

— Dans son cas, la stérilité serait plutôt un avantage.

Les yeux de Pacheco s'arrondirent.

— Oui, expliqua Coelho. L'absence de progéniture permet d'éviter que s'abatte sur elle le courroux de Sa Majesté. Tant qu'elle n'aura pas d'enfants, elle sera en sursis. J'ai l'impression que le roi s'est fait une raison de la relation qu'elle entretient avec dom Pedro. Je crois même qu'elle l'indiffère. Cependant, malheur au jour où elle enfantera ! Surtout si c'est un mâle.

— Surtout, renchérit Pacheco, si entre-temps l'infante ne l'a pas prise de vitesse.

Coelho fit claquer sa langue.

— Tout est écrit, disent les Maures.

C'est en évoquant la fatalité que le conseiller, sans le savoir, était le plus proche de la vérité. Il avait à peine achevé sa phrase, qu'un écuyer se précipitait vers eux.

— *Senhores*, annonça-t-il tout essoufflé. Un drame terrible vient de se produire. Doña Constance…

— Elle a accouché ? coupa Pacheco.

— Oui, oui, *senhores*. Mais…

— Quoi donc ? Vas-tu parler ?

— Doña Constance est morte.

La foudre roulant aux pieds des conseillers n'eût pas produit plus d'effet.

— Morte ?

— Oui, *senhores*. Dans l'heure qui a suivi l'accouchement, elle a porté la main à sa poitrine et a perdu connaissance.

— Et le bébé ?

— Aux dernières nouvelles, il se porte bien.

— Une fille ? Un garçon ?

— Un garçon : Ferdinand. C'est le nom qu'avait choisi l'infante.

Pacheco poussa un nouveau soupir.

— Dieu soit loué !

C'est par ces mots qu'il célébra la mémoire de Constance.

Montemor, août 1347

Avec mille et une précautions, Pedro souleva le bébé hors de son berceau et le serra contre sa poitrine.

— Béatrice, chuchota-t-il, Béatrice, fille d'Inès de Castro et de dom Pedro. Tu as les yeux émeraude de ta mère et la noirceur des cheveux de ton père.

Il regarda Inès avec un air de reproche.

— Si Massala ne m'avait pas prévenu… Comment as-tu pu envisager de me priver d'un si grand bonheur ? Quand je pense qu'il y a quelques mois tu as failli…

— Je t'en prie. Tu avais promis que nous ne parlerions plus jamais de ce moment d'égarement.

— Tu as raison. Néanmoins, réponds à une dernière question, une seule.

Il déposa la fillette dans son berceau et se rapprocha d'Inès.

— Tu étais sérieuse ? Tu étais vraiment déterminée à sacrifier notre enfant ?

Elle répondit sans l'ombre d'une hésitation :

— Oui.

— Par peur ?

— La peur de donner naissance à un garçon. La peur que ton père, la cour y voient une menace pour Ferdinand.

Il se récria :

— C'est absurde ! Le fils de Constance n'est-il pas aussi mon fils ? Au nom de quoi l'aurais-je dépossédé de ses droits au bénéfice de notre enfant ?

Elle baissa la tête, presque honteuse.

— À cause de notre amour, Pedro. Du moins je l'ai cru. Cet amour n'est-il pas démesuré ? Ne nous fait-il pas accomplir les pires folies ? J'ai seulement voulu te protéger de toi-même. Pardonne-moi.

Il la contempla en silence, incapable de déterminer si elle avait tort ou raison.

— Tu es belle, dit-il doucement. Tu n'as jamais été aussi belle. Je…

Il n'acheva pas sa phrase. On frappait à la porte.

— Entrez ! ordonna Pedro.

Un écuyer glissa la tête dans l'entrebâillement.

— Mon seigneur, Sa Majesté vous attend de toute urgence dans la salle du Conseil.

— Maintenant ?

L'écuyer confirma.

Lorsque Pedro pénétra dans la salle, il nota tout de suite la présence de Gonçalves, Pacheco et Coelho. S'il en fut surpris, il n'en laissa rien paraître. Il remarqua aussi le visage fermé du roi et l'atmosphère tendue qui régnait dans la pièce.

— Vous m'avez demandé, père ?

Le souverain désigna un siège.

— Prenez place.

Les doigts d'Alphonse tambourinaient sur la table, alors que dans le même temps il détaillait son fils comme s'il le voyait pour la première fois.

Après un bref silence, il s'informa laconiquement :

— Votre fille se porte-t-elle bien ?

— Grâce à Dieu, oui, père.

— Vous avez estimé honorable de lui donner le prénom de mon épouse, la reine, votre mère.

— Honorable ? N'est-ce pas un grand honneur… que…

— Arrêtez ce bégaiement !

Quelqu'un gloussa. Était-ce Pacheco ? Ou l'un des deux autres conseillers ? Pedro sentit ses joues qui s'empourpraient. Il serra les poings.

Le roi enchaînait :

— Ma décision est prise ! La présence de la *senhora* de Castro en notre palais n'est plus souhaitable.

Pedro vacilla.

— Quoi ? Que dites-vous ?

— À partir de demain, la *senhora* sera tenue de quitter notre terre et de rentrer en Castille. Je ne veux plus la voir !

— NON ! Vous n'avez pas le droit ! Inès est mienne. Je la suivrai ! Fût-ce en enfer.

— Suivre une catin !

L'infant leva le front et lança sur un ton de bravade :

— La nature nous a fait du même sang ! D'origine royale, descendante d'un roi, elle est digne d'un roi !

— Une catin !

— UNE REINE !

Pedro fit un pas en arrière.

— Ma position est claire. Si vous exilez Inès, vous m'exilez.

— Des menaces à présent? Eh bien partez! Partez, dom Pedro!

— Ne me mettez pas au défi! Je...

Pacheco suggéra discrètement:

— Ne pourrions-nous envisager une solution intermédiaire?

Le roi se laissa choir lourdement dans son fauteuil et attendit la suite. Mais son conseiller s'était tourné vers l'infant.

— Accepteriez-vous que cette femme se retire, sans pour autant quitter le Portugal?

Pedro fixa son père longuement.

— S'il ne me reste pas d'autre choix, la réponse est oui.

— Alors, qu'elle s'en aille! tonna le souverain. Emportez-la où bon vous semblera. Mais j'y mets une condition!

— Laquelle?

— Qu'il n'y ait pas moins de cinquante lieues entre elle et vous! Vous m'entendez? Pas moins de cinquante lieues!

Santa-Clara, 2 août 1349

Pedro, mon bien-aimé,
Deux ans aujourd'hui. Béatrice trottine dans le jardin avec Massala. Je peux les voir par la fenêtre. Elle est magnifique. Mutine à souhait. Vive. Tu peux être fier

d'elle. Depuis une semaine que tu ne l'as vue, c'est fou ce qu'elle a changé. Les enfants changent si vite. Quand je pense que je vais avoir trente ans bientôt ! Trente ans. Je devrais me sentir vieille, vieille, et pourtant, j'ai l'impression d'être encore celle que tu as entrevue, ce jour béni, dans la cathédrale de Lisbonne. L'amour, j'en suis sûre maintenant, nous insuffle un peu d'éternité. L'amour mais aussi l'enfantement. Dans le miroir j'aperçois le galbe de mon ventre. Savoir que je porte à nouveau la vie me rajeunit. M'aimeras-tu encore lorsque je serai vieille ? Voûtée, chancelante ?

Dans le tiroir, j'ai rangé tes lettres. J'en ai compté cent vingt. Deux de moins que les miennes. Tu vois ? C'est encore moi qui t'aime le plus.

Un garçon, cette fois ? Je le voudrais bien et, dans le même temps, mes anciennes peurs me reviennent. Il sera ce que Dieu voudra. Plus que quelques semaines. J'ose espérer que tu seras à mes côtés d'ici là.

Inès qui se meurt sans toi.

Montemor, septembre 1349

Pêro Coelho découpa un morceau de chevreuil et le porta à sa bouche.

— Un garçon, dit-il la bouche pleine. La *senhora* Inès lui a fait un garçon.

— Oui. J'ai appris la nouvelle, confirma Gonçalves. Comment l'ont-ils appelé ?

— João.

— C'est grave. Es-tu conscient du danger que cette naissance représente ? Aveuglé par sa passion, dom Pedro pourrait bien décider de privilégier ce bâtard au détriment de Ferdinand, son fils légitime. Pire encore, il serait capable de faire assassiner Ferdinand.

— Assassiner son propre fils ? se récria Coelho. Tu déraisonnes !

Gonçalves eut un sourire ironique.

— Te souviens-tu des propos que tu nous tenais il y a quelques années ? Tu clamais : « Encore faudrait-il que toutes deux – Inès et Constance – accouchent d'enfants mâles. Et le chemin sera bien long qui débouchera sur un choix de l'infant ! » Nous sommes arrivés au bout du chemin.

Coelho se défendit, sans conviction.

— Pour l'heure, rien ne prouve que mon raisonnement soit erroné.

— C'est ce que nous verrons. En tout cas, tu ne peux nier que les choses soient en train de s'envenimer. Surtout depuis qu'un élément que personne n'avait prévu est venu s'immiscer dans cette histoire. Le mécontentement du peuple. Je suppose que tu es au courant de la rumeur qui s'est installée : *Olho gordo !* La *senhora* porte malheur. Et pour cause. D'abord, il y a eu cette épidémie de peste. Et voilà que depuis deux ans le pays traverse une période de sécheresse tout à fait unique dans son histoire. Les paysans sont convaincus que c'est Inès qui en est la responsable. Sans compter qu'un peu partout des voix s'élèvent, critiquant ouvertement l'existence dissolue menée par dom Pedro. La voix des gens d'Église, bien sûr, mais aussi celle des nobles. Parmi ces derniers, on voit la division qui s'installe. Certains prennent parti pour l'infant ; d'autres pour le roi. Certains pour le fils de Constance, d'autres pour celui d'Inès.

Gonçalves conclut avec gravité :

— Cette histoire est en train de pourrir notre royaume.

— Que faire ? C'est au roi de réagir.

Le *merinho-mor* dodelina de la tête.

— Évidemment. Mais ne sommes-nous pas ses conseillers ? Le roi est sous l'influence de la reine, laquelle joue un rôle temporisateur dans cette affaire. Il serait peut-être temps pour nous de prendre les choses en main.

Femme de mauvaise vie…
Inès.
Femme de mauvaise vie…

Tout naturellement, le parallèle et la formule coururent sur toutes les lèvres. Ces mots voyagèrent jusqu'aux portes de Montemor, aux confins de la da *serra* Estrela, et un matin, leur écho atteignit Santa-Clara.

Nous étions au mois de mai et, hormis quelques timides ondées, le ciel refusait obstinément d'entrouvrir ses vannes. Inès, seule, pleurait à chaudes larmes.

Pedro la serra un peu plus fort entre ses bras. Il s'efforçait de l'apaiser, mais on voyait bien que lui-même souffrait.

— Qu'allons-nous devenir ? questionna la jeune femme, désemparée. Veux-tu me quitter ? Veux-tu me quitter ?

— Arrête, Inès. Je t'en conjure.

— Ne vois-tu pas que ton peuple me déteste, qu'il hait nos enfants ! Qu'il me compare maintenant à Leonor de Guzmán. Ne vois-tu pas combien je suis salie ?

— Plus pour longtemps. Ma décision est prise. Elle est irrévocable.

Inès le dévisagea, effrayée.

— Tu me fais peur. Quelle décision ?

L'infant prit une courte inspiration avant d'annoncer :

— Je vais t'épouser, Inès.

Elle resta sans voix.

— Oui, reprit-il. Nous allons nous marier. La cérémonie, pour les raisons que tu imagines, se déroulera dans le plus grand secret. Sois convaincue, néanmoins, que l'heure venue j'annoncerai nos épousailles à la terre entière.

Palais de Montemor, cinq ans plus tard

Le roi Alphonse se tenait dans une attitude hiératique. Raide. Les yeux vides d'expression, les ongles presque incrustés dans les accoudoirs de son fauteuil.

Il fixa tour à tour ses trois conseillers, pour s'arrêter sur Diogo López Pacheco.

— Cinq ans, commença-t-il la voix étonnamment calme. Cinq longues années. C'est le temps qu'il vous a fallu pour me révéler cette infamie. Cinq ans.

— Majesté, protesta Pacheco, le secret était total, absolu. Hormis les acteurs présents dans l'église de

Guarda, personne n'a été mis au courant. Il y a seulement deux semaines que le sacristain nous a transmis l'information. Avant de vous prévenir, nous avons jugé plus sage de vérifier ses dires.

Le souverain frappa du poing sur l'accoudoir.

— Et mon fils a eu l'audace d'associer à son crime les frères de cette catin.

— Il y a plus grave encore, sire, fit observer Gonçalves. Nous avons appris qu'il ne se passe pas un mois sans que les frères de la *senhora* Inès et votre fils se retrouvent à Santa-Clara. Or, vous n'êtes pas sans savoir que ces deux mécréants sont plus proches du trône qu'ils ne le furent jamais.

— Que diable manigancent-ils aux côtés de mon fils ? Qu'y a-t-il derrière cette connivence ?

Pacheco répondit avec une certaine solennité :

— Un complot, sire.

— Un complot ?

— Nous en sommes convaincus.

— Expliquez-vous !

Gonçalves prit la relève :

— Leur plan est clair : attendre votre mort pour installer ensuite la *senhora* Inès sur le trône du Portugal. Une manière indirecte pour la Castille de faire main basse sur notre pays. Sans compter que votre fils accordera probablement sa succession à João, son fils naturel.

Alphonse respira à pleins poumons.

— Très bien, murmura-t-il. Alors, que me suggérez-vous ?

Un silence lourd s'insinua dans la pièce.

Les trois conseillers se consultèrent du regard. Mais ils savaient la réponse à donner.

— Il n'existe qu'une seule solution, Majesté, annonça Pacheco.

— Je vous écoute.

— Éliminer Inès de Castro.

Le roi réprima un sursaut.

— Tuer Inès…

— Oui, sire. Vous n'avez pas le choix. C'est elle ou le Portugal.

Une tempête venait-elle de se lever dans la tête du souverain ? À moins que ce fût un torrent déchaîné qui dévalait les parois de son cœur, ou l'odeur de la mort qui le prenait à la gorge. Ses mains se crispèrent, un rictus déforma ses lèvres. Il se raidit.

— Qu'il en soit ainsi ! Que je n'entende plus parler d'elle. Mais prenez garde : tuez-la de vos propres mains. Vous m'avez compris ? de vos propres mains ! Je ne veux pas qu'elle tombe sous les coups d'un misérable homme de paille. Que le sang noble verse le sang noble. Allez !

Santa-Clara, 7 janvier 1355

Elle est là, assise sur le banc de pierre, près de la fontaine. Elle lit. Massala se tient à quelques pas et joue avec la petite Béatrice. João, le dernier-né, dort dans son berceau.

Un bruit de galop résonne dans le silence.

Inès relève prestement la tête et pose la main sur son cœur.

— Pedro! C'est Pedro qui revient!

Le Berbère a un rire affectueux.

— Ah! *Senhora*, vous n'êtes pas raisonnable. Dans sa dernière lettre, il vous annonçait sa venue pour demain.

— Et alors? Pourquoi n'aurait-il pas changé d'avis?

Massala hausse les épaules.

— En effet. Pourquoi pas? Il…

Incrédule, les yeux exorbités, l'esclave regarde sa chair transpercée. Est-ce possible? A-t-il basculé dans la folie? Cette lance plantée en plein milieu de sa poitrine, comment a-t-elle surgi? Cette fleur rouge qui forme ses pétales à travers le tissu ne peut être réelle. Du sang?

Un cri. Non, une exhortation! C'est la voix d'Inès.

Trois hommes vêtus de noir. Ils ont fondu comme l'éclair. Ils sont à un souffle de la jeune femme. Leurs épées scintillent.

— Non! hurle Massala.

Ses doigts se referment sur la hampe. Il tente de l'extirper. La hampe se brise.

Il rampe vers Inès. Désespéré.

Il ne voit plus le visage de la femme. Elle parle. Que dit-elle?

— Pitié pour ma fille… Pitié pour elle.

Un coup sec. Puis un deuxième. Un troisième. Comme un bruit de pas dans une flaque d'eau.

L'eau de la fontaine maintenant. Rouge. La vasque. Rouge.

Le corps d'Inès est traîné, on lui écarte les bras. Elle fait penser à une crucifiée. Les lames plongent à nouveau. Les trois ombres se retirent, avalées par le couchant.

Le ciel est jaune et la terre bleu métal. Les arbres statufiés ne respirent plus. Pas une brise, pas un souffle.

Le Portugal s'est embrasé.

Le roi Alphonse et son fils ont ouvert les portes de la Géhenne. Ce n'est plus le Tage, mais le Styx et le Léthé qui coulent le long des vallons désolés. Des Harpies traversent l'azur.

Haletante, éperdue, la reine Béatrice tente de s'interposer entre son époux et son fils. En vain.

La lutte acharnée se poursuit. Elle se poursuivra toute une année.

Avec les frères d'Inès, accourus de Castille, dom Pedro ravage les provinces du Nord, s'acharne sur les domaines du roi et de ses conseillers. Il maudit, il vitupère contre son père et le monde. Il vocifère.

— Arrête, Pedro! supplie la reine Béatrice venue à la rencontre du prince. Pitié! Pitié pour le Portugal. Pitié pour moi!

Finalement, Pedro cède aux suppliques de sa mère.

Le 15 août 1356, fête de Notre Dame, a lieu la réconciliation officielle entre le roi et le prince. Elle est prononcée devant l'autel. De grandes réjouissances sont ordonnées dans tout le royaume.

Le peuple, soulagé, voit se dissiper cette grande démence qui a menacé le pays dans ses fondements mêmes.

Diogo López Pacheco, Alavaro Gonçalves et Pêro Coelho ont fui le Portugal. On les dit réfugiés en Castille.

Lorsqu'il s'éteint, le 28 mai 1357, le roi Alphonse IV laisse son œuvre à un fils qui le hait. Plus que l'âge – il a soixante-six ans –, plus que les fatigues d'un long règne, c'est ce tourment qui l'emporte dans la tombe.

Montemor, salle du trône, 15 novembre 1357

Alcaides, alferes-Mor, corregedores, rico-homem, tout ce que la cour comptait de nobles était réuni dans l'immense salle. Tous sans exception, vêtus de leur tenue d'apparat, s'étaient rendus à la convocation de leur souverain. Bien que l'on fût à la mi-journée et qu'un soleil resplendissant luisît au-dessus du palais, on avait allumé tous les candélabres.

La même interrogation lancinante courait sur toutes les lèvres : Que se passait-il ? Dans quel dessein le roi les avait-il réunis ? La guerre avec le royaume d'Aragon, suggéra quelqu'un. Une abdication, proposa un autre.

Un roulement de tambour mit un terme aux questionnements et aux rumeurs.

— Le roi ! annonça le Grand Majordome.

Pedro apparut, tête haute.

À peine eut-il franchi le seuil, qu'un mouvement désordonné se fit parmi l'assemblée.

Le roi n'avançait pas seul.

Un lit mortuaire suivait, sur lequel une forme était allongée. Une forme décharnée. Un lambeau d'humain.

Si ce cadavre n'avait pas été revêtu d'habits royaux, il n'y aurait eu qu'un squelette.

Un silence effrayant envahit la salle du trône.

Stupeur, effarement.

Était-ce bien elle ? Était-ce possible ? Elle, déterrée ? Qui d'autre ?

Les porteurs traversèrent la salle d'un pas solennel. Arrivés devant l'estrade occupée par deux trônes couverts d'or, ils déposèrent leur funèbre fardeau et s'immobilisèrent.

Pedro leva la main.

L'éclat de cent trompettes retentit, soutenu par un nouveau roulement de tambour.

Le silence revenu, il ordonna :

— Installez doña Inès sur le trône !

Murmures étouffés.

Une fois le squelette calé entre les accoudoirs et le dossier, Pedro reprit, mais cette fois à l'intention du Grand Chambellan :

— La couronne !

Le Grand Chambellan marcha vers l'estrade. Il tenait un coussinet de velours pourpre sur lequel scintillait un diadème.

Pedro souleva le diadème et le plaça sur le crâne de la défunte. Il s'assit ensuite sur le trône voisin, et lança d'une voix forte :

— *Senhores !* Veuillez rendre hommage à votre reine ! La reine crucifiée !

Et comme nul n'osait réagir, il réitéra son commandement :

— À genoux ! À genoux devant doña Inès !

Les premiers nobles se présentèrent alors devant le trône. À tour de rôle, ils mirent un genou à terre et à tour de rôle baisèrent la main décharnée, pantelante, du cadavre.

La nuit est tombée sur le royaume, mais c'est comme s'il faisait plein jour ou que les étoiles avaient quitté le ciel pour la terre.

Cinq mille cierges, tenus par cinq mille galériens que l'on a fait venir de Lisbonne, éclairent les quinze lieues qui séparent Montemor du monastère d'Alcobaça.

Un souffle de folie morbide, mêlé au parfum des aromates, passe sur la campagne.

Doña Inès est allongée sur une litière, portée par des chevaliers qui se relaient toutes les heures. Des gentilshommes leur font escorte, mais aussi des femmes du peuple, des enfants, des vieux, des jeunes.

Pedro caracole en tête.

Alcobaça apparaît aux toutes premières lueurs de l'aube.

Le roi entre le premier dans l'église.

Il remonte la nef centrale.

Les deux sarcophages sont là. Ils se font face. L'un d'entre eux est sans couvercle.

Les chevaliers y déposent respectueusement la dépouille d'Inès.

Dom Gil, l'évêque de Guarda, est présent. Il récite la prière des morts. Les cloches sonnent le glas.

Pedro s'agenouille devant sa reine.

Sa main se tend vers le sarcophage. L'écu armorié des Castro alterne avec le blason du Portugal. Sur la frise, une inscription est gravée :

ATE A FIM DO MUNDO
Jusqu'à la fin du monde

L'éléphant et la colombe

Frida Kahlo et Diego Rivera

Mexico, septembre 1922

'École préparatoire nationale de San Ildefonso vient d'ouvrir ses portes. Fondée en 1868, elle est le meilleur établissement du pays. Elle prépare en cinq ans à l'entrée à l'université et n'est accessible qu'après l'obtention d'un sévère examen de passage.

Dans cette bâtisse de pierre volcanique brun-rouge, deux mille garçons et, pour la première fois, trente-cinq filles, se pressent devant l'entrée. Parmi les filles, une adolescente de quinze ans : Magdalena Carmen Frida Kahlo, que ses camarades de classe vont très vite surnommer, non sans cruauté : *Frida la coja* ou encore *Frida pata de palo*. Frida la boiteuse ou Frida patte de bois.

Une méchante poliomyélite, dont elle fut victime à l'âge de six ans, lui a laissé la jambe droite atrophiée. Un handicap d'autant plus lourd à supporter lorsque l'on est une femme. Mais Frida avait très vite réagi et, pour améliorer sa démarche, elle s'était jetée à corps perdu dans le sport. Une activité qui lui fut d'autant plus agréable qu'elle était tombée amoureuse de sa professeur d'éducation physique, une certaine Mlle Zenil. À son amie d'enfance, la psychologue Olga Campos, elle confiera un jour : « J'étais amoureuse d'elle. Elle était tendre, et me faisait asseoir sur ses genoux. Pendant l'heure de gymnastique, je faisais l'appel avec elle et j'allais dans son bureau pour l'aider à remplir les bulletins de notes. Je me souviens de sa peau et de son parfum[1]. »

Rien d'étonnant dans cette attirance. Dans ses mêmes confidences ne précise-t-elle pas « qu'elle aime les hommes et les femmes » ? Et elle n'hésite pas à évoquer librement sa sexualité : « Dans le sexe, tout ce qui procure du plaisir est bien, tout ce qui blesse est mal. [...] Je ne suis pas vraiment gênée lorsque quelqu'un regarde mon sexe. J'aime les parties génitales masculines. Chez les femmes, les seins sont esthétiques. Quand ils sont beaux, je les aime beaucoup. À condition que leurs mamelons ne soient pas roses. Quand je fais l'amour, mes seins jouent un rôle important. Ils sont très sensibles au toucher, même avec certaines femmes. L'homosexualité est quelque chose de juste, c'est une très bonne chose[2]. »

Dans les veines de Frida, coule un mélange de sang germanique et mexicain. Son père, Carl Wilhelm Kahlo, juif hongrois, originaire de Baden-Baden, est arrivé au

1. Frida Kahlo, *Confidences*, Salomon Grimberg, éditions du Chêne.
2. Frida Kahlo, *Confidences*.

Mexique en 1891 à l'âge de dix-neuf ans. Guillermo (il a hispanisé son nom) souffre de crises d'épilepsie récurrentes qui rendent sa vie et celle de son entourage impossibles. Il a tour à tour été caissier, libraire, vendeur dans une bijouterie. Lorsque Frida naît, le 6 juillet 1907, il est devenu photographe ; mais pas n'importe lequel : photographe officiel du patrimoine mexicain et colonial du gouvernement de Porfirio Diaz. Un nouveau métier qui lui a permis d'acquérir une jolie demeure, à une heure du centre, à Coyoacán. Une maison de plain-pied, avec terrasse et patio, qu'on croirait presque surgie de l'époque coloniale.

En 1952, Frida écrira sur la partie inférieure d'un portrait peint après la mort de son père :

> « *J'ai peint mon père Wilhelm Kahlo, d'origine germano-hongroise, artiste photographe de son métier, au caractère généreux, intelligent et fin, courageux car il a souffert d'épilepsie durant soixante-dix ans, ce qui ne l'a pas empêché de travailler et de lutter sans relâche contre Hitler. Avec adoration. Sa fille. Frida Kahlo*[1]. »

Sa mère, Matilde Calderón, d'ascendance indienne, catholique pratiquante, aînée d'une famille de douze enfants, a vu le jour et a grandi à Mexico. C'est une femme très belle – yeux bleus, lèvres charnues – qui compense son illettrisme par une grande intelligence. C'est la seconde épouse de Guillermo. La première, Maria Cerdana, était décédée peu de temps après leur mariage.

---

1. *Frida Kahlo*, par Frida Kahlo, *lettres 1922-1954*. Art Press.

Voilà deux ans à peine que le Mexique sort d'une longue révolution (1910-1920). Une révolution qui aura fait près de deux millions de morts mais qui, en vérité, ne fut rien d'autre que la découverte du Mexique par les Mexicains, révélant le pays à ses habitants et le ramenant à ses traditions.

C'est dans ce Mexique de l'élan national retrouvé que Frida a grandi aux côtés d'une mère franchement zapatiste. Dans son *Journal*, elle écrit : « Je me souviens que j'avais quatre ans lors de la décade tragique. J'ai été témoin oculaire de la lutte paysanne de Zapata contre les troupes de Carranza. Ma position fut très claire. Ma mère, en ouvrant les balcons qui donnaient sur la rue Allende, laissait le libre accès de son salon aux zapatistes blessés et affamés. Elle les soignait et leur offrait des petites galettes de maïs, la seule nourriture qu'on pouvait alors se procurer à Coyoacán […] L'émotion restée intacte de la "Révolution mexicaine" est ce qui m'a poussée à treize ans à entrer aux Jeunesses communistes[1]. »

À La Preparatoria, bien que d'un caractère ténébreux, Frida intègre rapidement une bande d'amis, et se lie avec un groupe d'intellectuels bohèmes qui s'est baptisé le gang des *Cachuchas* (les casquettes), parce que ses membres (sept garçons) ont choisi comme signe distinctif une casquette fabriquée dans un tissu marron à damier.

---

1. *Le Journal de Frida Kahlo*, Éditions du Chêne, 1995.

À la tête du groupe se trouve un jeune homme raffiné, à l'intelligence vive : Alejandro Gomez Arias. Frida est très vite séduite par le personnage. En 1923, alors qu'elle vient d'avoir seize ans, les voilà amants. Elle est ravie et tout émerveillée de constater que le garçon le plus brillant de la bande, le plus élégant, s'intéresse à elle ! Alejandro, qu'elle appellera Alex, est son premier et grand amour, celui à qui elle peut confier ses pensées les plus intimes. C'est lui qui l'aide à se détacher de son enfance. Il restera son refuge affectif, même lorsque l'amour aura disparu.

Toute sa vie, Frida sera attirée par des hommes à l'image d'Alejandro. Elle fera leur conquête, les entraînera dans sa passion possessive. Insensiblement, Alejandro va lui faire partager ses lectures, ses idées, sa vision progressiste du monde et elle développera à son contact une affinité pour le communisme – doctrine dont elle restera proche jusqu'à la fin de sa vie, sans pour autant se départir d'un amour passionné pour la tradition mexicaine. On les verra, installés des heures durant à la Ibero American library, dévorant les œuvres de Tolstoï, Spengler, Hegel, Kant et celles de penseurs et écrivains européens.

Au contact des *Cachuchas,* tous brillants, tous têtes bien faites et têtes bien pleines, elle se familiarise avec l'anglais et l'allemand, découvre la littérature, les interminables discussions philosophico-politiques, une propension pour le socialisme teinté d'un zeste d'anarchisme, mais aussi, avec une égale importance et une place au moins aussi grande dans la vie quotidienne, une certaine irrévérence.

Au mois de novembre 1922, alors qu'elle a tout juste quinze ans, elle apprend que le ministre de l'Éducation a commandé une fresque destinée à orner l'amphithéâtre Bolivar, la grande salle de conférences de la Escuela Nacional Preparatoria. La fresque a déjà un nom : *Création*. Et le peintre s'appelle Diego Rivera. À trente-six ans, l'homme est mondialement connu. Il a déjà été marié deux fois. La première fois en 1909, avec une peintre russe, Angelina Beloff, et tout récemment, au mois de juin, avec l'un de ses modèles, Guadalupe Marin. Les rumeurs les plus folles courent à son sujet comme celles prétendant qu'il tire au pistolet sur les photographes, parfois sur les hommes, et aurait mangé de la chair humaine. Il a déjà derrière lui une expérience artistique dense puisée dans les quatorze ans passés en Europe.

Après avoir suivi l'École des Beaux-Arts de Mexico, il était parti vivre à Paris où, devenu l'ami de Modigliani et d'Apollinaire, il avait découvert l'art moderne, et surtout l'avant-garde cubiste. Au cours des mois passés dans la capitale, il n'avait pas gaspillé une minute et, déballant couleurs et pinceaux, il s'était installé auprès d'autres peintres épris de Paris sur les rives de la Seine. Pissarro, Monet, Daumier et Courbet... les murs des galeries et des musées foisonnaient sous ses yeux émerveillés de couleurs, de « nouvelles façons » de voir. Le Salon des indépendants accepta six de ses toiles parmi lesquelles quatre paysages de Bruges, où il avait passé quelques semaines. Il avait atteint une maîtrise qui lui permettait de peindre « à la manière de », imitant quand il le voulait l'artiste de son choix. Mais c'est au Mexique, secoué encore par la révolution, qu'il a trouvé les motivations profondes qui l'ont poussé à rechercher une peinture vraiment originale et sud-américaine.

La fresque commandée par le ministre de l'Éducation doit couvrir une surface de cent cinquante mètres carrés. Aidé par sa deuxième épouse, Guadalupe, que l'on surnomme Lupe, et par une équipe d'artisans, Diego installe ses échafaudages. Lupe servira de modèle pour l'une des figures représentées sur la fresque : *La Force*. Il prépare la cire colorée qu'il fera fondre à l'aide d'un chalumeau, afin de la mélanger avec de la résine. C'est de ce mélange qu'il recouvrira la paroi. Cette réalisation marquera le début d'une série d'immenses peintures murales qui s'échelonnera sur trente-cinq ans et dont on retiendra la décoration du secrétariat de l'Éducation publique (1923-1928), la décoration de la salle des Actes de l'École nationale d'agriculture de Chapingo (1926-1927), le palais de Cortés à Cuernavaca (1930) et enfin les mosaïques du stade de la Cité universitaire (1952).

Informée de la présence de Diego, Frida incite aussitôt l'une de ses camarades, Adelina Zendejas[1], à l'accompagner pour voir le travail de l'artiste : « Si tu veux bien arrêter de jouer les poltronnes et les froussardes, fais-toi la malle et viens à l'amphithéâtre ; le Génie Ventripotent est en train de peaufiner sa fresque, il a promis de nous

_____

1. Elle sera plus tard journaliste et professeur d'histoire et de littérature.

expliquer de quoi ça parle et qui ont été ses modèles pour les personnages. Ta pote, Frida Jambe de Bois de Coyoacán des coyotes. »

Frida se glisse discrètement dans l'amphithéâtre. Un homme est là. Il porte un chapeau sur la tête, des chaussures de mineur aux pieds et une cartouchière en cuir autour de la taille qui retient non sans mal sa bedaine. Il discute avec des étudiants rassemblés autour de lui qui lui ont déjà trouvé un surnom : *Panzon* (gros ventre). Frida s'approche. Elle tend l'oreille. Diego raconte ses matinées aux terrasses de Madrid et de Barcelone, ses après-midi d'errance dans Rome et Florence et ses longues nuits d'ivresse à Paris.

En retrait derrière une colonne, Frida sourit, à la fois attendrie et troublée par le contraste entre ce sourire enfantin, et cette silhouette d'ogre.

Selon certains témoins, elle aurait soutenu que dès qu'elle fut en sa présence elle pensa : « Tu verras, gros plein de soupe, aujourd'hui tu ne fais pas attention à moi, mais un jour, j'aurai un enfant de toi. » Quant à Diego, il rapporte dans ses *Mémoires*[1] un incident assez singulier. Un jour qu'il se trouvait dans l'amphithéâtre en compagnie de Carmen Mondragon, sa dernière conquête, et que tous deux se livraient à un « tête-à-tête particulièrement fiévreux », une voix stridente l'avait interpellé : « Attention Diego ! Voici Lupe ! » Le peintre avait regardé autour de lui, et n'avait vu personne. Mais, l'instant suivant, effectivement, Lupe arriva avec le

---

1. Diego Rivera, *My art, my life, an autobiography*, New York, Citadel Press, 1960.

déjeuner. Quelque temps plus tard, alors qu'il succombait, mais cette fois aux exigences charnelles de son épouse, la même voix stridente s'éleva : « Attention Diego ! Carmen arrive ! »

Ultérieurement, Diego expliqua : « Une année plus tard, j'appris que la mystérieuse voix était celle de Frida Kahlo. Mais je n'avais pas la moindre idée qu'elle serait un jour ma femme. »

Pour l'heure, en tout cas, Frida aime son Alex à la folie. C'est une jeune femme amoureuse qui poursuit ses études et parallèlement travaille. Elle a d'abord trouvé un emploi comme caissière, puis dans une pharmacie, et enfin dans une scierie. Elle étudie aussi la sténo et la dactylographie à l'Académie Oliver et apprend le dessin auprès d'un graveur publicitaire, Fernando Fernandez.

17 septembre 1925

Il pleut sur Mexico. Les nuages sont bas. Il fait sombre comme en pleine nuit. Frida est assise à côté d'Alejandro dans le bus qui les ramène de la Escuela. La jeune fille rentre chez ses parents, à Coyoacán.

Soudain, c'est le drame.

Le bus est percuté de plein fouet par un tramway. Projeté contre un mur, le véhicule se fend littéralement en deux. Frida, éjectée par le choc, atterrit sur le bitume. Une barre d'appui l'a transpercée de part en part « comme une épée transperce un taureau ». Un passant décide de l'extraire. Au moment où le métal glisse le long de sa chair, la jeune femme pousse un cri déchirant. Un cri si puissant qu'il couvre les sirènes des ambulances.

Quand on retrouve Frida gisant sur le sol, elle est entièrement nue et son corps brille de reflets d'or. Un passager du bus, sans doute peintre en bâtiment, était monté avec un paquet de poudre dorée. Le paquet s'était ouvert et la poudre s'est déversée sur le corps ensanglanté de Frida. Ce qui explique que les témoins se soient écriés : « ¡ La bailarína ! ¡ La bailarína ! » À cause de tout cet or mêlé à la couleur rouge du sang, ils l'avaient prise pour une danseuse…

Alejandro, lui, est miraculeusement indemne.

Un mois plus tard, elle lui écrit de son lit d'hôpital :

« *Mon Alex adoré, tu sais mieux que personne ma tristesse d'être dans ce sale hôpital, tu peux parfaitement l'imaginer et les autres ont dû te le raconter […] Je vais t'expliquer tout ce que j'ai, sans omettre aucun détail comme tu me le demandes dans ta lettre. […] J'ai le pelvis dévié et fracturé du côté droit, plus une luxation et une petite fracture, ainsi que des plaies dont je t'ai parlé dans mon autre lettre : la plus grande m'a traversée de la hanche jusqu'au milieu des jambes ; et sur les deux, l'une s'est refermée et l'autre mesure deux centimètres de large sur un et demi de profondeur, mais je crois qu'elle va bientôt se refermer ; mon pied droit est plein d'égratignures assez profondes [...] Le docteur Diaz Infante (qui est un amour) ne veut pas continuer à me soigner : il dit qu'il habite trop loin de Coyoacán et qu'il ne peut pas abandonner un patient pour venir à mon chevet dès que je le rappelle ; il a donc été remplacé par Pedro Calderón, de Coyoacán. Tu te souviens de lui ? Bon, étant donné que chaque docteur a un avis différent sur la même maladie, Pedro a bien évidemment trouvé que tout allait à merveille chez moi, sauf le bras : il se demande si je pourrai le tendre à nouveau, car l'articulation est en bon état mais le tendon est contracté, ce qui m'empêche de déplier le bras vers l'avant, et si jamais je peux y arriver un jour, ce sera à force de massages, de bains d'eau chaude et de patience. Tu n'imagines pas à quel point j'ai mal ; chaque fois qu'on me tire d'un côté, ça me fait monter des litres de larmes, même s'il ne faut croire ni les chiens qui boitent ni les femmes [...] Je veux rentrer chez moi le plus vite possible, mais il va falloir attendre que mon inflammation disparaisse totalement et que toutes mes blessures cicatrisent, parce que si ça s'infecte je risque de passer... un sale quart d'heure, tu comprends ? [...] Je t'attends en comptant les heures, où que je sois, ici ou chez moi. Si seulement je te voyais, tous ces mois au lit passeraient beaucoup plus vite. »*

À partir de ce moment, la mort, la douleur vont constituer les thèmes dominants de sa vie et de son œuvre.

Ce corset, qu'elle doit garder quatre heures par jour, devient lui-même source de nouvelles souffrances. Heureusement qu'il vient à sa mère, Matilde, une idée qui va déterminer l'avenir de Frida : elle fait fabriquer, au-dessus de son lit à baldaquin, une sorte de chevalet doté d'un système qui va permettre à la convalescente de peindre allongée, et elle y accroche un miroir dans lequel la convalescente va pouvoir se voir. Elle va se peindre, peindre inlassablement. Sa vie et sa peinture ne feront plus qu'un. Diego Rivera dira plus tard « qu'elle peignait la face intérieure d'elle-même et du monde ».

Mai 1928

Les drapeaux et les banderoles volent dans le ciel de Mexico. Les manifestations de soutien à José Vasconcelos battent leur plein. Candidat à l'élection présidentielle, il a été battu. Cependant, une forte suspicion d'urnes truquées a poussé ses électeurs à descendre dans la rue pour exprimer leur mécontentement. Bras levé, Frida en fait partie. Elle a troqué ses beaux vêtements bourgeois contre une tenue plus sévère : jupe noire, chemisier rouge, insigne en émail orné de la faucille et du marteau. Elle manifeste aux côtés de sa nouvelle amie, Tina Modotti, d'origine italienne, de dix ans son aînée. Tina est un personnage, dans le sens propre du terme. Un corps parfait, sensuel, sculptural, que l'on pouvait contempler nu à loisir puisqu'elle avait posé pour le photographe américain Edward Weston[1], qui fut également son amant.

---

1. Considéré comme le maître incontestable de la « photographie pure » et de la « prévisualisation ».

Le soir même, on fait la fête chez la fougueuse Méditerranéenne. La tequila coule à flots. On danse, on mange, on refait le monde. Journalistes, peintres, artistes de tous bords et réfugiés politiques s'entremêlent jusqu'au moment où un homme fait une entrée fracassante.

«Vive la Révolution!» hurle-t-il avant de s'affaler dans un fauteuil et de retirer son chapeau. Puis, il sort son pistolet et, sous les yeux effarés des invités, tire sur le gramophone qui explose en mille morceaux.

L'homme, c'est Diego Rivera. Il vient d'avoir quarante et un ans. Il a quitté Guadalupe, jugée trop possessive, et il n'est pas là par hasard : il y a peu encore, lui aussi a été l'amant de la belle Italienne.

Alertée par le coup de feu, Frida accourt.

Tina lui présente le peintre.

Entre l'éléphant et la colombe[1], c'est aussitôt le coup de foudre. Elle aime sa vitalité, son côté juvénile. Il est séduit par la surprenante fraîcheur, le cran de cette jeune fille qui respire la sensualité. Ils vont se revoir. Souvent.

Tous les dimanches, il se rend chez Frida pour contempler ses nouvelles toiles. Il formule des critiques, la félicite, l'encourage, lui explique tout le potentiel qu'il perçoit dans son travail. Une sorte de rituel hebdomadaire s'installe en même temps qu'un inévitable rapport amoureux. Diego est sous le charme. Dans ses *Mémoires*, il écrit : «Sa chambre, sa présence étincelante

---

1. Surnom que leur a donné l'historienne de l'art Hayden Herrera, auteur d'une biographie de Frida.

me remplissent d'une joie merveilleuse[1]. » Pour les deux peintres, c'est une période féconde en échanges.

Malgré son état de santé, elle est insouciante, explosive et porte indiscutablement un regard nouveau sur l'art. Elle peint pour elle, par nécessité intime. Tandis que lui peint pour le plus grand nombre, tributaire des commandes. Diego a le sentiment de se battre et d'aider le peuple avec son art. Tandis que Frida s'aide elle-même en peignant. Ses toiles font désormais partie intégrante de son corps endolori, son art étant devenu pour elle une sorte de médecine parallèle.

C'est en tout cas pour Rivera la période la plus productive. Il travaille sans relâche, couvre les murs des bâtiments publics de ses plus belles fresques : près de deux cents en quatre ans.

Diego est aussi politiquement engagé. Durant l'hiver 1928-1929, pour la première fois depuis son retour au Mexique, il s'investit dans le combat politique. Un combat difficile, acharné. Il participe à l'organisation de la campagne présidentielle du candidat communiste, puis devient secrétaire général du Bloc des ouvriers et fermiers.

Mais Diego est aussi – et pour la première fois de sa vie – passionnément amoureux. Il accepte de rencontrer les parents de Frida et de leur demander sa main. Le père acquiesce, en prévenant Diego que sa fille est un « diable caché », et ajoute : « Prenez note que ma fille est une malade, et qu'elle le restera toute sa vie. Elle est intelligente, mais pas jolie. Si vous voulez, réfléchissez bien, et

---

1. Diego Rivera, *My art, my life, an autobiography.*

si vous avez encore envie de vous marier, je vous donnerai ma permission [1]. »

La mère, elle, est plus réticente. Cette relation avec un
homme de vingt ans son aîné, déjà marié à deux reprises
et père de trois enfants, ne lui inspire guère confiance.
De plus, en bonne catholique, elle peine à envisager un
communiste comme gendre. Mais, finalement, attentif
au bonheur de leur fille, le père de la jeune femme, criblé
de dettes, entrevoit cette union comme une éventuelle
accalmie financière.

La cérémonie se déroule en toute simplicité.

Frida a choisi des vêtements empruntés à une domestique indienne : le costume tehuana. On pourrait croire
qu'elle a agi ainsi par goût de la provocation. Ce n'est pas
le cas : ce long vêtement permet de masquer ses innombrables cicatrices. D'ailleurs, ce costume deviendra pour
elle comme une seconde peau. N'est-il pas celui des
femmes de l'isthme de Tehuantepec, dont on dit qu'elles
sont les plus belles, les plus intelligentes et les plus sensuelles de tout le Mexique ?

Un petit cercle d'intimes se déplace ensuite chez
Roberto Monténégro, le juge, témoin et camarade
d'études de Diego. Hélas, très vite, la fête dégénère. Lupe
Marin, l'ex-femme de Diego, rongée par la jalousie, fait
irruption dans la salle, s'élance vers Frida, lui soulève la
jupe et s'écrie : « Vous voyez ces deux bâtons ? Voilà les
jambes que Diego possède maintenant à la place des
miennes ! » Et elle relève aussi sa jupe.

---

1. Cité par J.-M. Le Clézio, *Diego et Frida,* Stock, 1993.

Un chahut s'ensuit. Diego, qui a abusé de la tequila, tire au pistolet sur tout ce qui bouge et blesse un convive au doigt.

Frida, qui n'échappe pas à une violente altercation avec son « mari », s'enfuit en larmes se réfugier chez ses parents.

Après trois journées de silence, Diego vient sonner à la porte de la maison de Coyoacán. Il plaide sa cause, implore le pardon et les deux amoureux repartent bras dessus, bras dessous s'installer au domicile du peintre, sur le Paseo de la Reforma.

Commence pour les jeunes mariés une courte période de bonheur. L'appartement est un lieu étrange, occupé en partie par la collection d'objets archéologiques que Diego Rivera ne cesse d'accroître de jour en jour. Pour tout mobilier, le jeune couple ne possède qu'un petit lit, une longue table noire, une table de cuisine jaune, une salle à manger. Une domestique vit là en permanence, ainsi que quatre camarades communistes.

« Nous vivons tous là, les uns sur les autres, sous la table, dans les coins, dans les chambres[1] », confie Frida.

Une courte période de bonheur…

Diego, devenu entre-temps secrétaire général du Parti communiste mexicain, a été très rapidement pris pour cible par les staliniens purs et durs, obtus. Sa liberté de ton, ses outrances, son incompatibilité avec le sectarisme du parti totalitaire sont vues comme autant d'offenses. Le 3 octobre 1929, sentant que l'heure de son expulsion

---

1. Frida Kahlo, *Confidences*, Salomon Grimberg, éditions du Chêne.

a sonné, Diego préfère prendre les devants et s'exclure lui-même du parti dont il est le chef.

On assiste alors à une scène surréaliste.

Après avoir posé sur la table un énorme pistolet, il déclare très solennellement : « Moi, Diego Rivera, secrétaire général du Parti communiste mexicain, j'accuse le peintre Diego Rivera de collaborer avec le gouvernement petit-bourgeois du Mexique et d'avoir accepté de peindre l'escalier du palais national. Ces actes étant contraires à la politique du Komintern, le peintre Diego Rivera doit être exclu du Parti communiste par Diego Rivera, secrétaire général du Parti communiste. »

Frida, elle, a cessé de peindre. Elle se contente d'accompagner comme elle peut l'emploi du temps surhumain de son peintre de mari, s'occupant de lui, le soignant, lui préparant ses repas. Prendre soin de l'ogre est en soi une occupation à part entière. D'ailleurs ne voilà-t-il pas qu'il accepte, invité par l'ambassadeur des États-Unis au Mexique Dwight W. Morrow, de décorer une loggia du palais de Cortés, à Cuernavaca, à une cinquantaine de kilomètres de la capitale ? Pour ce travail, Diego recevra 12 000 dollars. Les communistes ricanent. Ils ont bien fait d'exclure du parti un homme capable de pactiser avec le Satan américain !

Diego, lui, n'est pas mécontent car la somme est loin d'être négligeable et le jeune couple a besoin d'argent.

Une fois à Cuernavaca, pendant que Diego peint, Frida se promène, elle se fond parmi les femmes du marché, les ouvriers au teint cuivré, l'immensité des champs, les haciendas, la vie rurale. La vraie vie. Elle reprend même ses pinceaux.

Enceinte, elle doit avorter après trois mois de grossesse. Le fœtus est mal placé. Après l'opération, elle plonge dans une mélancolie qui semble être sans fin.

Pire... Diego va commencer à la tromper. D'abord avec son assistante, Ione Robinson, puis avec son nouveau modèle, Dolores Olmedo. Mais Frida ne saura rien, car ces amours ont lieu lors des séjours du maître à Mexico.

Novembre 1930

C'est sous un ciel bleu azur que le couple atterrit à San Francisco. Diego a accepté l'offre des architectes du nouveau bâtiment du Pacific Stock Exchange. La Bourse du Pacifique. Une offre alléchante. Elle consiste à peindre plusieurs fresques dans l'escalier qui mène au Luncheon Club, et ce, pour la coquette somme de 2 500 dollars. La proposition est généreuse, puisque, à l'époque, les peintures de Diego se vendaient aux environs de 1 500 dollars pièce.

Ils vont séjourner en Californie de novembre 1930 à mai 1931.

Après l'achèvement de la fresque de la Bourse, Diego et Frida sont les hôtes de la richissime veuve Rosalie Stern, qui les accueille dans sa villa d'Atherton. Là, Diego peint une fresque de 1,60 m sur 2,65 m sur une base d'acier galvanisé. La scène représente les enfants de la famille Stern, le fils du jardinier et les ouvriers qui prenaient soin du verger d'amandiers en fleur. Un tracteur incarnait l'agriculture moderne en opposition avec les symboles du passé. Une fois achevée, la fresque fut transportée au Stern Hall, sur le campus de l'université de Californie à Berkeley.

Très vite, Frida va détester ce monde. Elle n'apprécie guère les Américains dont elle ne parle pas correctement la langue et se sent très mal à l'aise dans cet univers capitaliste qu'elle a surnommé *Gringolandia* alors que Diego, lui, s'y trouve comme un poisson dans l'eau. Pourquoi ne le serait-il pas? On l'acclame. Il donne des conférences, se coule dans la vie mondaine. Alors que Frida, elle, est réduite au rôle «d'épouse du grand homme». Elle grogne : «La *high society* d'ici me tape sur le système et je suis pas mal en colère contre tous les richards du coin, car j'ai vu des milliers de gens dans une misère noire, sans rien à manger, sans un toit où dormir, c'est ce qui m'a le plus impressionnée ici. Je trouve épouvantable de voir les riches passer leurs jours et leurs nuits dans des *parties*, pendant que des milliers et des milliers de gens meurent de faim. [...] Ils vivent comme dans un énorme poulailler, sale et désagréable. Leurs maisons ressemblent à des fours à pain et le confort dont ils nous rebattent les oreilles n'est qu'un mythe. »

Elle écrit à son amie Isabel Campos : «La ville et la baie sont chouettes. J'apprécie moins la *ricainerie* : ce que ces gens peuvent être fades, et puis, ils ont des têtes de biscuit cru (surtout les vieilles). »

En réalité, ce qui aurait dû être une lune de miel va tourner à l'enfer. Le couple commence à se désunir. Frida, qui a fini par découvrir les infidélités de son époux, se venge. Elle se lance dans une brève aventure avec une

Italienne, Cristina Casati, et enchaîne avec Nickolas Muray, un fringant photographe américano-hongrois qu'elle continuera d'ailleurs de voir par intermittence durant une dizaine d'années.

Au cours des six mois qu'elle passe à San Francisco, elle peint nombre de portraits d'amis. Mais bientôt, sa santé se dégrade. Sa douleur au pied droit augmente, l'atrophie de la jambe droite s'aggrave, et surtout, les radiographies révèlent une malformation congénitale de la colonne vertébrale qui fait passer au second plan les conséquences de l'accident. Elle est soignée par le docteur Leo Eloesser avec lequel elle nouera de profonds liens d'amitié.

À la fin du mois d'avril 1931, un courrier émanant du gouvernement mexicain enjoint Diego de venir terminer la fresque du grand escalier du palais national, qu'il avait tout simplement abandonnée afin de partir pour la Californie. De retour à Mexico et grâce à l'argent gagné aux États-Unis, le couple décide de se faire construire une double maison dans le quartier de San Angel. Une grande pour lui et une petite pour Frida, les deux bâtisses étant reliées par une passerelle au niveau du second étage. Il est probable que Diego l'avait souhaité ainsi afin de pouvoir s'adonner librement à ses récréations extraconjugales. En attendant la fin du chantier, il emménage dans la maison familiale de Coyoacán. Diego s'en est rendu acquéreur afin que les parents de Frida, qui connaissent de graves difficultés financières, ne soient plus obligés de s'en séparer.

Mais l'intermède mexicain est de courte durée. L'éminente marchande de tableaux new-yorkaise Frances

Flynn Paine propose à Diego d'organiser une rétrospective de son œuvre dans le tout récent Museum of Modern Art qui vient d'accueillir une exposition consacrée à Matisse. Et les voilà repartis. Ils arrivent à New York le 13 novembre 1932.

New York déplaît à Frida, autant que San Francisco. Il pleut, elle ne connaît personne, parle un mauvais anglais, et passe son temps à traîner son ennui dans les rues de Manhattan.

De son côté, Diego vit sur la lancée de son triomphe californien. Il travaille d'arrache-pied sur un certain nombre d'œuvres qu'il veut voir accrochées dans sa rétrospective du MOMA. Le vernissage a lieu le 22 décembre. La critique est pour le moins boudeuse. On raille son « art indigène », on ironise sur sa « culture de paniers et de couverture ». Mais Diego s'en moque. En un mois, plus de soixante mille visiteurs enthousiastes se pressent pour voir les toiles et les fresques du peintre mexicain. Il est devenu une immense vedette et croule sous les commandes.

En avril 1932, elle écrit à Clifford et Jean Wight une lettre dans laquelle on peut lire ceci :

> « *Ce climat new-yorkais, mon Dieu, c'est une calamité pour moi. Mais… qu'est-ce que je peux bien y faire ? J'espère que ça va aller bientôt mieux, sinon je me suicide.* »

Frida s'ennuie et prend ses amis à témoin. Diego ne s'intéresse qu'à son travail, à sa peinture et la délaisse. Elle n'a que faire des fêtes, des réceptions. Elle y rencontre les New-Yorkais les plus influents du monde de la finance et des arts, certes, et alors ?

Quand, à la fin du mois d'avril 1932, Diego est invité à peindre un énorme ensemble de fresques sur l'industrie moderne à l'Institute of Arts de Detroit, elle l'accompagne, soulagée, « heureuse de quitter cette métropole effrayante, où elle a vécu comme une ombre ». On a offert à Diego pour ce projet la somme colossale de 25 000 dollars. En comparaison, un ouvrier était payé à cette époque 10 cents de l'heure, soit un salaire hebdomadaire de 4 dollars pour une semaine de quarante heures.

À peine descendus du train, Diego et Frida sont immédiatement plongés dans un décor que Chaplin immortalisera quatre ans plus tard dans les *Temps modernes*. Nous sommes bien loin des mondanités et du snobisme de New York. La crise de 1929 est encore toute proche. La tension sociale est palpable. Étrangement, Diego, l'ex-communiste, ne cache pas son admiration pour l'industrie moderne. Il se plaît à glorifier l'acier, la fumée des usines, allant même jusqu'à louer la beauté des chambres fortes des banques.

On est loin de la perception de Frida Kahlo qu'elle fait partager au docteur Eloesser le 26 mai 1932 :

> « *Cette ville me fait l'effet d'un vieux patelin miteux, on dirait un petit village, je n'aime pas du tout. Mais je suis contente parce que Diego y est bien pour travailler, il a trouvé pas mal de matériel pour les fresques qu'il va peindre dans le musée. Les usines, les machines, etc., tout ça, il adore, il est comme un enfant avec un nouveau jouet. La zone industrielle de Detroit est d'ailleurs la plus intéressante, le reste est comme dans tous les États-Unis :*

moche et stupide [...] J'ai pas mal de choses à vous raconter à mon propos, mais, disons, pas très agréables. »

Puis, elle parle de sa santé :

« Je voudrais vous parler de tout sauf de ça, car vous devez en avoir par-dessus la tête d'entendre tout le monde se plaindre et, surtout, d'écouter les malades vous raconter leurs maladies, mais j'aimerais avoir la prétention de croire que mon cas est un peu différent car nous sommes amis et, aussi bien Diego que moi-même, nous vous aimons beaucoup. Et vous le savez bien. »

Si Frida mentionne « sa santé qui va mal », c'est qu'elle a appris qu'elle est enceinte.

« [...] Mais la chose la plus importante dont je veux m'entretenir avec vous avant toute autre personne, c'est que je suis enceinte de deux mois. Voilà pourquoi je suis retournée voir le docteur Pratt, qui m'a dit qu'il connaissait mon cas parce qu'il en avait parlé avec vous à La Nouvelle-Orléans et que je n'avais pas besoin de lui rappeler toutes ces histoires d'accident, d'hérédité, etc. Estimant que, dans mon état, il valait mieux avorter, je le lui ai dit et il m'a donné une dose de quinine et une purge bien carabinée d'huile de ricin. Le lendemain, j'ai eu une très légère hémorragie, presque rien. Pendant cinq ou six jours, j'ai un peu saigné, mais vraiment très peu. J'ai quand même cru que j'avais avorté et je suis retournée voir le docteur Pratt [...] Il dit que, si nous restons à Detroit pendant les sept prochains mois de ma grossesse, il s'occupera de moi avec le plus grand soin. Je voudrais

avoir votre avis, J'ai toute confiance en vous, car en l'occurrence je ne sais pas quoi faire. »

Malheureusement, quelques semaines plus tard, le jour de la fête nationale américaine, le 4 juillet, c'est le drame.

Elle en fait part à Eloesser le 29.

« Deux semaines environ, avant le 4 juillet, j'ai remarqué un filet de sang épais qui coulait presque tous les jours, alors je me suis inquiétée et je suis allée voir le docteur Pratt, qui m'a dit que tout allait bien et que je pourrais avoir mon enfant par césarienne. Ça a continué jusqu'au 4 juillet et là, sans que je sache pourquoi, en un clin d'œil j'ai fait une fausse couche. Le fœtus n'était pas formé, quand il est sorti il était tout désagrégé, alors que j'étais enceinte depuis trois mois et demi. Le docteur Pratt n'a pas évoqué de cause précise, il m'a juste assuré que je pourrais un jour avoir un autre enfant. À l'heure où je vous écris, je ne sais toujours pas pourquoi je l'ai perdu et pour quelle raison le fœtus n'était pas formé, alors allez savoir comment je vais de l'intérieur, parce que c'est un peu bizarre, vous ne croyez pas ? J'étais tellement contente à l'idée d'avoir un petit Dieguito que j'ai beaucoup pleuré, mais maintenant que c'est passé, il n'y a plus qu'à se résigner… Bref, il y a des milliers de choses autour desquelles règne le mystère le plus absolu. Quoi qu'il en soit, je suis comme les chats, on n'a pas ma peau si facilement… c'est toujours ça… ! »

La perte de cet enfant va marquer Frida à jamais et hanter sa peinture. Elle va peindre notamment un fœtus masculin surdimensionné en position embryonnaire, l'enfant perdu, le petit Dieguito qu'elle a tant espéré et qu'elle doit se résigner à ne jamais connaître. Une fois encore, c'est la peinture qui lui permet d'exister face à l'inactivité et à la solitude.

En sortant de l'hôpital, elle crée deux de ses tableaux les plus personnels, les plus intimes aussi, où les événements de sa vie quotidienne acquièrent une place réelle et symbolique. Chaque missive, chaque dessin est comme une lettre volée au désespoir, qu'elle adresse à ses proches, à ceux qu'elle aime. Il y a bien entendu la lithographie, nommée on ne peut plus clairement *Frida et l'avortement,* sur laquelle on voit, à gauche – à la manière d'une image tirée d'un ancien atlas anatomique –, un grand fœtus masculin, relié par une veine au corps de Frida, cette veine s'enroulant autour de sa « bonne jambe ». Un autre dessin, de petite taille, où l'artiste, le visage inondé de larmes, se tient le bas-ventre, tandis que des gouttes de sang maculent le sol. Sur une autre œuvre, intitulée *L'Hôpital Henry-Ford,* on aperçoit, sur un fond de lointaines usines, un lit ensanglanté sur lequel repose Frida, nue, tenant divers objets au bout de cordons ombilicaux qui sont comme autant de ballons d'enfants. Cette toile, datée de juillet 1932, fait incontestablement de Frida Kahlo l'un des peintres les plus originaux de son temps.

Le 3 septembre 1932, elle saute dans le premier train pour Mexico et se précipite au chevet de Matilde, sa mère. Elle mourra le 15 septembre.

Fin octobre, lorsqu'elle revient à Detroit, elle découvre un Diego Rivera incroyablement amaigri (il a perdu près de cinquante kilos), les traits tirés, dévastés par la fatigue. Il est aussi sans doute profondément blessé par l'article qui est paru dans le *Detroit News*. On peut y lire que les fresques sont « grossières dans leur conception, follement vulgaires, dépourvues de sens pour l'observateur intelligent… une calomnie pour les ouvriers de Detroit… et… antiaméricaines ».

Le 20 mars 1933, le couple est à New York, où Diego s'est engagé à décorer le hall d'entrée du nouveau bâtiment de la Radio Corporation Arts, situé dans le Rockefeller Center de Manhattan. Le jugement de Frida est toujours aussi critique à l'égard de la ville : « En premier lieu, écrit-elle le 11 avril 1933 à son ami Clifford Wight, je dois te dire que New York est encore pire que l'an dernier, ses habitants sont tristes et pessimistes. »

Et elle se languit de revoir son Mexique adoré.

Ce nouveau voyage n'a d'ailleurs pas commencé sous les meilleurs auspices. Dès le lendemain de son arrivée, la presse américaine s'est déchaînée contre le muraliste mexicain. Diego Rivera est devenu une cause que l'on combat ou que l'on défend.

Qu'importe ! Diego commença les esquisses préliminaires de la fresque qui devait parer les parois murales encadrant les ascenseurs face à l'entrée principale du Centre Rockefeller. Il les soumet aux Rockefeller qui les approuvent.

Provocation ou inconscience, il fait figurer en plein centre de la fresque un personnage qui a les traits de Lénine ! Aussitôt, les Rockefeller somment Diego de se « débarrasser de Lénine ». « Jamais, réplique le muraliste, plutôt que de mutiler la conception, je préférerais la destruction physique de l'œuvre dans sa totalité, préservant ainsi, au moins, son intégrité. »

La réaction des commanditaires ne tarde pas. On lui règle les 14 000 dollars d'acompte qui lui reviennent, et on lui ordonne de quitter immédiatement les lieux, sans même l'autoriser à prendre avec lui ses outils…

Deux mois plus tard, les 10 et 11 février 1934, et malgré une mobilisation d'artistes venus du monde entier, les fresques du Rockefeller Center seront pulvérisées à coups de hache, en pleine nuit, afin de ne pas déranger les occupants des lieux.

Après ce camouflet, Diego Rivera et Frida vont demeurer encore sept mois aux États-Unis. Mais, au lieu de les rapprocher, ce que d'aucuns ont appelé « la bataille du Centre Rockefeller » les éloigne et ébranle très sérieusement les bases de leur couple. Diego traverse une période de très forte dépression, quant à Frida, elle supporte mal la chaleur étouffante de New York et son pied la fait horriblement souffrir. Ajoutons à cela, l'enchaînement ininterrompu de flirts dans lesquels se lance son incorrigible époux. Sa dernière proie est une jeune artiste peintre habitant le même immeuble que le couple : une certaine Louise Nevelson, juive russe née à Kiev.

Frida va mal, très mal. Elle peint son emprisonnement, sa solitude, sa détresse. « Moi, ici, à *Gringolandia*, je passe ma vie à rêver de retourner au Mexique », écrit-elle à son cher Eloesser. Ce qu'elle n'aime pas chez les Américains, c'est « leur morgue, leur orgueil, leur froideur protestante », si éloignée de la truculence mexicaine, de la joie de vivre insubmersible. Ce qu'elle n'aime pas, à

Gringolandia, c'est cette volonté forcenée « de réussir à devenir quelqu'un », d'afficher sa réussite professionnelle, cet incommensurable orgueil : « Être le *gran caca* ne m'intéresse pas le moins du monde. » Et puis Diego ne s'occupe pas d'elle. Est-ce pour cela qu'elle exige qu'on l'appelle désormais « Carmen », de son deuxième prénom jusque-là inusité ?

Frida veut rentrer au Mexique, elle n'en peut plus de cette Amérique du profit et de la finance : « J'ai appris tellement de choses ici, je suis de plus en plus convaincue que la seule façon de devenir un homme, je veux dire un être humain et pas un animal, c'est d'être communiste. » Tandis que Diego éprouve une véritable aversion à l'idée revenir dans son pays. Il sait qu'on l'y attend, et que ses détracteurs ne vont pas manquer d'ironiser, de lui rappeler que les Rockefeller l'ont jeté comme un malpropre.

Durant cette période, elle réalise un immense collage au titre mystérieux : *Ma robe est suspendue là-bas,* ou *New York.* Au milieu d'un décor de buildings, d'immeubles en flammes – ici une statue de la Liberté, là une poubelle pleine de déchets –, sur un cintre, un vêtement de femme : jupe verte, corsage rouge, volants blancs.

Le 20 décembre 1933, les deux petits panneaux du quartier général des trotskistes new-yorkais achevés, Diego embarque au côté de Frida à bord de l'*Oriente,* à destination de Veracruz via La Havane. Ils n'ont plus un sou et leurs amis ont dû se cotiser pour leur acheter leurs billets de retour.

De retour à Mexico, ils s'installent dans leur « double maison » de San Angel, deux blocs : l'un rose pour Frida, l'autre bleu pour Diego.

Au fil des jours, ce dernier s'enfonce dans une dépression nerveuse qui n'est pas sans inquiéter son épouse. Dans une lettre du 11 juillet, elle s'en ouvre à son amie Ella Wolfe :

> « *J'ignore si l'état de Diego est dû à son amaigrissement trop rapide à Detroit ou au mauvais fonctionnement de ses glandes ; le fait est qu'il a le moral à zéro et que je souffre encore plus que lui, si tant est que ce soit possible, en voyant qu'il n'y a pas moyen de le faire changer d'avis et que j'ai beau être prête à tout donner, même ma vie, pour lui rendre la santé, rien n'y fait. […] Il m'arrive de perdre totalement espoir. Tout cela, bien sûr, se reflète dans la situation financière de Diego, vu qu'il ne travaille pas mais que ses dépenses sont toujours aussi énormes ; du coup, je ne sais pas où ça va nous mener.* »

Frida entre dans une période de repli sur soi et doit se battre avec ses vieux démons : la solitude, la douleur.

Comme si cela ne suffisait pas, une troisième grossesse survient, qui conduit cette fois à un avortement provoqué. Au cours de cette même année, Frida va subir encore une appendicectomie et une première opération du pied droit : l'amputation de cinq phalanges dont la cicatrisation est interminable. Côté affectif, le pire est à venir : Cristina, la jeune sœur de Frida, l'amie la plus proche, le double, la jumelle, l'alliée, la seule alliée de toujours, est devenue la maîtresse de… Diego !

Cette fois, c'en est trop.

Frida décide de rompre.

Le 18 octobre 1934, elle se confie à ses amis Ella et Bertram Wolfe :

« *En premier lieu, c'est une double peine, si je puis m'exprimer ainsi. Vous savez mieux que quiconque ce que Diego signifie pour moi et, d'un autre côté, elle était la sœur que j'aimais le plus, que j'avais essayé d'aider quand elle avait atterri entre mes mains, ce qui fait que la situation est horriblement compliquée et elle empire de jour en jour. Je voudrais pouvoir tout vous dire pour que vous compreniez bien ce qu'il m'a fallu supporter ; mais je risque de vous ennuyer avec ma lettre, à ne parler que de moi. Croyez-moi, si je vous raconte par le menu les dessous de l'affaire, vous allez prendre vos jambes à votre cou avant d'avoir fini de lire cette lettre.* »

En janvier 1935, elle quitte San Angel, et part s'installer dans une maison au 432 de l'avenue Insurgentes, à Mexico. Puis, l'été venu, elle part pour New York, cette ville que pourtant elle déteste, en compagnie de deux amies, l'écrivaine Anita Brenner et Mary Schapiro Sklar, et séjourne chez Ella et Bertram. Après plusieurs expériences homosexuelles et plusieurs flirts avec notamment le sculpteur américano-nippon Isamu Noguchi, ancien assistant et collaborateur de Diego, ou Ignacio Aguirre, peintre et graveur muraliste, Frida ne retrouve pas pour autant son équilibre. Diego lui manque. Elle a Diego dans la peau. Sinon comment expliquer cette lettre qu'elle lui écrit le 23 juillet ?

« *[…] Faut-il que je sois une vraie tête de mule pour ne pas comprendre que les lettres, les histoires de jupons, les maîtresses d'anglais, les Gitanes qui jouent les modèles, les assistantes de "bonne volonté", les disciples intéressées par "l'art de la peinture" et les "envoyées plénipotentiaires de lointaines contrées" ne sont qu'un amusement et que dans le fond, toi et moi, nous nous aimons largement, et que nous avons beau enchaîner les aventures, les claquements de porte, les insultes et les plaintes internationales, nous nous aimerons toujours. Je crois qu'en fait je suis un peu bête et chienne sur les bords, car toutes ces choses sont arrivées et se sont répétées durant les sept ans où nous avons vécu ensemble, et toutes mes colères ne m'ont conduite qu'à mieux comprendre que je t'aime plus que ma propre peau, et bien que tu ne m'aimes pas de la même façon, tu m'aimes quand même un peu, non ? Et si ce n'est pas le cas, il me reste l'espoir que ce le soit, et ça me suffit… Aime-moi un tout petit peu. Je t'adore. Frida. »*

De retour à Mexico, elle continue ses rencontres clandestines, notamment dans une chambre que lui prête sa sœur Luisa, près du cinéma Metropolitan.

Le 9 janvier 1937, voilà que débarquent à Mexico un certain Léon Trotski et sa femme Natalia. C'est Diego Rivera qui a demandé au président Cardenas de leur accorder l'asile. Diego, qui souffre de problèmes rénaux, ne peut venir les accueillir, c'est Frida qui va à leur rencontre. Très vite, une amitié s'installe. Les deux couples s'entendent. Trotski n'a pas encore soixante ans. Une certaine allure, un charisme indéniable. Frida l'appelle, avec un certain dédain, *El viejo* (le vieux), ou *Piochitas* (barbichette), mais… elle lui fait la cour. Par jeu ? Pour mesurer son pouvoir de séduction ? Toujours est-il que le révolutionnaire au regard d'acier ne tarde pas à succomber. Délaissant un temps la rédaction de ses discours, sa biographie de Lénine, il glisse des billets enfiévrés dans les livres qu'il offre à Frida, lui donne des rendez-vous secrets, lui parle en anglais parce que sa femme Natalia ne comprend pas cette langue, escalade le mur de sa maison, et s'enfuit avec elle dans une hacienda située à San Miguel Regla, à une cinquantaine de kilomètres de Mexico.

Mais la liaison fera long feu. En juillet tout est fini. C'est Frida qui prend l'initiative de la rupture.

En septembre 1938, un autre personnage fait irruption dans sa vie et dans celle de Diego : c'est André Breton. Il est arrivé avec sa femme, Jacqueline Lamba. Hébergé dans un premier temps par l'ex-épouse de Diego, Lupe Marin, le couple est ensuite accueilli jusqu'à la fin de son séjour au Mexique chez les Rivera, à San Angel. Breton se montre subjugué par Frida et son œuvre. Il est aussi fasciné par sa personnalité. En revanche, le Français l'agace prodigieusement lorsqu'il se fait professoral et cherche absolument à la convaincre qu'elle fait du surréalisme sans le savoir.

En janvier 1939, invitée par Jacqueline Lamba, Frida embarque à destination de la France. Ce voyage à Paris ne sera qu'une suite de déceptions. La première tient aux Breton. Ils ne s'occupent pas d'elle, et la courte liaison amoureuse qu'elle a avec Jacqueline n'y changera rien. Le 25 mars, Frida quitte Le Havre à destination de New York. Ce retour est une douche froide. Nickolas Muray, son ex-amoureux qu'elle était si impatiente de retrouver, lui annonce qu'il va se marier.

De retour à Mexico, une épreuve, encore une, l'attend.

Diego file le parfait amour avec un peintre hongrois, une certaine Irène Bohus. Le retour de Frida ne l'enchante guère et il le lui fait comprendre. Leurs relations se dégradent, à tel point que Diego choisit de rester dans sa maison de San Angel pendant que Frida part s'installer à Coyoacán. C'est fini. À la mi-octobre, le couple dépose une demande de divorce par consentement mutuel. En décembre, le jugement est prononcé.

À partir de 1940, l'existence de Frida ne sera qu'un long calvaire. S'ajoutent à ces douloureuses questions sentimentales de nouveaux problèmes de santé. Comme elle souffre terriblement du dos, le docteur Farili lui ordonne le repos absolu au lit, avec un poids de vingt kilos exerçant une traction pour la soulager. En vain. Une mycose se déclare sur les doigts de la main droite, ce qui est préjudiciable à son travail. Son désespoir est si grand qu'elle se met à boire comme jamais auparavant.

Son ami, le docteur Eloesser, exige qu'elle vienne se faire soigner à San Francisco, au St. Luke's Hospital, et Diego l'appuie dans cette démarche. Le médecin prescrit à Frida un repos absolu et un sevrage alcoolique, suivis d'un régime en trois points : suralimentation, électrothérapie et thérapie au calcium. Manifestement le traitement fonctionne puisque Frida va peu à peu se rétablir et finir par retrouver une vie presque normale.

Dans le même temps, le docteur Eloesser persuade Diego d'épouser à nouveau Frida parce que, explique-t-il, leur séparation a un effet dramatique sur l'état de santé de sa patiente. Le peintre approuve. Frida, trop heureuse, en fait autant.

Le 8 décembre 1940, les « monstres sacrés » se marient pour la seconde fois. Pour l'occasion, Frida a revêtu le costume d'Indienne tehuana qu'elle avait délaissé. Serait-ce enfin la paix retrouvée ? On n'en est loin, hélas. La maladie ne veut pas lâcher prise. À partir de 1945, elle est obligée de porter une talonnette dans sa chaussure droite pour compenser le raccourcissement de sa jambe. Elle vit avec une pression intracrânienne anormale due aux absorptions répétées de Lipiodol, un médicament préconisé pour prévenir les troubles liés aux carences en iode. Elle éprouve des douleurs affreuses dans la nuque et la colonne vertébrale. À partir de 1944, elle portera huit corsets. En 1953, sa jambe, atteinte de gangrène, est amputée. Les sécrétions de son dos blessé la font « puer comme un chien mort ». Elle est pendue, nue, par les pieds, la tête en bas, afin de renforcer sa colonne vertébrale. Douleurs physiques et douleurs morales se mêlent, et pendant que Frida souffre le martyre, ce cher Diego vit une idylle avec l'actrice Maria Félix…

Elle est trop épuisée pour réagir. Elle glisse lentement vers la fin.

Le 9 juillet 1954, alors qu'elle est à peine remise d'une pneumonie, elle décide, au nom de ses convictions politiques, de participer à la manifestation qui réunit les opposants au général Castillo Armas qui vient de prendre le pouvoir au Guatemala avec la complicité de la CIA. Au milieu du flot de manifestants, Diego pousse Frida dans son fauteuil : elle tient dans une main un écriteau sur lequel est peinte une colombe et de l'autre tend le poing. Ce sera sa dernière apparition publique.

Le lendemain, la pneumonie réapparaît. Frida est mourante. Le 11 juillet, elle donne à Diego la bague qu'elle a achetée pour leur vingt-cinquième anniversaire de mariage qui doit avoir lieu quelques jours plus tard, en lui confiant qu'elle préfère lui faire ce cadeau tout de suite car elle « sent qu'elle va le quitter dans peu de temps ».

Le 12 juillet, vers 23 heures, elle sombre dans le sommeil. Diego, rassuré, passe le restant de la nuit dans son atelier à San Angel. À 6 heures du matin, le 13 juillet 1954, l'infirmière qui la veille pénètre dans sa chambre et constate que Frida a les yeux ouverts, fixes, et les mains froides.

Frida Kahlo vient de mourir, seule, dans la maison bleue de Coyoacán. Elle venait d'avoir quarante-sept ans.

La divine Lady

Lady Hamilton et l'amiral Nelson

ne chaumière perdue au cœur du comté de Flintshire, au sud de Liverpool. Une chaumière qui a jeté l'ancre dans le petit village de Hawarden, au milieu d'une vaste plaine entre les montagnes du pays de Galles à l'ouest et les Pennines à l'est.

C'est un coin d'Angleterre misérable, usé par des hivers qui n'en finissent pas.

Une jeune fille dessine sur la buée un soleil imaginaire.

Nous sommes en 1779. Elle a tout juste quatorze ans. Elle est presque femme. Elle est plus que belle, elle est magnifique. Les seins palpitent déjà sous la robe de laine. L'ovale de son visage encadré par une épaisse chevelure châtain doré est d'une parfaite régularité. Sa bouche, naturellement vermeille, forme un sourire où la séduction se mêle d'ingénuité. Ses yeux son͏ᵗ ͏ᵈ'͏ ͏ᵇ͏͏ profond irisé de reflets violets. Dans le frémi͏ commissures des lèvres se devine toute la se͏ monde. Emily Lyon, c'est son nom, a l'eau ͏ le regard, mais du feu sur les lèvres.

Emily, prénom qui se transformera progressivement en Emma, a le cœur lourd. L'idée de quitter le décor de son enfance fait comme un étau qui enserre sa poitrine. Au lendemain de la mort de son époux, la mère d'Emma, Mary Lyon, a pris la décision de tout abandonner, c'est-à-dire presque rien. Il faut s'en aller, essayer de survivre ailleurs : Londres. La capitale.

À peine arrivée, la mère et la fille entrent comme servantes auprès d'un chirurgien réputé, le docteur Budd, au 14 Chatham Place, près de Blackfriars Bridge. En juillet 1780 nous les retrouvons au service de la famille Linley, à Norfolk Street dans le Strand.

À partir de 1781, Emily est remarquée par une dame pour le moins singulière : Mrs. Kelly. Sorte de demi-mondaine, connue sous le nom d'« Abbesse d'Arlington Street ». Elle engage la jeune fille comme _lady's maid_ ou « femme de chambre ». Le « couvent » qu'elle dirige est célèbre dans les milieux londoniens. L'Abbesse reçoit beaucoup et uniquement des hommes. L'un d'entre eux s'éprend d'Emily. Il a une trentaine d'années. Il est officier de marine. Son nom : John Willet Payne. À seize ans, Emily n'a plus sa vertu.

Serait-ce en flânant dans les rues de Londres ou dans l'appartement de l'Abbesse que, quelque temps plus tard, la jeune fille fait la connaissance du « docteur » James Graham ? Emily quitte alors Mrs. Kelly pour suivre cet extravagant personnage. Charlatan, filou, mythomane, il est tout à la fois. Il est propriétaire d'une sorte de théâtre situé Royal Terrace-Adelphi, à quelques pas de la Tamise. L'endroit est surnommé « Temple d'Esculape », ou encore « Temple de la Santé ».

À l'intérieur, est aménagée une salle resplendissante de lumières où Graham distille ses « conseils thérapeutiques ». C'est là qu'Emily fait ses apparitions, voilée d'une gaze vaporeuse et légère, exhibée dans un pâle demi-jour. Déjà, sa beauté, la perfection de son corps fascinent. En quelques semaines, elle devient le centre d'attraction du Temple. Nous la voyons qui exécute pour la première fois les poses plastiques, inspirées des figures antiques, connues par la suite sous le nom d'« attitudes » et qu'elle reproduira tout au long de sa vie avec un succès jamais démenti.

C'est aussi au cours de cette période qu'elle est mise en présence de l'illustre peintre George Romney. Attiré comme tant d'autres de ses camarades par l'établissement de Graham à cause de l'étrangeté du lieu autant que dans l'espoir d'y rencontrer le modèle idéal, il a pu s'y rendre un soir. Lorsqu'il aperçoit Emily, c'est le choc. Ce n'est pas la vision d'une jeune femme qu'il découvre dans le clair-obscur de cette salle, mais Aphrodite en personne ; une apparition dans tous les sens du terme. Emily va devenir sa passion. Platonique, certes, mais obsessionnelle. Il la surnommera sa « divine Lady ».

Mais il n'y a pas que l'amour platonique de Romney qui croise alors la route d'Emily. D'autres personnages cherchent désespérément à la séduire et ce, avec des visées qui n'ont rien d'« artistique ». L'un d'entre eux va réussir. Il s'agit de Sir Harry Fetherstonhaugh. Vingt-six ans. Sportif, gai, cavalier émérite. Son père, Sir Mathew, est depuis sept ans propriétaire d'un splendide domaine, Up Park, non loin de Portsmouth, dans le Sussex. Il courtise la jeune fille. Elle succombe sans trop de difficultés.

Lorsque le jeune coq lui propose de le suivre et de partager sa vie, elle est folle de joie et d'excitation.

On mène joyeuse vie à Up Park. La plupart des journées sont consacrées à la chasse et se terminent par de somptueux soupers aux chandelles. Elle se fond rapidement dans son nouveau rôle de « maîtresse de maison ». Par sa beauté, sa gaieté bruyante, mais aussi grâce à la diversité de ses talents de mime et de chanteuse, elle a bientôt achevé de conquérir les nombreux convives qui défilent régulièrement à Up Park. De même, au lieu de la desservir, son accent « paysan », sa propension à jurer comme un charretier lui attirent la sympathie de son entourage et l'on applaudit à ses plus folles extravagances. Il lui arrive même de danser toute nue sur la grande table de la salle à manger.

On boit. On joue aux cartes. Emma – c'est ainsi désormais que tout le monde la surnomme – y prend goût. Elle se passionne même pour cette nouvelle forme de distraction. Elle jouera beaucoup au cours de son existence. Les dîners se succèdent. Les visages se superposent. Emma ne les voit pas. Elle n'a d'yeux que pour son *dear* Harry. Son cher Harry qui pourtant commence déjà à se lasser d'elle. Il la néglige. L'ignore. Bref, il semble déjà s'être fatigué de sa présence. Elle se rebiffe. Elle hausse le ton. Les disputes s'enchaînent. Elles sont de plus en plus violentes. Et – soulignons-le – la mère de la jeune femme, Mary Lyon, n'est toujours pas revenue auprès d'elle.

C'est dans ce climat de tension que, début septembre de cette même année 1781, surgit à Up Park un nouveau personnage. Il vient de prendre place à table, aux côtés de la jeune femme. Il a environ trente-deux ans. Belle apparence, distingué, grand amateur d'objets d'art, collectionneur de minéraux. Cet homme s'appelle Sir Charles Greville. Il n'est autre que le fils de Lady Jane Hamilton, comtesse de Warwick, et petit-fils de Lord Archibald Hamilton, gouverneur de la Jamaïque et de l'hôpital militaire de Greenwich. La famille compte encore un membre illustre – dont le rôle imprévu va bientôt se dessiner – en la personne de Sir William Hamilton, ambassadeur de Grande-Bretagne au royaume de Naples et de Sicile, oncle maternel de Greville, frère de lait et ami particulier du futur roi George III. Ce Greville ne cache point son admiration pour sa très jeune hôtesse.

Est-il possible qu'au cours de cette période Emma, délaissée par son amant, soit devenue la maîtresse de Charles Greville ? Tout porte à le croire.

Juillet 1781. L'été est là, mais il n'a jamais fait aussi froid. Emma vient de s'introduire dans le salon où ronfle un feu de bois. Sir Harry lève son regard vers elle.

Elle lui annonce qu'elle est enceinte.

Il reste silencieux. Son regard fuit celui d'Emma. Point besoin de discours. Elle sait qu'elle est perdue.

Dans les jours qui suivent, leurs rapports déjà tendus se raidissent plus encore. Un matin – fâcheuse coïncidence – le baronnet annonce qu'il a des soucis d'argent. Pire même, il n'a plus le sou. Il ne peut plus garder Emma à ses côtés. Ils doivent se séparer ; euphémisme qui signifie en réalité que la jeune femme doit plier bagage.

— Et l'enfant qui va naître ?

Sir Harry ne répond pas. Il se contente de glisser furtivement quelques shillings dans la main de sa maîtresse.

Le soir même, Emma écrit une lettre désespérée à Charles Greville. Miracle! Non seulement il lui répond, mais il l'invite à venir vivre avec lui. Elle n'hésite pas.

En février 1782, Emma quitte Up Park et, le cœur battant, s'installe sous le toit de son nouvel amant, dans le quartier d'Edgware Row, à Paddington Green. Auprès de lui, elle apprendra à s'exprimer avec distinction, à gommer son terrible accent gallois, à se garder de jurer comme un charretier, à bien se tenir à table et dans la société. Elle découvrira aussi le chant, la peinture, les beaux-arts en général.

C'est vers le tout début du mois de mars que la jeune femme accouche d'une petite fille à qui elle donne son propre surnom « Emma ». Sur les conseils de Greville, le bébé est expédié sur-le-champ à Hawarden, chez les Kidd, les grands-parents d'Emma qui, dans un premier temps, se chargeront d'élever l'enfant.

Août 1783

Greville fait les cent pas dans sa villa de Paddington Green. Sa fébrilité est grande. De temps à autre, il jette un coup d'œil sur sa maîtresse pour s'assurer que sa tenue est irréprochable.

Il glisse une main dans la poche de son veston et ressort le pli expédié par son oncle, Sir William Hamilton, ambassadeur plénipotentiaire de Sa Gracieuse Majesté au royaume de Naples et de Sicile, dans lequel il lui annonce sa visite. Son arrivée est un cadeau inespéré. Cet oncle qui l'aime d'un amour filial est le seul à pouvoir l'aider à trouver des solutions à son avenir financier. Non pas que Greville soit au bord de la faillite, mais il aspire à toujours plus de sécurité, plus de ressources.

On sonne.

Un homme d'une cinquantaine d'années apparaît dans l'encadrement. Il est de taille moyenne. Très élégant. De l'allure.

L'oncle et le neveu échangent un salut chaleureux. Puis ils pénètrent dans le salon où Emma les accueille. Elle esquisse une petite révérence. Greville s'empresse de faire les présentations. Le cœur du chevalier Hamilton fait un petit bond discret dans sa poitrine. Jamais il n'a été en présence d'une créature aussi parfaite. Du haut de ses dix-huit ans, Emma est resplendissante. Quant à Emma, elle est tout de suite séduite par l'attitude pleine d'égards du vieux gentleman, par son exubérante gaieté, qui tranche tant avec la personnalité enténébrée de Charles. Elle est alors à mille lieues d'imaginer le projet qui a germé dans la tête de son amant. Son obsession de l'argent l'a insensiblement amené à faire le raisonnement suivant : s'il veut assurer une fois pour toutes sa sécurité financière, il doit épouser une femme riche. Pour épouser une femme riche, il lui faut recouvrer sa liberté. Parallèlement, n'étant pas homme à jeter Emma à la rue comme le fit Sir Harry en son temps, il doit trouver un moyen de mettre la jeune femme à l'abri du besoin. Où ? Comment ? Auprès de qui ? Un nom s'est imposé à lui tout naturellement, celui de Lord Hamilton. Après tout, le diplomate ne vit-il pas seul dans son palais de

Naples depuis le décès de sa femme ? Ne possède-t-il pas d'importants moyens ?

Quelque temps plus tard, il écrit à son oncle :

> « *Je ne sais plus comment faire pour me séparer d'elle [Emma]. Je suis absolument obligé de recouvrer ma liberté de manœuvre pour m'en sortir. Je m'interroge sur le lieu où elle pourrait être heureuse. De vous la rendre accessible me paraît même une nécessité.* »

On ne peut guère être plus explicite.

Vers le mois d'avril 1785, il suggère à Lord Hamilton d'inviter Emma à Naples, le temps pour lui de « régler » ses affaires. Et de préciser que l'invitation devrait avoir une apparence d'innocence. On doit convaincre Emma qu'il s'agit d'une séparation temporaire (six mois au plus).

Ce n'est finalement que le 13 mars 1786, qu'Emma et Mary, sa mère, qu'elle a appelée à la rescousse, prennent la route de Naples. La jeune femme est brisée. Elle vit ce départ comme un déchirement. A-t-elle jamais perçu que l'on avait joué son destin à son insu ? Plus tard, peut-être.

Dans son infini chagrin, elle ignore que là-bas, sur les rives de la Méditerranée, l'attendent la richesse et la gloire.

Le 26 avril l'équipage arrive à Caserte et franchit le portail du palais Sessa où réside l'ambassadeur. La coïncidence veut que ce jour-là soit celui de l'anniversaire d'Emma. Elle a tout juste vingt et un ans.

Lord Hamilton est au pied du grand escalier. Il s'avance vers la jeune femme, l'aide à descendre de voiture, avant d'incliner le front vers sa main. On échange quelques mots, puis il entraîne ses hôtes à l'intérieur du palais. Mary Lyon, la mère d'Emma, a les yeux qui brillent devant la magnificence du lieu. Au premier étage, le diplomate suggère une halte sur la terrasse pour leur présenter le paysage et en profite pour communiquer à la mère et à la fille quelques informations sur la vie à Naples. Il leur parle du couple qui règne sur le royaume depuis trente ans : Marie-Caroline et Ferdinand. Ferdinand, roi d'opérette, remarquable surtout par l'énormité de son nez. Quant à Marie-Caroline, elle n'est autre que la fille de l'impératrice d'Autriche Marie-Thérèse et sœur aînée de la reine de France Marie-Antoinette.

Sept mois après son arrivée, très exactement dans le courant de l'automne 1786, après avoir espéré en vain que Charles Greville l'inviterait à revenir, la relation entre la jeune femme et l'ambassadeur bascule. Emma cède à William. Elle le fait en toute conscience, définitivement convaincue que plus rien ne sera jamais possible entre elle et Greville. Elle le fait aussi et surtout parce qu'il s'agit de sa survie. D'un côté, il y a un être incertain et fragile qui la rejette ; de l'autre, un homme mûr, maître de son destin, un personnage puissant et qui l'adore. Elle ne peut plus, elle ne doit plus hésiter, sous peine de se perdre elle-même.

Puisqu'il lui est interdit d'être Lady Greville, qu'à cela ne tienne : elle sera Lady Hamilton...

Naples est à ses pieds. Si la reine, la société anglaise et les milieux diplomatiques demeurent encore hermétiques à son pouvoir de séduction, d'autres succombent. Les échos de sa beauté parviennent jusqu'aux portes de Moscou où le tsar Alexandre Ier fait mander un portrait d'elle.

Au mois de juillet 1789, un coup de tonnerre secoue l'Europe : la France a basculé dans la Révolution. Aussitôt, Marie-Caroline commence à trembler pour sa sœur. Quel sort les révolutionnaires réserveront-ils à Marie-Antoinette ? Les nobles s'exilent les uns après les autres. Parmi ceux-ci, Mme Vigée-Lebrun, l'illustre portraitiste. Sa réputation l'ayant précédée, elle débarque à Naples pour trouver refuge auprès de Marie-Caroline. À peine s'est-elle installée que Sir William la sollicite pour qu'elle entreprenne le portrait d'Emma.

❦

Londres, 6 septembre 1791

Nous sommes dans la petite chapelle de Marylebone, dans Marylebone Road. Emma est quelque peu tremblante. Elle entrevoit la présence des deux témoins, le marquis d'Abercorn et Louis Dutens, secrétaire de l'ambassadeur d'Angleterre à Turin.

La cérémonie est aussi brève qu'informelle. Le révérend Edward Barry prononce le discours d'usage au terme duquel l'honorable Sir William Hamilton et Emily Lyon sont proclamés mari et femme. Le lendemain, le *Gentleman's Magazine* publie un entrefilet laconique : « Sir William Hamilton, envoyé extraordinaire et ministre plénipotentiaire à la cour de Naples, a épousé Miss Lyon, une dame très célébrée pour sa beauté autant que par ses talents de musicienne. »

L'Histoire devra compter désormais avec Lady Hamilton…

Janvier 1793

Un vertige a saisi les Français, convaincus de vivre des moments exceptionnels, inventant une société nouvelle dans l'angoisse et l'urgence. Louis XVI monte sur l'échafaud le 21 janvier 1793. La nouvelle atteint Naples le 7 février, à la veille des fêtes du Carnaval.

C'est l'atterrement.

L'Europe, parcourue par une vague de réprobation, réagit en relançant la guerre, avec l'aide de l'Angleterre, jusque-là réservée. Les armées étrangères avancent sur tous les fronts. Mayence capitule le 23 juillet 1793 ; Dunkerque est assiégé à la fin d'août ; les Espagnols franchissent la frontière, l'amiral anglais Samuel Hood est dans Toulon.

C'est à ce stade de l'histoire que le destin a, semble-t-il, décidé de sceller le sort de Lord Hamilton et d'Emma. Il aura fallu une révolution, la guerre, pour déconstruire une histoire qui semblait faite pour durer toute la vie.

Si l'amiral Hood est dans Toulon, c'est qu'il a été appelé à l'aide par les royalistes français pour coopérer avec les troupes espagnoles et tenir tête aux coups de boutoir de la Révolution.

Ce matin de septembre 1793, il achève de rédiger un ordre de mission à l'intention d'un capitaine, anglais lui aussi, en train de s'approvisionner en eau douce en rade d'Hyères. D'un geste ferme, l'amiral appose sa signature et commande à la frégate *Tartar* d'appareiller.

Dans l'heure qui suit, la frégate est en vue de l'*Agamemnon*, vaisseau de soixante-quatre canons. Un homme monte à bord et remet au capitaine le message de l'amiral Hood : « Appareillez sur-le-champ pour Naples et remettez à l'ambassadeur Lord Hamilton la lettre ci-jointe, dont vous aurez pris connaissance. Insistez verbalement dans le sens de ce message. » Il s'agit en l'occurrence d'obtenir du royaume de Naples et de Sicile l'envoi d'urgence d'un corps expéditionnaire napolitain destiné à renforcer les troupes anglo-espagnoles qui combattent à Toulon.

Le capitaine referme le pli de l'amiral Hood. Enfin ! La mission n'a rien de transcendant, mais elle va lui permettre de se rendre utile.

Un instant furtif, il croise son reflet dans la seule glace qui orne sa modeste cabine. Il a trente-cinq ans. C'est un homme de petite taille, tout en os et en peau, hâlé, précocement chauve, le visage long et maigre. Ses yeux semblent agrandis par quelque rêve intérieur. Les sourcils horizontaux descendent comme un auvent au-dessus du regard bleu comme pour exprimer une volonté que rien ne saurait fléchir. Par moments, une lueur traverse ses prunelles, celle qui brille dans l'œil fixe des oiseaux de proie.

L'homme s'appelle Nelson. Horatio Nelson.

Six ans plus tôt, il a épousé une veuve du nom de Fanny Nisbet, née aux Antilles, mère d'un enfant appelé Josiah. Elle est plus femme de devoir que tendre, plus jalouse qu'aimante, et tous les avis concordent pour résumer l'un de ses traits de caractère les plus saillants : c'est une éternelle râleuse – *a nagger*, comme disent les Anglais.

Entré dans la marine à l'âge de douze ans, Nelson n'a toujours pas eu l'opportunité de se signaler à l'attention publique. Aucune action d'éclat n'est inscrite à son palmarès. Il piaffe, il s'impatiente. On conçoit dès lors que ce message de Hood soit accueilli avec bonheur. Nelson donne l'ordre de mettre à la voile.

*Le 11 septembre 1793, l'*Agamemnon *entre dans la baie de Naples*

Aussitôt, Lord Hamilton, informé de son arrivée, se rend à sa rencontre. Il est tout aussi impatient que le roi et la reine de recueillir les dernières nouvelles sur la bataille qui se déroule à Toulon. À peine les deux hommes sont-ils face à face que s'établit entre eux une cordiale affection, voire même une amitié spontanée. C'est le soir, au cours du seul dîner organisé par les monarques au palais, que Nelson est mis en présence de Lady Hamilton.

Quelle impression lui fit-elle ? Qu'éprouva Emma ? Si le marin ne pouvait qu'être séduit par les charmes toujours aussi vivaces de l'ambassadrice, la réciprocité est plus qu'improbable. Rappelons-nous : Nelson n'a rien d'un homme attirant. Il se dégage même de lui une certaine brusquerie, une rudesse qui n'est pas pour conquérir la gent féminine. D'une fidélité exemplaire, Emma vit quant à elle un amour sans nuage, encore tout émerveillée par son miraculeux mariage. Par conséquent, le coup de foudre que l'on se plaît à décrire dans certaines biographies est à ranger dans le dossier des récits romanesques à la Delly.

Deux mois plus tard, c'est la consternation : Toulon n'est pas tombé, comme tous ici l'espérait. Par la faute d'un petit capitaine d'artillerie corse, « mal rasé et coiffé d'un bicorne », selon les termes de Nelson, les armées anglo-espagnoles alliées aux royalistes ont été mises en déroute. On l'a deviné, le capitaine mal rasé n'est autre que Bonaparte.

Le 19 décembre 1793, l'amiral Hood, plutôt que de laisser dans Toulon des troupes vouées à la destruction ou à la capture, a décidé d'évacuer le port. Dans le sud-est, les Français se sont emparés de Nice, après avoir franchi le Var. Ils ont pris le camp de Saorgio et marchent sur Savone. Jamais le royaume de Naples n'a été si isolé. Même l'Autriche, trop préoccupée par sa propre défense, ne peut lui prêter secours. Il ne reste que l'Angleterre. L'Angleterre et Nelson.

Nelson, lui, marche vers la gloire…

Le 6 avril 1794, il est devant Bastia. À l'instigation du général Paoli, la Corse s'était placée sous la protection de l'Angleterre. C'est lui qui a fait appel à la flotte britannique pour le soutenir dans sa lutte contre les Français. Le siège de la ville se prolonge jusqu'au 19 mai. Et c'est la reddition. Les forces de la Convention, environ mille cinq cents soldats, déposent les armes.

Le 17 juin, Nelson est à quelques encablures de Calvi.

Encore un siège. Et une deuxième victoire. Victoire tout de même cher payée, puisqu'un éclat de caillou atteint l'ambitieux capitaine à l'œil droit. Il sera borgne.

Bientôt, les exploits du marin sont aussi bien célébrés par les chanteurs de ballades populaires que par ceux des théâtres publics. Les villes de Londres, Bath, Bristol et Norwich le nomment citoyen d'honneur.

Après un bref séjour dans la capitale, Nelson reprend la mer.

Le 22 juillet 1797, il affronte une nouvelle bataille : celle de Santa Cruz de Tenerife, dans les Canaries. À la tête de ses troupes, il débarque sur l'île en pleine nuit. Au moment où il atteint le môle, une volée de mitraille lui fracasse le coude droit. Ce sera l'amputation.

Il entre en Méditerranée dans la première quinzaine de mai.

Les espions anglais ont informé Londres qu'un corps expéditionnaire français et la flotte chargée de le transporter sont concentrés à Toulon. Où ont-ils l'intention de se rendre ? C'est la grande interrogation qui obsède et obsédera un certain temps l'Amirauté britannique. Commence une incroyable partie de colin-maillard.

En février 1798 Nelson arrive en vue du Vésuve.

C'est ici que son destin croise pour la seconde fois celui d'Emma.

L'aube se lève à peine.

Vers six heures, le capitaine Troubridge fait irruption au palais Sessa et demande audience à l'ambassadeur anglais. Emma et son époux sont tirés du lit. Le but de la mission est d'obtenir, étant donné l'imminence du danger, que l'on puisse outrepasser les termes de la convention signée en 1796 entre Naples et la France, par laquelle les vaisseaux anglais ne peuvent être admis dans les ports napolitains en nombre supérieur à deux. Or, le succès de la campagne dépend pour Nelson de la faculté de pouvoir se ravitailler sans perdre un jour dans les ports du royaume de Naples et de Sicile. Faute de quoi, il se verrait forcé, pour s'approvisionner, de rétrograder jusqu'à Gibraltar, abandonnant ainsi tout espoir d'atteindre jamais la flotte française.

Malgré l'heure matinale, Emma et son époux réveillent Acton, le Premier ministre de Ferdinand et les voilà partis pour le palais royal. Un Conseil restreint se réunit en toute hâte. Très vite, les discussions s'enlisent. Par peur des représailles, le Conseil refuse de passer outre l'accord qui lie le royaume de Naples et de Sicile à la France. Troubridge cache mal sa déception. Que faire ? Il a usé de tous les arguments. Il ne lui reste plus qu'à regagner l'*Agamemnon*. Il se lève, marche vers la porte. Et c'est le coup de théâtre…

Emma fait brusquement irruption dans la salle du Conseil d'où elle s'était absentée prétextant un mal de tête. Elle brandit une pièce écrite, signée de Marie-Caroline en personne, qui autorise « sans conditions » le ravitaillement de la flotte anglaise « dans tous les ports du royaume». Le Conseil est abasourdi. Voyant que Nelson n'obtenait pas satisfaction, Emma s'était précipitée chez la reine et lui avait arraché l'autorisation tant souhaitée par Nelson.

Une heure après le départ de Troubridge, Hamilton fait parvenir à Nelson le billet suivant : «Vous recevez d'Emma elle-même l'écrit qui fera si bien votre affaire et vous procurera tout ce dont vous avez besoin.» Emma joint à l'envoi ces quelques lignes :

Cher Sir,

Je vous écris à la hâte. Dieu vous garde et vous envoie à la victoire ! Faites que je puisse vous voir ramener Bonaparte. [...] La reine veut que je vous transmette toutes sortes de choses aimables et me charge de vous dire qu'elle vous souhaite la victoire de tout son cœur et de toute son âme. Je ne vous dirai pas combien j'aurais aimé vous revoir. Je ne trouve pas les mots pour vous décrire ce que je ressens de vous savoir si proche. À jamais, à jamais, cher Sir, votre affectionnée et reconnaissante.

Emma Hamilton

Dans une seconde note, elle insère un mot de Marie-Caroline qui a pourtant été rédigé à son intention personnelle et précise :

Cher Sir,

Je vous confie la missive que je viens de recevoir de la reine. Laissez-y l'empreinte de vos lèvres, et renvoyez-la-

moi par l'intermédiaire de Bowen, car je n'ai absolument pas le droit de m'en départir.

Éternellement vôtre. Emma.

La réponse de Nelson ne se fait pas attendre :

Ma chère Lady Hamilton,

J'ai baisé la lettre de la reine. Dites-lui, je vous en prie, que j'espère avoir l'honneur de lui baiser la main si tout marche à souhait. Assurez Sa Majesté que personne n'a plus à cœur son bonheur que moi-même, et que les souffrances que les siens endurent seront pour moi une source d'énergie supplémentaire le jour où je livrerai bataille. N'ayez crainte de l'avenir, car Dieu est à nos côtés. Que Dieu vous bénisse ainsi que Sir William.

À jamais votre dévoué.

« Je ne trouve pas les mots pour vous décrire ce que je ressens de vous savoir si proche. »

« Je vous confie la missive que je viens de recevoir de la reine. Laissez-y l'empreinte de vos lèvres. »

« Ma chère Lady Hamilton, j'ai baisé la lettre de la reine. »

N'est-il pas curieux cet échange entre deux êtres qui ne s'étaient vus que cinq ans plus tôt et jamais plus depuis et où l'on entrevoit en filigrane des sentiments inavoués ?

Les détracteurs d'Emma vous diront qu'elle ne courait qu'après la gloire. Séduire un personnage aussi hors du commun que Nelson ne pouvait qu'exciter son imagination et flatter sa vanité. C'est oublier que le futur vainqueur de Trafalgar est marié. Qu'Emma l'est aussi. Le divorce est absolument impensable. Comment croire qu'elle eût été prête à se lancer à l'aveugle, prenant le risque de se retrouver en rupture avec Sir William, sans avoir la moindre certitude de pouvoir le remplacer par Nelson ?

En vérité, si l'on veut comprendre la brusque passion qui s'est emparée de l'ambassadrice, il suffit de se remettre en mémoire son passé amoureux : jusque-là, que fut sa vie sentimentale ? Des hommes de pacotille ? De faux gentlemen ? De vrais malfrats ? Un Sir Harry qui s'en débarrasse alors qu'elle attend un enfant de lui... Jusqu'à cet instant, à aucun moment de son existence Emma n'a eu la libre disposition de son cœur. La nécessité lui a imposé Greville, la peur du lendemain l'a jetée dans les bras de Sir William. Cette fois, et c'est la première, si elle se donne ce sera de son propre gré et par amour. À trente-trois ans, enfin, elle est maîtresse de son choix. C'est elle, et elle seule, qui détermine la voie que son cœur et ses sens vont emprunter.

Pour ce qui est de Nelson, l'explication est moins subtile. Il est marin. Ne vit que des rencontres furtives avec des ombres de passage. La chère Fanny ne l'inspire plus, d'ailleurs l'a-t-elle jamais inspiré ? Dans ces conditions, comment résister à une femme comme Emma, dont la beauté en a fait rêver plus d'un ? Il voit en elle l'égérie qui partage son enthousiasme farouche à servir son pays : le héros a trouvé son héroïne.

Au moment de lever l'ancre, il affirmera à ses officiers, que « si le chemin de la victoire lui était maintenant ouvert, c'était exclusivement à Emma qu'il le devait ». Et plus tard, en quittant la Sicile, il ajoutera : « Elle, et la flotte française, voilà tout mon horizon. »

Le 1ᵉʳ août 1798, dans la baie d'Aboukir, non loin d'Alexandrie qu'il trouve les Français avec la jubilation que l'on imagine, il fond sur eux. À l'aube les bâtiments français ne sont plus que des épaves qui se traînent, d'autres ont échoué sur les hauts-fonds. L'*Orient*, le navire amiral de cent vingt canons, a littéralement « implosé » avec presque tout son équipage. Bonaparte et l'armée d'Orient sont prisonniers de la terre des pharaons.

Les dépêches annonçant la victoire de Nelson n'atteignent Londres que le 2 octobre. À peine l'information est-elle rendue publique qu'une formidable clameur de joie s'élève dans le ciel d'Angleterre. Mendiants et princes clament à l'unisson la grandeur de Horatio Nelson.

À Naples le 3 septembre, la nouvelle fait l'effet d'un coup de tonnerre.

Le 22 octobre, Nelson apparaît dans la baie.

La réception qui attend le triomphateur est digne des contes *Mille et Une Nuits*. L'ambassadrice, chaperonnée par sa mère, Mary, emmène son idole dans la villa que possède Sir William, à Castellamare. Pendant près d'une semaine, elle le soigne au lait d'ânesse, le couve, devance ses moindres désirs. Peut-on imaginer qu'ils passèrent leurs nuits à débattre des choses de la vie, de l'Angleterre ou des Jacobins ? Ces deux-là ne demandaient qu'à s'embraser.

Lord Hamilton est loin d'être un imbécile. Il n'est pas et ne sera pas ce que l'on a voulu laisser croire : un cocu bienveillant. Il ne sera pas non plus l'infortuné mari aveugle et sourd. Les sentiments qu'il éprouve sont beaucoup plus riches qu'on ne l'imagine. L'admiration, voire la vénération, qu'il ressent pour Nelson est immense ; l'affection qu'il a envers Emma est tout aussi importante. Nous sommes en 1798. Sa santé est déclinante. Il a soixante-huit ans ; son épouse en a trente-trois. Depuis près de douze ans, toute son existence n'est inspirée que par un seul désir : rendre Emma heureuse. Il pressent qu'il ne pourra plus assumer cette tâche très longtemps encore. Une alternative s'offre à lui : soit il réagit comme le commun des maris outragés, pousse de hauts cris et jette son gant à la face de Nelson, soit il décide en pleine conscience de continuer envers et contre tout à participer au bonheur d'Emma. C'est cette seconde voie qu'il va emprunter.

Tout au long des vingt-trois jours où il demeure à Naples, le héros ne quitte plus les Hamilton.

Nelson, lui, est déjà envoûté, ensorcelé par Emma.

Dix jours plus tôt, le 11 octobre 1798, le général Championnet est entré dans Rome. Fort de son succès, Championnet franchit les limites du royaume de Naples et de Sicile. Rien ne résiste à sa marche en avant. Bientôt, l'armée française sera aux portes de Naples, l'heure n'est plus aux tergiversations. Il faut se résigner à plier bagage.

Pour emmener tout ce monde, Nelson ne dispose que du *Vanguard* et de l'*Alcmene*. On est donc obligé d'affréter deux autres navires napolitains : le *Sannita* et l'*Archimede*.

Le 25 décembre dans l'après-midi, on pénètre dans la grande jetée de Palerme. Vers la fin du mois, Nelson, Emma et Sir William transportent leurs pénates à la villa Palagonia, à Bagheria. On partage les dépenses, on discutaille, l'ennui pèse. Que faire à Palerme dans ce climat glacial ?

Les mois s'écoulent. La famille royale vit toujours en exil. Lord Hamilton vieillit. Emma et son héros filent le parfait amour.

Jusqu'à cet instant Nelson a essayé de composer avec sa passion. Il a tenté de conserver son foyer, d'empêcher sa femme de découvrir la vérité. Il a voulu croire qu'il servait mieux son pays en remettant sur son trône le roi de Naples dépossédé qu'en poursuivant les Français sur la mer. Les bras d'Emma, les yeux d'Emma, sa bouche. Plus rien d'autre ne compte. Nelson a franchi la frontière qui sépare le monde des êtres dits raisonnables du monde déraisonnable et fatal de la passion. L'amant et sa maîtresse sont définitivement enchaînés l'un à l'autre. Ils vont enfreindre toutes les règles, briser tous les tabous, défier les bien-pensants, outrager les vertueux et les vertueuses. En deux mots : ils vont s'aimer, s'aimer trop, s'aimer mal sans doute, mais à la différence de ceux qui les jugeront, ils auront vécu « vivants ».

Mais ils ne peuvent demeurer indéfiniment à Bagheria. Où aller ? Sinon rentrer en Angleterre.

Le 26 avril 1800, on fête à bord du *Foudroyant* les trente-cinq ans d'Emma. Mais le cœur n'y est pas. On imagine aisément les pensées qui se bousculent dans la tête de la jeune femme. Elle va quitter le pays où elle a connu l'ivresse du succès, la gloire, les honneurs et une existence insouciante. Demain, on l'attend à Londres. Quel accueil lui réservera cette cité qui n'a rien oublié de son passé trouble, où ses aventures de jeunesse traînent encore comme des fantômes ? Au cours du voyage, elle a fait l'amour avec Nelson. Probablement le soir même de son anniversaire. L'acte en soi ne mériterait pas d'être souligné si ce n'est que cette fois leur étreinte n'a pas été stérile : un enfant va naître.

Le 18 juin 1800, on part pour Livourne. À peine le groupe a-t-il débarqué qu'un messager les informe de la débâcle de l'armée autrichienne à Marengo. Bonaparte n'en a fait qu'une bouchée et plus rien ne semble pouvoir freiner sa marche.

En apprenant la nouvelle, Marie-Caroline manque de défaillir.

— Bonaparte en Italie ? C'est la guillotine qui m'attend.

— Que proposez-vous ? interroge Emma.

— Fuir ! Retourner à Palerme !

— Mais Lord Keith s'y opposera certainement, fait observer l'ex-ambassadeur.

Il ne croit pas si bien dire. Quelques jours auparavant, Keith a confié à ses proches : « Il y a assez longtemps que Lady Hamilton commande la flotte de la Méditerranée ! » Le 20 juillet au matin, il débarque en personne à Livourne et dicte à Nelson ses directives :

« Aucun navire de Sa Majesté ne peut être distrait du service. Le *Foudroyant* et l'*Alexander* devront regagner Minorque dans les plus brefs délais. Sa Majesté Marie-Caroline a le choix entre poursuivre sa route vers Vienne aussi vite que possible, soit retourner dans ses États à bord d'une frégate napolitaine qui se trouve actuellement ancrée dans le port de Livourne. Quant à vous, à Sir William et son épouse, vous pourrez, si vous le désirez, rentrer en Angleterre comme passagers à bord de la frégate *Seahorse,* ou à bord d'un transport de troupes en partance pour Malte. »

Que faire ? Que décider ? Finalement après maintes tergiversations, on opte pour la solution suivante : tout ce monde se rendra en berlines à Florence, puis jusqu'au port d'Ancône. Un navire les transportera à Trieste, d'où ils poursuivront par voie terrestre, jusqu'à Vienne. C'est un périple fou, épuisant, et que la proximité des armées françaises rend incroyablement dangereux. Qu'importe ! Marie-Caroline doit regagner son pays à tout prix. Emma tient absolument à l'accompagner. Nelson ne se résigne pas à abandonner Emma. Et Lord Hamilton ? L'ex-ambassadeur est décomposé. Pour un homme de soixante-dix ans, ce n'est pas un voyage, c'est une descente aux enfers. Il n'a pas le choix. Il suivra.

Le 18 août 1800, ils entrent dans Vienne. La reine et les siens poursuivent jusqu'à Schönbrunn. Le 27 septembre, les Hamilton et Nelson arrivent à Prague.

Le 1er octobre, ils sont à Dresde, l'« Athènes du Nord », à l'hôtel de Pologne.

Le 6 novembre, ils débarquent en Angleterre, à Yarmouth.

Le crachin qui tombe sur la ville rappelle à Emma les heures les plus noires de son adolescence. Des images furtives défilent sous ses yeux. Elle revoit sa grand-mère, la brave Sarah Kidd, les routes humides et les brumes galloises. Dieu, que ce décor qui sombre dans l'automne est loin de la lumière de Naples !

Le lendemain, les équipages s'ébranlent pour Ipswich. Nelson, Emma et Lord Hamilton ont pris place dans le même carrosse. *Tria juncta in uno*. Toujours l'immuable trinité. Tout au long de la route, des femmes et des hommes venus des quatre coins de la campagne anglaise leur font une haie d'honneur. On entend ici et là des salves de canons. Des cris de joie. C'est Jules César entrant dans Rome.

C'est en pleine nuit, sous un déluge de pluie et dans le fracas du tonnerre, qu'ils progressent à travers les rues de Londres, jusqu'à l'hôtel Nerot.

Deux jours plus tard, Lord Hamilton et Emma déménagent pour un appartement qu'on leur a prêté, situé au 22, Grosvenor Square.

Le 26 décembre, les Hamilton emménagent dans un petit hôtel particulier, situé au 23 de Piccadilly, face à Green Park.

Nelson, contraint par la force des choses, regagne le domicile conjugal de Dover Street. Un pli l'y attend : l'Amirauté vient de le nommer vice-amiral dc la Bleue [1]. La nouvelle l'enchante, mais n'efface pas pour autant la rancœur qu'il éprouve à l'égard de ses supérieurs. Depuis

---

1. La marine anglaise était alors divisée en trois flottes, la Blanche, la Rouge et la Bleue.

qu'il est rentré en Angleterre, il n'a cessé de marchander les sommes qui auraient dû lui revenir après l'évaluation des prises d'Aboukir. Face à la ladrerie légendaire de l'Amirauté, il avait fini par confier l'affaire à deux avocats. C'est d'ailleurs grâce à l'un d'eux, William Hasslewood, que nous avons un témoignage de la scène de rupture qui se déroula, la semaine suivant son retour, entre l'amiral et son épouse. Invité par Nelson à partager un petit déjeuner à Dover Street, l'avocat assiste malgré lui à une discussion fort animée entre le mari et sa femme. Le ton monte. On s'enfièvre. Nelson pousse la provocation jusqu'à faire les éloges de « sa chère Lady Hamilton ». Outrée, Fanny quitte la table en déclarant qu'elle ne jouerait pas plus longtemps ce rôle humiliant d'épouse trompée. Toujours selon Hasslewood, Lady Nelson quitta la pièce en marmottant quelques paroles qui laissaient entrevoir qu'elle avait pris son parti. Effectivement, quelques jours après, elle abandonna la maison. Nelson et elle ne vécurent plus jamais ensemble.

29 janvier 1801 : à Londres, au 23 de Piccadilly, alors que la nuit recouvre la ville, une femme est en proie aux douleurs de l'accouchement...

Depuis bientôt trois jours, Emma conserve la chambre, prétextant un coup de froid. Elle refuse l'entrée de ses appartements à Lord Hamilton et ne tolère que Mary, sa mère, à ses côtés.

C'est fou, c'est surréaliste, mais c'est ainsi. Dans la nuit de ce 29 janvier – c'est toujours la nuit –, les contractions se sont accélérées. Mary a préparé une bassine d'eau bouillante, des serviettes. Emma a beau serrer les dents et les poings, elle ne peut empêcher son corps de crier. Dix-neuf ans la séparent de son premier accouchement. Les chairs sont mises à rude épreuve.

Où est donc Lord Hamilton ? Ne devine-t-il rien ? L'hôtel particulier de Piccadilly n'est pas le palais Sessa et le chevalier, bien que très usé par l'âge, n'est pas encore devenu sourd. Il a toute sa tête. Sa vue est encore bonne. Il n'a pas pu ne pas prendre conscience de la transformation physique de son épouse. Non. Fidèle à lui-même, il continue de feindre. Et lorsque, huit jours plus tard, la mère d'Emma franchira le seuil de l'appartement en emportant le nouveau-né, il continuera de ne rien entendre, résistera à la tentation de demander si c'est une fille ou un garçon.

C'est une fille. Pour l'heure, elle n'a pas de prénom. C'est le père qui en décidera. Ce sera Horatia.

Dans la dernière semaine de février, Nelson arrache trois jours de congé à Lord Keith et fonce vers Londres en pleine nuit. Il court, il vole. Vers Emma et surtout vers Horatia. Il arrive dans la capitale vers 7 heures du matin et se rue chez Mrs. Gibson pour serrer sa fille dans ses bras. S'il reconnaît qu'Horatia a hérité des grands yeux bleus de sa mère, pour le reste, elle lui ressemble, c'est sûr. Elle est son portrait. Telle est du moins sa conviction. Lui qui n'a jamais eu d'enfants avec Fanny sent bouger en lui des émotions nouvelles. Il est père. Père jusqu'au bout de l'âme.

La passion qui guide l'amiral depuis bientôt trois ans est plus vive que jamais. Le 6 mars 1801, soucieux d'assumer la sécurité de la mère et de son enfant, il fait ajouter un codicille à son testament. S'il nous éclaire sur l'intérêt qu'il leur porte, il nous permet aussi d'avoir un aperçu des difficultés financières rencontrées par Lord Hamilton lors de la fuite à Palerme. Car le ménage Hamilton mène une existence dispendieuse, nullement en rapport avec ses ressources. Emma, bien entendu, ne fait rien pour tempérer Sir William. Comment aurait-elle pu ? Elle qui n'a jamais su faire la différence entre un shilling et mille livres. À son insu, c'est sa future perte qu'elle prépare. Sa descente aux enfers.

Au début d'avril 1801, l'annonce d'une nouvelle victoire remportée par Nelson retentit dans Londres : la bataille de Copenhague.

En juillet 1801, le 1er très exactement, le marin est de retour en Angleterre. Le soir même de son arrivée, il se précipite chez… Horatia, puis se rend chez les Hamilton. Les retrouvailles sont chaleureuses, le bonheur d'être trois semble toujours aussi vif. Devant la mine fatiguée de son amant, Emma suggère une escapade à la campagne : « Excellente idée, approuve Nelson. Mais où aller ? » Emma propose Burford Bridge, près de Dorking, sur la pente de Box Hill.

Le séjour passé dans le Surrey lui fait découvrir les joies simples de l'existence, la tranquillité, le bien-être loin des tumultes de la capitale. Pourquoi ne pas acquérir une propriété où il pourrait se retirer l'heure venue ? Il n'est d'ailleurs pas le seul à réfléchir de la sorte : Emma et Sir William partagent sa vision. Nelson charge sa maîtresse de se mettre en quête du havre idéal.

Dans les premiers jours de septembre, elle se décide pour une ferme, Merton Place, dans le Surrey. Un coin de paradis à huit miles de Londres. Un seul souci, le prix dépasse de très loin ce que Nelson avait envisagé : 9 000 livres ; sans compter les inévitables frais de décoration.

Aucune importance !

L'amiral réglera le solde en deux fois, échelonné sur deux ans. Sir William, ainsi que l'amiral l'avait exigé, et d'un accord tacite, ne participe en aucune façon à cet achat. Il donne carte blanche à Emma pour qu'elle s'occupe de la décoration, lui fait confiance pour les moindres détails.

Le 23 octobre, Nelson franchit enfin la porte de son Éden. Comme à l'époque de Naples, sous l'œil absent de sir William, Emma entreprend de le soigner, de le dorloter, de le reconstruire.

Le feu de cheminée ronronne. Le coq chante. Les chevaux hennissent. On boit du cherry. On se promène le long de la rivière que l'on s'est hâté de baptiser le « Nil », on refait le monde le soir à la veillée, on rend visite aux voisins, on vit d'amour, d'air pur. On vit tout simplement. Et pendant ce temps, à Londres, les commérages vont bon train. Mais Nelson les ignore.

Emma est là, encore très belle, bien que forte de quelques kilos supplémentaires et malgré la quarantaine qui approche à grands pas. Elle marche encore gracieusement le long des fougères flamboyantes de juillet. À sa droite, appuyé à son bras, son mari, le vieux diplomate. À sa gauche, son amant, Lord Nelson. Les arbres ont dû frémir, la crête du mont Snowdon rougir un peu, les rivières retenir leur souffle.

Le 8 mars 1803 au matin, Nelson apprend qu'un renouveau d'activité est signalé dans les ports français. Fin mars, l'Amirauté lui fait savoir que, dans le cas d'une reprise des hostilités, il commandera la flotte de Méditerranée. Un nouveau vaisseau lui a été attribué, le *Victory*.

— Horatio !

La voix, ou plutôt le cri d'Emma, arrache Nelson à ses pensées.

Sa maîtresse vient d'apparaître sur le seuil de la porte. Le visage est blême :

— Vite ! Il faut appeler le docteur Moseley ! Sir William a perdu connaissance.

Nelson bondit hors de son fauteuil.

Non. Son ami n'est pas mort. Un fil le retient encore à la vie. On transporte l'agonisant à Londres, et on l'installe dans son hôtel particulier de Piccadilly Street. Peut-être en a-t-il formulé le désir ? Même s'il a ses quartiers à Merton, c'est à Piccadilly qu'il se sent vraiment chez lui. Le 6 avril, alors que Nelson lui tient la main et qu'Emma l'entoure de ses bras, l'ex-ambassadeur rend l'âme. Sans un mot. Le visage serein.

Il est 10 h 10 du matin.

Il a vécu comme il lui a plu de vivre…

Le 10 mai 1803, l'Amirauté fait savoir à Nelson qu'il doit gagner Portsmouth de toute urgence et prendre ses quartiers à bord du *Victory*.

Partir déjà ? Maintenant ? Alors qu'Emma est si mal…

Le couple a juste le temps de se précipiter le 13 mai au matin dans l'église St. Marylebone pour baptiser la petite Horatia. Pleinement conscient des embarras financiers de sa maîtresse, Nelson s'engage à lui verser une rente de 100 livres par mois et, acte d'une belle générosité, lui fait don de Merton.

On rentre à Clarges Street vivre les dernières heures avant la séparation.

Jamais nuit ne leur parut si courte.

Lorsque, dans le petit matin grisâtre, la diligence emporte le marin vers sa destinée, elle a l'impression d'être veuve pour la seconde fois.

D'un geste machinal, elle pose la main sur son ventre. Un frémissement lui parcourt le corps. Enceinte d'un mois, elle attend un troisième enfant…

Songe-t-elle à un possible mariage avec Nelson ? Elle est naïve mais pas inepte. Nous sommes en Angleterre, au début du XIXe siècle. Nelson est toujours marié.

En tout cas pour l'heure, elle est confrontée à des problèmes autrement plus pressants. Elle a des dettes.

Beaucoup de dettes. Il faut trouver de l'argent. Sitôt Nelson parti, elle reprend avec acharnement, mais cette fois pour son compte, les démarches entamées par Lord Hamilton en vue d'obtenir une pension du gouvernement. Dans un long mémoire au Premier ministre Addington, elle fait valoir ses revendications, énumère les services rendus par l'ex-ambassadeur à son pays, sa participation personnelle. Elle n'obtient que des réponses évasives. Pas de réponse. Et Greville, son ex-amant, qui occupe alors une fonction de secrétaire au Foreign Office, ne lève pas le petit doigt pour appuyer ses démarches.

Elle tourne en rond. Les deux hommes de sa vie sont absents. L'un est en mer, l'autre ne reviendra plus. De surcroît, elle vit très mal sa nouvelle grossesse. La nausée est permanente. Pas un jour qui ne se passe sans qu'elle soit victime de malaises. Que faire ?

Nelson vogue en direction de Gibraltar.

Emma accouche vers la fin du mois de janvier 1804. Hélas, cette seconde *little Emma* ne vit guère longtemps. Elle serait morte victime de convulsions.

Les semaines passent. Nelson est toujours en mer. Quinze mois qu'il est parti. Quinze siècles !

À cette déchirure physique se greffe aussi une frustration morale. Les courriers de Nelson sont rédigés dans un style qui est à la limite de la froideur. Ce n'est pas faute d'amour, mais parce qu'il craint que ses lettres ne tombent sous des regards indiscrets ou, pire encore, qu'elles soient interceptées par des espions français : « Bien que dans les lettres que j'expédie de divers endroits, je me contente de dire : je suis ici, ou je suis là, nul doute qu'elles sont lues. Il m'est impossible de dire plus que "me voilà, je vais bien". »

Le 25 décembre 1804, un courrier de l'Amirauté lui annonce qu'une permission de six mois lui est accordée.

Le 17 août, il débarque à Spithead. Le 20, il est à Merton.

Emma, Horatia, Nelson, enfin réunis. Le paradis perdu est retrouvé. Le visage d'Emma irradie de bonheur. Son homme est là. Il se tient à ses côtés. Combien de temps encore ?

Le 2 septembre, à 5 heures du matin, un émissaire franchit le seuil de la ferme. C'est le capitaine Henry Blackwood.

Tiré du lit, l'amiral comprend tout de suite le sens de cette visite matinale.

— Vous m'apportez des nouvelles des flottes française et espagnole…

— Oui, Sir. Vous aviez vu juste. Nos ennemis ont opéré leur jonction. Ils se sont rassemblés à Cadix.

— Parfait. Je vais pouvoir donner une volée à ce M. de Villeneuve ! Prévenez Londres que j'arrive.

Une lueur vive traverse son regard, de celles qui illuminent l'œil des oiseaux de proie à l'instant de fondre sur leur victime.

Emma a tout entendu.

Maintenant, le crépuscule enveloppe la campagne. La chaise de poste attend devant la porte. Nelson est en prière, au pied du lit de sa fille endormie. La séparation est une lente agonie. Il descend, enlace longuement Emma, franchit le seuil, revient sur ses pas, repart, revient encore et encore. La quatrième fois, il s'agenouille devant elle, lui baise les mains et murmure : « *God bless you.* » Que Dieu vous bénisse.

La chaise de poste s'ébranle. Elle traverse le petit pont qui enjambe le « Nil », emprunte l'allée qui mène vers la grille. Un instant plus tard elle a disparu, avalée par les brumes du soir.

Sur la route qui le mène à Portsmouth, Nelson doit repenser à une Gitane qui, des années auparavant, lui avait lu les lignes de la main.

— Au-delà de 1805, je ne vois plus rien…

Le 21 octobre, il est au large de Cadix. À l'ouest, invisible, il y a un cap. Son nom entrera bientôt dans l'Histoire : Trafalgar…

L'armada ennemie, composée de cinquante-huit vaisseaux dont quatorze espagnols et dix-huit français, n'est plus qu'à trois miles de distance.

Pour l'affronter, Nelson dispose de vingt et un vaisseaux de moins.

Le ciel est d'un bleu étincelant. La mer est étale.

Vers 11 h 30, le *Rule Britannia* est joué par les orchestres de tous les navires. L'hymne national lui succède.

Nelson se tourne vers le lieutenant Paso qui se tient près de lui :

— Faites envoyer ce signal à toute la flotte : « *England expects that every man will do his duty*[1]. »

La phrase a basculé dans l'immortalité.

À 12 h 40, le *Victory* lâche sa bordée sur l'avant-garde de l'ennemi.

C'est l'enfer. L'écho des canons assourdit le ciel.

De part et d'autre on se bat avec un courage exemplaire.

Le *Victory* n'a plus de mât d'artimon ni son grand mât de perroquet. Le pont est noyé de débris.

Thomas Hardy, le *flag captain*[2], qui depuis quelques minutes va et vient aux côtés de l'amiral s'aperçoit tout à coup qu'il est tout seul.

Il pivote.

Nelson est à genoux. L'extrémité des doigts de sa main gauche, la seule, affleure le pont. Hardy se précipite :

---

1. « L'Angleterre attend de chaque homme qu'il fasse son devoir. »
2. Le *flag captain* est l'officier commandeur du navire amiral d'une escadre.

— Hardy, ils ont fini par m'avoir…

— J'espère que non, Sir.

— Si. Ma colonne vertébrale est brisée.

Dans l'infirmerie, les blessés s'entassent. L'odeur du sang et de la poudre rend l'atmosphère irrespirable : « L'arrière-salle d'une boucherie », dira le révérend Scott.

— *Remember !* murmure Nelson. Rappelez-vous que je laisse Lady Hamilton et ma fille comme un legs à mon pays. N'oubliez jamais Horatia.

À 4 h 30 de l'après-midi, la voix s'élève encore :

— Dieu merci, j'ai fait mon devoir.

Ce sont ses derniers mots.

« Nelson est mort ! » crie l'Angleterre d'une seule voix. Mais l'Angleterre est sauvée. On pleure la disparition du géant, mais on se congratule en même temps. De ville en ville, de village en village, la nouvelle s'est répandue à travers tout le pays. Du fond des plus sombres masures, sous les voûtes d'or des palais, ces mots sont sur toutes les lèvres : Nelson, Nelson, Trafalgar. *Trafalgar*… Triomphe et gloire !

Pour une femme qui a perdu le seul homme au monde qu*'elle aimait, qu'importent le triomphe et la gloire d'une nation. Tout paraît si dérisoire. Qu'importe à la femme qui hurle sa douleur qu'un héros se soit endormi le front couronné d'une impérissable gloire ? Avec la mort de Nelson, c'est l'agonie d'Emma qui commence.

Elle a quarante-deux ans. La ménopause s'est déjà installée entraînant une prise de poids excessive, accentuée par un trop grand abus de bière brune. La parfaite silhouette de ses vingt ans n'est plus qu'un souvenir. Les mois succèdent aux semaines. Un an. Et le silence des autorités de Sa Majesté est plus assourdissant que jamais. Emma jongle, emprunte ici pour payer là. La spirale infernale dans laquelle elle est entraînée ne semble pas avoir de fin… Jusqu'à quand ?

Lorsque le printemps 1809 reprend ses droits, l'hiver aura eu raison des dernières réticences d'Emma : il faut vendre Merton. Elle n'a plus le choix. Les créanciers, convaincus jusque-là qu'elle finirait par obtenir gain de cause auprès du gouvernement, se font de plus en plus pressants. Oui. Il faut vendre.

L'année 1810 ne s'annonce guère sous de meilleurs auspices.

Les soucis continuent de s'accumuler. Le répit qui a découlé de la vente de Merton et du soutien de ses amis fait déjà partie du passé.

Début janvier, Mary, la mère d'Emma, tombe malade. Il faut dire que, toutes ces années durant, *la signora madre dell'ambasciatrice* s'est usée à soutenir sa fille. Elle lui a insufflé le courage et la force de résister, elle a été un formidable soutien moral et, attitude aussi rare qu'exceptionnelle, à aucun moment elle n'a formulé la moindre critique ni le moindre jugement. Pourtant, ce ne sont pas les occasions qui ont manqué.

Le 14 janvier, elle s'éteint, aussi discrètement qu'elle a vécu.

Pour Emma, c'est le coup de grâce. Perdre une mère est déjà un drame en soi, mais la perdre dans un moment de grande fragilité est encore plus dur à supporter.

En janvier 1813, à la suite d'une plainte déposée par l'un de ses créanciers, Emma est arrêtée et emmenée à la prison de King's Bench. Grâce à une somme « prêtée » par James Perry, un ami, la plainte est – momentanément – levée. Le 6 mars, on l'autorise à regagner son foyer de Bond Street… Et la chute s'accélère.

Dans le courant du mois de mai, Emma met en vente une ménagère en argent gravée aux armoiries de Nelson et ne conserve que quelques coupes recouvertes de dorure.

En juillet 1813, soit cinq mois environ après sa libération de King's Bench, une nouvelle plainte est déposée contre elle. Elle est arrêtée et renvoyée en prison.

Décembre 1813, janvier 1814, février… L'hiver n'en finit plus de couvrir de givre les poumons d'Emma.

Elle ne quitte pratiquement plus le lit, clouée par une nouvelle « attaque de jaunisse », expression pudique pour parler de cirrhose.

Vers la fin du mois de juin, après maintes et maintes adjurations, elle parvient à arracher au révérend William Nelson, le frère de l'amiral défunt, la somme de 225 livres, en avance sur sa rente annuelle. Si ce n'est pas la fortune, c'est tout de même suffisant pour lui permettre de s'acquitter partiellement auprès du débiteur responsable de son emprisonnement et d'obtenir ainsi sa remise en liberté. Liberté toute provisoire. À peine a-t-elle quitté King's Bench que ses autres créanciers, toujours aux aguets, se lancent à ses trousses.

Fuir ? Bien sûr. Mais où aller ? Mourir, elle ne le peut pas. Il y a Horatia à élever, sa promesse à Nelson… Disparaître au fin fond de l'Angleterre ? Rentrer à Hawarden ? On la retrouvera.

Reste l'exil.

L'exil… Pour quelle terre ?

La France.

Le 4 juillet 1814 au matin, tenant Horatia par la main, elle débarque à Calais.

Elle frissonne malgré le soleil d'été. Son cœur ne bat que par nécessité. L'instinct de survie. Elle descend à l'hôtel Dessein.

Le meilleur de la ville…

Décidément, l'infortunée Emma est restée pareille à elle-même, fidèle à la vision qu'elle a du monde. Malgré ses yeux cernés, ses traits bouffis, elle est toujours Lady Hamilton, ambassadrice d'Angleterre au royaume de Naples…

Lorsqu'au début du mois d'août, on lui présente la note, elle prend conscience, c'est peut-être la première fois, qu'elle ne pourra pas tenir longtemps à ce rythme. Au début du mois de septembre, elle loue une chambre dans une ferme tenue par deux femmes – farouchement royalistes – à trois kilomètres de Calais, sur la commune de Saint-Pierre.

Une ferme. Une ferme en 1814… Ses appartements du palais Sessa doivent hanter ses nuits. Là-bas, c'est la Manche, pas la baie de Naples. Et cette colline verdoyante n'est pas le Vésuve.

Au milieu du mois d'octobre, la mère et la fille s'installent au 27, rue Française, dans une chambre humide et sombre ignorée du soleil. Avant d'emménager, elles ont fait un détour par le mont-de-piété pour y déposer les débris de leur vie : une robe, un collier, une épingle dorée.

La maladie s'incruste. L'état d'Emma se dégrade vite, trop vite. Le 15 janvier elle est au plus mal.

Il est 1 heure de l'après-midi.

Horatia a fait venir un prêtre. Celui de Notre-Dame, l'église la plus proche. Agenouillé au chevet de la mourante, il récite la prière des agonisants.

Lady Hamilton entend-elle sa voix ? Lui répond-elle ? En anglais ? En français ?

Horatia dira plus tard ne plus se souvenir de ce détail, pas plus que des derniers mots prononcés par sa mère. Elle dira seulement : « Malgré les erreurs commises, et elles furent nombreuses, elle avait de grandes qualités qui, si elles avaient été mieux gérées, auraient fait d'elle un être très supérieur. Je lui dois cette justice de dire que, malgré les grandes difficultés qu'elle a connues, elle

a toujours dépensé pour mon éducation et mon entretien, et sans en distraire un shilling, tous les intérêts de
la somme que Lord Nelson m'avait laissée, somme qui
était entièrement mise à sa disposition. »

Emma rend son âme à Dieu vers 1h15.

Au-dessus du lit, un portrait qu'elle ne s'est pas rési-
gnée à vendre : celui de Nelson.

La putain royale

Édouard VIII et Walis Simpson

Juin 1934

e salon du Fort Belvedere bruisse des conversations des invités. Dans un coin de la pièce joue un quatuor à cordes. Il y a là des hommes d'État, des diplomates, des hommes d'affaires, des militaires ; tout ce que Londres compte de personnalités influentes.

Voilà un an que le prince héritier, Édouard, a reçu de son père, le roi George V, ce petit château néomédiéval au cœur du parc de Windsor. Il est possible que, par ce cadeau royal, Sa Majesté espérait écarter de sa vue les maîtresses que son fils, coureur de jupons invétéré, collectionnait. En tout cas, le prince de Galles se sent bien à Fort Belvedere. Plus léger. Au fond, il n'a jamais vraiment apprécié les ors de Buckingham. Ici, il reçoit ses hôtes en kilt, il est toujours plein d'attentions à leur égard, surveille le déchargement de leurs bagages et les accompagne jusqu'à leur chambre.

À quarante et un ans, Édouard (David pour la famille royale) est le célibataire le plus convoité du Royaume-

Uni. Il n'est pas très grand, mais séduisant, blond aux yeux clairs, élégant et non dénué de charme. Il n'a jamais éprouvé le moindre intérêt pour la vie intellectuelle, et lui préfère de loin l'équitation (c'est un cavalier remarquable) et la boxe.

À dix-neuf ans, lorsque la Première Guerre mondiale éclata, il demanda à être envoyé au front, et reçut de Lord Kitchener cette réponse qui en disait long sur l'opinion que le ministre de la Guerre se faisait alors du jeune homme : « Si j'étais sûr que vous soyez tué, je ne suis pas certain de vous empêcher d'y aller. »

Dans sa longue robe noire, une femme tente de se frayer un passage à travers les convives. Elle a environ trente-neuf ans, de petits yeux bleus qui vous transpercent et illuminent un visage peu avenant, encadré par deux mèches de cheveux très sombres à la symétrie impeccable. Une fois arrivée près du prince de Galles, elle pose délicatement la main sur son épaule.

— Bonjour monseigneur.

Les traits d'Édouard s'éclairent aussitôt.

— Wallis !

Le prince manque de l'embrasser, mais se retient *in extremis* et se limite au baisemain.

— Wallis, ma très chère amie. Quelle joie de vous revoir.

Wallis. Mrs. Wallis Simpson

Mais qui donc est-elle ? Et par quel détour du destin se retrouve-t-elle ce soir-là à Fort Belvedere, si proche de l'héritier de la couronne d'Angleterre ?

Mrs. Simpson est née le 19 juin 1896 aux environs de Baltimore, dans l'État du Maryland. Lorsque son père meurt, elle a tout juste un an, et c'est sa mère, Alice, qui va l'élever du mieux qu'elle pourra grâce à la générosité d'un parent, l'oncle Sol, riche homme d'affaires. Le jour de ses seize ans, Sol l'inscrit dans une institution pour jeunes filles de la bonne société : Oldfields School. Tout au long de ses études, la petite Wallis se montrera une élève médiocre et rebelle, n'hésitant pas à faire le mur pour retrouver des garçons. Manifestement, elle avait déjà le comportement d'une séductrice.

À dix-neuf ans, après avoir hérité de 4 000 dollars de sa grand-mère, Wallis s'empresse d'aller rejoindre l'une de ses amies, Corinne Mustin, qui vit à Pensacola, en Floride. L'époux de Corinne, capitaine de corvette, venait d'y être muté afin de participer à la création d'une base aéronavale de formation et d'entraînement. C'est là que Wallis rencontre celui qui deviendra son premier mari : Earl Winfield Spencer, dit Win, séduisant pilote de l'aéronavale, de huit ans son aîné. Il propose à Wallis de l'épouser. Elle était folle amoureuse ; elle accepta ; et le couple se maria le 8 novembre 1916, à Baltimore. Leur bonheur fut malheureusement de courte durée. Assez rapidement, Wallis se rendit compte que son mari était non seulement un alcoolique invétéré, mais qu'il avait des pulsions bisexuelles, et leur mariage commença à dériver.

C'est à la base de San Diego où Winfield a été transféré que, le 19 juin, Wallis fête son vingt-deuxième anniversaire. Auprès d'un époux partagé entre des accès de colère et de longues bouderies, quels pouvaient être les sentiments de la jeune femme ce jour-là, sinon de la tristesse ?

Quelques mois plus tard, un événement exceptionnel va mettre un peu d'animation dans cette vie monotone et sombre : en route pour l'Australie, à bord du croiseur *Renown*, le prince de Galles fait escale à San Diego en compagnie de son cousin, Louis Mountbatten. Le jour même, un dîner est organisé en son honneur sur le cuirassé *New Mexico* ; tous les officiers et leurs épouses sont invités à y participer, tous, sauf les Spencer. On imagine la frustration de Wallis qui dut se contenter d'entrevoir le prince de loin, en uniforme blanc de la marine royale, serrant des mains. Sans doute doit-on chercher l'explication du camouflet dans l'alcoolisme de Win, sa mauvaise conduite et ses heurts constants avec ses supérieurs. Quoi qu'il en soit, comment Wallis aurait-elle pu imaginer que ce prince qu'elle n'avait fait qu'entrevoir de loin serait un jour à ses pieds ?

Un matin, Win annonce brusquement qu'il va retourner en Floride auprès d'une fille dont il prétend être amoureux. Wallis le supplie de rester, mais rien n'y fait.

Quatre mois passent sans un mot de sa part puis, au printemps de 1921, il informe Wallis qu'il a été nommé à Washington, au ministère de la Marine, et lui demande de le rejoindre. Elle accepte. Avait-elle le choix ?

De retour à Washington, les rapports entre la jeune femme et son mari ne font que s'aggraver. Winfield a pris une maîtresse et boit plus que jamais. Au mois de février 1923, au grand soulagement de son épouse, il est sanctionné et muté en mer au commandement d'une ancienne canonnière espagnole, le *Pampanga*, qui patrouillait en mer de Chine.

Sitôt son mari envolé, Wallis mit à profit son célibat pour revoir plusieurs anciennes amies et, grâce à deux d'entre elles, Marina Sands et Ethel Noyes, elle fut admise dans la société diplomatique. Bien qu'elle le niât par la suite, elle parlait assez bien l'allemand, qu'elle avait étudié à Oldfields, et possédait des notions de français. Lors d'une réception à l'ambassade d'Italie, elle jeta son dévolu sur l'ambassadeur en personne, le séduisant prince Gelasion Caetani. L'homme avait quarante-cinq ans, c'était un nationaliste convaincu et un partisan passionné du fascisme. Il est plus que probable que c'est lui qui éveilla l'intérêt de Wallis pour cette doctrine. Leur liaison ne dura pas longtemps et Wallis choisit de cantonner leurs rapports à l'amitié.

Au bout de quelque temps, son intérêt se porta sur Felipe Espil, premier secrétaire à l'ambassade d'Argentine. Âgé de trente-cinq ans, riche, Espil est le type même du séducteur latin : chevelure noire plaquée au crâne par de la brillantine, yeux étincelants, teint olivâtre et lèvres pleines. C'était le meilleur parti de la capitale.

Wallis ne perd pas de temps. Mariée ou pas, il lui faut cet homme et personne, fût-ce la plus belle femme de Washington, ne l'empêchera d'arriver à ses fins. Son art de la flatterie, la capacité qu'elle a de persuader n'importe quel homme qu'il est unique, exceptionnel, firent merveille.

Leur liaison s'acheva le jour où lassé, le bel Argentin lui fit comprendre qu'elle était certes une compagne formidable mais pas la femme qu'il souhaitait épouser. Il voulait devenir ambassadeur d'Argentine aux États-Unis et, pour être le meilleur candidat à ce poste, il lui fallait de l'argent. Il n'en avait pas, Wallis non plus. En outre, il aurait compromis sa carrière en épousant une protestante dont le mari vivait encore. Cette rupture laisse Wallis anéantie.

Que faire ? Et où aller ? Elle se sentait déracinée, délaissée et, financièrement, elle avait touché le fond. Soudain, voilà que son mari lui fait savoir de Chine qu'il est malheureux, qu'il l'aime encore et meurt d'envie de la revoir. Ne pourraient-ils essayer encore une fois ? La marine se chargerait du transport de Wallis en Chine. Elle hésite. Un nouvel essai valait-il la peine d'être tenté ? Win et elle s'étaient aimés. Le temps semblait avoir refermé les blessures. Elle déclara à une amie : « Ma foi, c'est le seul moyen que je connaisse pour découvrir l'Orient ; donc, autant partir[1]. »

En novembre 1924, Win l'accueille à Hong-Kong en lui annonçant que, du jour où il a appris qu'elle arrivait, il avait cessé de boire. Mais, après une accalmie, la tempête recommença à souffler. C'est alors qu'il se serait passé quelque chose d'étrange. D'après un rapport établi, sur la demande du Premier ministre Stanley Baldwin,

---

1. *Vanderbilt, Gloria and Lady Furness, Double exposure*, Londres, Frederic Muller, 1959.

par les services secrets (MI 6) et destiné au roi George V
et à la reine Mary en 1935 (lorsqu'il fallait absolument
empêcher Wallis de devenir reine d'Angleterre), Win
aurait initié Wallis aux « maisons de chant » de la colonie
anglaise. Il s'agissait en réalité de bordels de luxe, dont
les pensionnaires, recrutées le long du littoral chinois,
étaient formées, dès leur plus jeune âge, à l'art de
l'amour.

Les clients y étaient reçus au son d'instruments à cordes,
avec des chants érotiques et des danses d'une rare beauté.
Elles étaient dirigées par une Américaine, Gracie Hale.
Selon certains témoignages de son dossier chinois, Wallis
aurait appris des « pratiques perverses » dans ces maisons
de prostitution. Que se cache-t-il derrière ces mots ? Un
entraînement à l'art du *fang chung*. On désigne sous ce
nom une méthode séculaire de massage très finement gra-
dué qui vise à faire atteindre au partenaire mâle une sérénité complète dans l'exercice amoureux. Ces massages
intéressent les seins, le ventre, les cuisses et, après suspen-
sion délibérée, les organes génitaux. Les élèves en *fang
chung* apprennent à localiser les centres nerveux de l'orga-
nisme de telle sorte que le simple frôlement des doigts
produit un effet « décisif » sur les moins actifs des hommes.
Il est particulièrement efficace dans le traitement de l'éja-
culation précoce. Ce rapport a-t-il jamais existé ? Nous
n'en possédons aucune preuve. On a aussi laissé entendre
que Wallis aurait fait de l'espionnage « pour le compte
d'une puissance ennemie ». En l'occurrence, la Russie. Là
encore, purs ragots ? Commérages ?

En tout cas, Wallis n'eut pas l'occasion de faire profiter Win de ses nouveaux talents. Il l'avait quittée pour

une jeune peintre dont la beauté et le talent avaient attiré l'attention de toute la colonie. Leurs adieux furent plus tristes qu'amers. Win accepta de continuer à lui verser une délégation de solde, et elle plia bagage pour Shanghai où, lui avait-on dit, elle pourrait obtenir sans difficulté le divorce devant un tribunal américain.

Shanghai était alors l'une des villes les plus cosmopolites, et sans doute les plus corrompues du monde. Wallis descendit au Palace Hotel où résidaient d'autres femmes de marins. L'un des attraits de Shanghai était l'ambiance de spontanéité qui y régnait. Aussi, Wallis ne trouvat-elle pas incongru d'accepter l'invitation d'une autre femme de marin à aller faire du shopping à Pékin, à seize cents kilomètres de là. Mais au dernier moment, sa future compagne renonça à son projet après avoir appris que les trains étaient souvent arrêtés par des bandits chinois.

En revanche, la curiosité de Wallis fut piquée au vif, et elle persista dans son projet. Elle s'embarqua à bord d'un caboteur en piteux état, puis prit place dans un train poussif. « Et effectivement les bandits ont arrêté le train », raconta-t-elle plus tard[1]. « Mais c'étaient des bandits très polis, et ils nous ont laissés poursuivre notre voyage. Quelle aventure sensationnelle ! » Pékin était un monde qui surpassait tout ce que Wallis avait imaginé. « Ce fut l'une des meilleures et des plus passionnantes époques de

1. Confidences de la duchesse à Ralph G. Martin, auteur de *La femme qu'il aimait*, Éditions Albin Michel.

mon existence», dira-t-elle cinquante ans plus tard. «Pensez donc! Une ville où il y a dix hommes pour une femme… Dix hommes pour une femme[1]!»

Elle descendit au Grand Hôtel de Pékin, mais n'y resta pas longtemps. Elle retrouva Katherine Moore Bigelow, qu'elle avait connue jeune veuve à Coronado, en Californie, et qui lui proposa spontanément de venir vivre chez elle avec son époux, Herman Rogers. Un homme riche, séduisant, intelligent, athlétique. Les Rogers veillèrent à ce qu'elle se sentît tout à fait chez elle et lui procurèrent même sa propre servante, une *amah,* et son boy personnel.

Bien qu'elle fût logée et nourrie chez le couple, la délégation de solde que lui envoyait son mari ne lui suffisait pas. Alors, elle chercha des ressources supplémentaires et trouva un moyen de gagner de jolies sommes en jouant au poker.

Il semble qu'à un moment donné, ses rapports avec les Rogers se soient envenimés. Ce qui expliquerait son départ pour Hong-Kong, en mars 1925. Lorsqu'elle arriva dans la colonie anglaise, Win venait de quitter le *Pampanga* et s'apprêtait à prendre le commandement du *Whipple*, qui était en rade de Shanghai. Le couple essaya une fois encore de se raccommoder, mais sans succès.

C'est sans doute après le départ de son mari qu'elle a entamé une liaison avec le fier et sombre comte

---

1. *Ibid.*

Galeazzo Ciano, beau brun de vingt et un ans, ardent supporter de Mussolini. Fasciné par la Chine, le jeune homme s'y trouvait en voyage d'information. Elle tombe enceinte de Ciano et, comme elle est toujours mariée à Win, elle se fait avorter au prix de graves complications gynécologiques qui devaient la suivre toute sa vie et lui ôter toute espérance d'avoir un enfant.

Le 29 août, sous une pluie torrentielle, en piteuse santé, elle embarque sur le *Président McKinley* et rejoint Seattle. Elle file ensuite se réfugier chez sa mère à Washington. Un an plus tard, en 1926, on la retrouve seule à New York. Seule ? Pas pour longtemps. Quelques mois plus tard, elle fait la connaissance chez des amis – Mary et Jacques Raffray – d'un Anglo-Américain, Ernest Simpson. Riche courtier maritime, il a l'intention – heureux hasard – de se fixer à Londres pour y travailler dans les bureaux de son père. Bien évidemment, l'homme succombe au charme ravageur de Wallis. Il succombe tellement qu'il lui propose de l'épouser. Mais il faudra attendre : ni Wallis ni lui ne sont divorcés. Ce sera chose faite un an plus tard.

Le 21 juillet 1928, les voilà mariés à la mairie de Chelsea. Ils emménagent au 12, Upper Berkeley Street, proche de Hyde Park et de Green Park et Wallis peut enfin respirer pour la première fois de sa vie. La fortune de son mari lui apporte ce qui lui a toujours manqué et qu'elle a toujours recherché : la sécurité. Mais malheureusement, la crise de 1929 n'est pas loin et lorsqu'elle éclate, les dollars de Mr. Simpson se mettent à fondre comme neige au soleil. Le train de vie de Wallis est gravement menacé. Comment tout cela va-t-il finir ? Et si Ernest perdait tout ? C'est dans ce contexte qu'en novembre 1930, le couple reçoit à dîner le nouveau premier secrétaire de l'ambassade des États-Unis, Benjamin Thaw, accompagné de son épouse, Consuelo née Morgan. Consuelo était l'aînée de deux sœurs, Gloria et Thelma. Cette dernière avait épousé un aristocrate anglais : le vicomte Marmaduke Furness, magnat de la navigation, plusieurs fois millionnaire, mais tout Londres sait qu'elle est depuis quelque temps la maîtresse du prince de Galles.

Lady Furness se rappela qu'elle se trouvait chez elle au 21 de Grosvenor Square, à la fin de 1930, lorsque sa sœur Consuelo téléphona pour lui demander si elle pouvait amener une amie à ses cocktails. « Mrs. Simpson est très amusante », lui dit-elle. « Je suis sûre qu'elle te plaira [1]. » « Wallis Simpson était très amusante et elle m'a plu », commenta plus tard Lady Furness.

Selon Lady Furness, lorsque le prince de Galles était arrivé, il s'attendait à passer une soirée tranquille en sa seule compagnie, et il fut fort déçu par la perspective d'une réunion mondaine. « Non, chéri, rien que quelques amis », l'avait rassuré Lady Furness. « D'ailleurs vous les connaissez presque tous. » Ce fut alors qu'elle lui parla de Wallis Simpson : « Elle me paraît amusante. » Puis elle fit les présentations.

Dans une lettre adressée à sa tante Bessie, Wallis relatera cette première rencontre du samedi 10 janvier 1931 :

---

1. *Vanderbilt, Gloria and Lady Furness, op. cit.*

« *Nous n'étions plus que sept. Aussi pouvez-vous imaginer quelle fête ce fut de rencontrer le prince dans des circonstances aussi intimes et informelles. Je n'aurais, toutefois, jamais imaginé que tout se passerait de manière presque naturelle.* »

La deuxième entrevue a lieu quatre mois plus tard lors d'un thé encore organisé par Lady Furness, dans sa résidence de Grosvenor Square. Au grand dam de Wallis, le prince semble n'avoir qu'un très vague souvenir d'elle et l'hôtesse est obligée de lui rappeler le nom de l'Américaine.

Peu importe. Dans quelques jours, une autre occasion va se présenter et toujours grâce à son amie la vicomtesse : une réception dans le saint des saints, à Buckingham Palace !

Le 10 juin 1931, au défilé, très solennel, de présentation succède une réception dans les grands appartements où les membres de la famille royale se mêlent à la foule des invités. Là, Wallis entend très distinctement le prince de Galles se plaindre de l'éclairage « cruel pour les femmes et qui les rend toutes affreuses » ! À la réception beaucoup plus détendue qui se déroule plus tard chez Lady Furness, Wallis, avec son culot habituel, répond à Édouard qui est présent et la complimente de sa robe : « Monseigneur, j'ai cru comprendre que vous nous trouviez toutes affreuses. »

Le prince est enchanté ! Personne ne se permet de telles impertinences à son égard ! Il est si content qu'il s'attarde jusqu'à 3 heures du matin et propose même de raccompagner les Simpson à leur domicile. Wallis lui suggère – démarche incroyablement déplacée – de monter prendre un dernier verre. Il refuse poliment, mais assure qu'il sera enchanté de revenir un autre soir.

En réalité, Wallis n'a aucune idée des usages de la cour d'Angleterre, mais c'est précisément grâce à son incroyable sans-gêne qu'elle va retenir peu à peu l'attention du prince. Peut-être aussi a-t-elle déjà pressenti que l'homme ne dédaigne pas être maltraité ?

Comme le duc de Windsor s'en souviendrait plus tard dans ses *Mémoires*, leur relation débuta curieusement. Cherchant un sujet de conversation quelconque, il lui avait demandé si, en tant qu'Américaine, elle souffrait du manque de chauffage central pendant son séjour en Grande-Bretagne. Sa réponse l'avait surpris.

« — Je suis désolée, Monsieur, avait-elle rétorqué, l'air moqueur, mais vous m'avez déçue. — Comment cela ? avait répondu le prince. — Toutes les femmes américaines qui visitent votre pays se voient poser la même question. J'espérais quelque chose de plus original de la part du prince de Galles [1]. »

Quelle que soit la version, en janvier 1932, après plus d'un an sans nouvelles et alors que la situation financière d'Ernest est au plus mal, Édouard accepte de venir dîner chez eux le 24. Il passe une soirée si délicieuse que, lorsqu'il se sépare du couple, il n'est pas loin de 4 heures du matin.

Peu à peu, les Simpson font partie du cercle intime d'Édouard et de sa maîtresse, Thelma Furness. Il ne s'agit

---

1. *Vanderbilt, Gloria and Lady Furness.*

plus seulement de week-ends à Fort Belvedere, mais de soirées dans les night-clubs londoniens dont Édouard est très amateur.

En janvier 1934, Thelma qui doit faire un voyage aux États-Unis demande à sa nouvelle amie de « veiller sur le petit homme » pendant son absence. Wallis, ravie, accepte.

Un soir, lors d'un dîner au Dorchester, alors que le prince de Galles évoque ses activités, en particulier une visite qu'il vient de faire dans le Yorkshire auprès de services sociaux luttant contre le chômage qui ravage le pays, Wallis, avec une grande habileté, se montre fascinée et interroge très longuement Édouard sur son travail, ses aspirations et ses frustrations. L'un comme l'autre diront, par la suite, que cette conversation fut déterminante dans l'évolution de leurs rapports. Dès lors, les invitations à Fort Belvedere se multiplient et l'on note que c'est avec l'Américaine que le prince danse le plus. À son retour des États-Unis, l'infortunée Lady Furness ne peut que constater la complicité qui s'est nouée entre Édouard et *dear* Wallis. Elle écrira :

> « *Je me suis rendu compte que Wallis s'en était occupée "excessivement bien". Le regard glacial et provocant qu'elle me lança un jour me fit comprendre toute l'histoire.* »

Thelma s'efface, Mrs. Simpson est devenue la nouvelle favorite. Et voilà comment, en ce mois de juin 1934, à Fort Belvedere, elle peut se permettre de chuchoter à l'oreille du futur roi d'Angleterre : « J'ai envie de toi. »

Ainsi que de nombreux observateurs l'ont fait remarquer, l'emprise qu'elle exerça sur le prince était-elle purement sexuelle ? Un ami d'enfance et intime du Prince affirmait : « Elle lui donnait sûrement au lit quelque chose que nulle autre femme ne lui avait jamais donné. Sans doute a-t-elle su le persuader qu'il était plein de vie et de force, très viril, extrêmement satisfaisant pour une femme. »

Commentant le manque de beauté physique de Wallis, l'une de ses amies d'Oldfields ajoutait aussitôt : « Mais elle possédait un sex-appeal extraordinaire. » De son côté, Bernarr MacFadden [1] chercha à déterminer la cause secrète de l'attachement du Prince et il écrivit : « La technique raffinée qui permet de séduire et de retenir un mâle s'apprend difficilement sans le concours de l'expérience. Ce n'est pas uniquement dans les instituts de beauté qu'une femme acquiert de tels sortilèges. Et quand il s'agit d'un Prince, laquelle hésiterait à s'abaisser pour le conquérir ? » Wallis s'était mariée deux fois. Et elle avait connu de nombreux hommes. Pendant son année en Chine, tout porte à croire qu'elle se serait initiée aux idées locales sur le sexe et l'amour.

Le Prince, lui, n'avait jamais été comblé. Après leur rupture, Thelma Furness confia à plusieurs amies que le prince de Galles était loin d'être le partenaire sexuel idéal parce qu'il avait un problème : il éjaculait toujours trop tôt. Quelqu'un qui l'avait bien connu et qui avait souvent nagé avec lui déclara qu'il avait le plus « petit pénis qu'il eût jamais vu ». « Vous rendez-vous compte de ce que cela

---

1. Promoteur américain de la culture physique, d'une combinaison d'exercices de musculation et de régimes nutritionnels.

lui faisait ? Représentez-vous toutes ces jolies femmes de par le monde, pareillement empressées à coucher avec le prince charmant de cette terre, s'attendant toutes à passer la plus sensationnelle nuit d'amour de leur existence. Et imaginez la déception de celles qui partagèrent son lit ! Imaginez aussi ce qu'il pouvait éprouver[1] ! »

Voilà qui pouvait expliquer pourquoi le mariage le faisait reculer, pourquoi il n'eut de liaisons qu'avec des femmes mariées fort expérimentées, pourquoi il était timide, farouche, et jamais sûr de lui. Pourquoi, aussi, se répandirent des bruits non fondés sur sa prétendue homosexualité, à cause de son air juvénile, de ses travaux d'aiguille. S'il souffrait d'un complexe d'infériorité, Mrs. Simpson a su le guérir « en bâtissant l'homme ». Un jour, elle lui aurait dit : « Mon ami, vous avez bien tort de vous prendre pour un imbécile : vous êtes un type formidable ! » Du coup, selon Lord Castlerosse, le Prince « bomba le torse[2] ».

De toute façon, ni le Prince ni Wallis n'étaient gens à mettre un tiers dans la confidence de leur vie sexuelle. Et puisqu'ils se turent sur ce sujet, qui pourrait le traiter valablement ? De surcroît, pour le prince de Galles, il existait d'autres choses presque plus importantes que le sexe. Il aimait rire. Et Wallis était l'une des rares personnes qui le faisaient rire aux éclats. Il avait mené une existence confite dans le protocole et la bienséance, où il était aussi peu convenable de rire fort que de trop

---

1. *The Heart Has Its Reasons, The Memoirs of the Duchess of Windsor*, Éditions David McKay Company Inc, 1956.
2. *The Duchess of Windsor, the uncommon life of Wallis Simpson*, Greg King, Citadel Press Book, 1999.

boire. Avec Wallis, il se détendait et trouvait cela merveilleux.

Autre chose : Wallis l'entourait de soins presque maternels. Il n'avait jamais vraiment connu sa mère pendant son enfance. Il la saluait l'après-midi ; elle l'embrassait avant d'aller au lit. Et puis, Wallis avait une façon délicieuse de le régenter. « Ne mangez pas cela, Sir », lui disait-elle en souriant et en lui retirant des mains un canapé de caviar. Et elle lui donnait un toast au fromage. Elle s'assurait qu'il était assez chaudement habillé lorsqu'il faisait froid ; elle le convainquit de réduire sa consommation de cigares et elle allait même jusqu'à l'empêcher de boire un verre de plus quand elle estimait qu'il avait déjà trop bu. Il adorait cela. Personne auparavant ne s'était autant occupé de lui. Et lui, de son côté, se montrait tout à sa dévotion. Un journaliste décrivit le spectacle du prince – l'un des hommes les plus remuants – attendant patiemment deux heures que la séance de Wallis chez le coiffeur soit terminée.

Ce fut au cours de l'une des soirées organisées par une amie, Emerald Cunard, que Wallis et le prince se retrouvèrent assis à côté de Joachim von Ribbentrop, envoyé spécial d'Adolf Hitler. Par la suite, et dans la même semaine, ils le revirent lors d'un souper chez le docteur Leopold von Hoesch, l'ambassadeur d'Allemagne en Grande-Bretagne. Le Prince aimait beaucoup ces réunions parce qu'elles lui fournissaient l'occasion de rappeler que sa mère et son grand-père étaient allemands, ce qui faisait de lui un trois quarts d'Allemand. Wallis Simpson produisit une vive impression sur Ribbentrop qui envoya une note à Hitler indiquant que le prince de

Galles et Mrs. Wallis Simpson semblaient « très favorablement posés envers la cause allemande ». Le Prince n'allait pas tarder à en administrer la preuve.

En juin 1935, il s'adressa à une assemblée de la British Legion et incita les anciens combattants à se rendre en Allemagne afin de serrer la main aux hommes qui avaient été leurs ennemis. Ce discours fit des remous non négligeables dans le monde. Dans un mémorandum envoyé au département d'État américain, l'ambassadeur William E. Dodd écrivit : « On concevrait difficilement une déclaration mieux calculée que celle du prince de Galles pour étayer la politique allemande d'aujourd'hui ! » À peine l'information avait-elle été publiée à Berlin, que Goering, Hess et Ribbentrop s'empressèrent de lui faire écho pour l'approuver.

On s'en doute, George V se montra furieux. Il répéta à son fils qu'il ne devait jamais débattre de sujets politiquement délicats avant d'en avoir prévenu le gouvernement. L'agacement du souverain – et c'est un euphémisme – était entretenu par les rapports détaillés qui lui parvenaient régulièrement concernant la dernière liaison de son fils. Il fit part de ses soucis à l'archevêque de Canterbury, Cosmo Lang, lequel essaya de le calmer en lui disant que le prince n'en était pas à sa première « amitié féminine ». Mais le roi George, tout raide et flegmatique qu'il était, ne manquait pas de flair quand il s'agissait de son fils le plus entêté. Il déclara à l'archevêque que cette aventure-là était plus grave que les autres.

Lorsque le roi et la reine fêtèrent le jubilé d'argent de leur règne par un bal officiel au palais de Buckingham, Wallis y fut invitée, ce qui n'échappa à personne. Et lorsque le prince et elle dansèrent non loin du roi, « elle crut se sentir fouillée par les yeux du roi, pleins d'une menace glacée ». Elle n'avait sans doute pas tort.

Quelques mois plus tard, George V déclarait à Blanche Lennox, épouse de Lord Algernon Gordon-Lennox : « Je demande à Dieu que mon fils ne se marie jamais et n'ait pas d'enfants, afin que rien ne s'interpose entre Bertie et Lilibet et le trône. » Le sens de ce propos était évident. En tant que père, il avait eu peu de relations avec Édouard, mais, en tant que roi, il le connaissait bien. D'après tout ce qu'il avait lu et entendu, d'après ce qu'il avait vu de ses propres yeux au bal officiel, il ne doutait pas que cet amour serait plus fort que son fils et il savait que le peuple anglais n'approuverait jamais une reine divorcée et qu'un problème de ce genre déchirerait le pays. Il avait consacré toute sa vie à la monarchie britannique, et il haïssait qui ou ce qui lui ferait tort. Ce soir-là, il détesta sûrement Mrs. Simpson mais il n'est pas impossible qu'il ait aussi éprouvé de la haine pour son fils.

Ils avaient beau être très souvent ensemble et se téléphoner longtemps, Wallis n'en était pas moins obligée de mener sa vie personnelle, et le Prince de satisfaire à tout un programme de devoirs royaux. Ceux-ci consistaient surtout en cérémonies de représentation, en réunions, en rapides déplacements à travers le pays. Quant à Wallis, elle avait encore à s'occuper de son foyer et d'un mari. La tension entre les deux époux s'était bien évidemment aggravée et les silences se prolongeaient. Quelques commentaires sur Ernest Simpson se transformèrent bientôt en plaisanteries aussi cruelles que de mauvais goût. On chuchotait par exemple que Simpson allait écrire une pièce de théâtre intitulée « De l'insignifiance d'être Ernest » au cours de laquelle le héros s'écrierait : « Mon seul regret est de n'avoir qu'une femme à sacrifier pour mon roi. »

D'ailleurs, on ne le voyait que très rarement au Fort, quant à ceux qui s'y rendaient, ils considéraient Wallis comme la maîtresse de maison.

Au début de l'année 1936, l'état du roi, malade depuis longtemps, s'aggrava. Bien que très affaibli, il convoqua son Premier ministre, le très conservateur Stanley Baldwin. À la question que le souverain lui posa : « Comment va l'Empire ? », le chef du gouvernement répondit laconiquement : « Sire, pour ce qui est de l'Empire, il n'y a pas de difficultés. » Une façon de dire que le problème de la monarchie était d'un caractère beaucoup plus personnel.

Ce fut aux alentours de minuit, le 20 janvier, que Wallis reçut du Prince un coup de fil lui annonçant que son père, Sa Majesté le roi George V, venait de rendre son âme à Dieu et, comme pour rassurer sa maîtresse, il s'empressa de préciser : « Mais rien ne pourra jamais changer mes sentiments envers vous. »

George V était mort en détestant la femme que son fils voulait lui imposer.

Lorsqu'il fallut s'habiller conformément au deuil de la cour, Wallis osa déclarer, avec son accent américain qui la desservait, une de ses expressions vulgaires et insensées : « La dernière fois que j'ai porté des bas noirs, c'était pour danser le french cancan ! »

« Nous, par conséquent, seigneurs spirituels et temporels de ce royaume publions et proclamons maintenant par les présentes, d'une seule voix, et du même consentement de la langue et du cœur, que le haut et puissant prince Édouard Albert Christian George André Patrick David est devenu à présent, du fait du décès de feu notre souverain d'heureuse mémoire, notre suzerain légal et légitime Édouard VIII, seigneur, par la grâce de Dieu, de Grande-Bretagne, d'Irlande et des possessions britanniques d'au-delà des mers, roi, défenseur de la foi, empereur des Indes. »

Après les funérailles, Stanley Baldwin s'adressa au Parlement pour évoquer la personnalité du nouveau roi. « Il a le secret de la jeunesse dans la fleur de l'âge. » Et le *Times*, dans un éditorial, fit observer « que les hommes, et non les livres, constituaient sa bibliothèque ». Avec sollicitude, le journaliste ajouta qu'il lui manquait seulement « l'appui et les conseils d'une épouse ».

Dans sa première allocution radiodiffusée, Édouard déclara aux habitants de l'Empire : « Vous me connaissez mieux comme prince de Galles, comme un homme qui, pendant et depuis la guerre, a pu entrer en contact avec les peuples de presque tous les pays du monde, quelles que soient les conditions et les circonstances. Et, bien que je m'adresse maintenant à vous en tant que roi, je suis toujours ce même homme qui a vécu cette expérience et mon effort constant sera de continuer à promouvoir le bien-être de mes compatriotes. »

Le couronnement fut fixé au mois de mai 1937, et plusieurs cérémonies célébrèrent son avènement. Lors de la première, le nouveau souverain se montra à côté de Wallis à une fenêtre ouvrant sur la cour du palais St. James et les photographes s'en donnèrent à cœur joie. Le jour même une question courut sur toutes les lèvres : *Who is this woman ?* Qui est cette femme ?

Nous sommes en 1936. Des rumeurs de guerre enflent. Le monde est en apnée, et pourtant Édouard se montre moins préoccupé par le spectre d'un futur conflit que par son avenir personnel. Il avait prévu que son premier dîner officiel aurait lieu à York House, et il informa Wallis qu'il désirait sa présence parce que, « tôt ou tard, mon Premier ministre devra rencontrer ma future femme ». Ce fut sa première allusion à leur mariage. Dans sa tête, depuis des mois, cette union était quelque chose de bien arrêté, de décidé, de définitif. Il voulait avoir Wallis auprès de lui pour toujours et ne pouvait plus envisager de la partager comme il avait jadis partagé Frieda Ward ou Thelma Furness. Il voulait qu'elle habitât chez lui et non chez Ernest Simpson, convaincu que sa présence lui serait désormais plus nécessaire que jamais. Wallis rayonnait de bonheur. Pensait-il vraiment qu'un mariage fut possible ? Les obstacles étaient bien trop nombreux. Le roi appartenait à son héritage. Or, voici qu'il employait les mots « future femme », et voici qu'elle les prenait au sérieux.

À l'été 1936, ignorant les crises politiques et les conflits armés en Europe, le roi et sa favorite confirment leur croisière en Méditerranée sur le célèbre yacht *Nahlill,* suivie d'un voyage en Bulgarie et en Autriche. Détail étrange : la presse britannique n'y consacre pas la moindre ligne, pas un seul cliché. En revanche, les journaux européens et américains s'en délectent sur des dizaines de pages. Le silence de la presse anglaise n'est pas vraiment étonnant : tout ce qui touche à la famille royale est sacré, et il est probable qu'une sorte d'autocensure se soit installée parmi les journalistes du royaume. Elle sera bientôt brisée.

C'est en septembre qu'éclate un premier scandale en Écosse, lors du séjour traditionnel de la famille royale au château de Balmoral. Alors que les Simpson sont invités, Édouard VIII commet une faute impardonnable : il va lui-même chercher Wallis à la gare. Une semaine auparavant, il avait décliné une invitation à assister à une cérémonie au cours de laquelle devait être posée la première pierre d'un nouvel hôpital royal à Aberdeen ; il s'était excusé, prétextant qu'il portait encore le deuil de son père, et il avait prié le duc et la duchesse d'York de le représenter. Or, le jour de cette cérémonie coïncidait avec celui où le roi prit gaiement sa voiture pour retrouver Wallis à la gare d'Aberdeen.

La réaction des Écossais fut extrêmement sévère. « À bas la putain d'Amérique ! » proclama une inscription à la craie sur un mur. L'auteur dramatique Sir James

Barrie prévint le rédacteur en chef du *Times* qu'il fallait s'attendre à ce qu'un pasteur écossais dénonçât en chaire les turpitudes de la cour. Puis, c'est au tour de Wallis de faire un faux pas, protocolairement plus grave. C'est elle qui décida d'accueillir la famille au château, alors qu'en principe seul le maître de maison peut recevoir ses hôtes. En arrivant, la duchesse d'York, Élisabeth, furieuse, ignora l'Américaine et se dirigea ostensiblement vers le roi (qui était avant tout son beau-frère). Passant devant Wallis, elle lui lança : « Je suis venue dîner avec le roi. »

L'importance de Wallis sur le plan mondain est telle à présent qu'elle n'a qu'à lever le petit doigt pour que n'importe qui, dans la haute société britannique, vienne la voir.

Un article, censé citer une source royale, contenait cette phrase : « Mr. Simpson considère comme purement platonique l'amitié qui s'est établie entre sa femme et le roi. Ces relations ont été si déformées par des bruits mal fondés qu'elles ont placé ces trois personnes dans une situation désobligeante. »

Les semaines s'écoulent ainsi, et puis, voilà qu'un soir où Wallis est absente, le roi débarque chez Ernest, à Bryanston Court. Visiblement très ému, il se met à tirer sur sa cravate, et à arpenter le salon à grandes enjambées. Soudain, il se retourne vers Ernest Simpson et lâche : « Je la veux ! » « J'ai été si abasourdi, confia par la suite Simpson à un ami, que je me suis laissé tomber sur une chaise. Et brusquement je me suis rendu compte que je m'étais assis devant mon roi[1] ! »

Peu après, Simpson et le roi déjeunèrent ensemble au Guards Club. Leur ami commun Bernard Rickatson-Hatt, rédacteur en chef de l'agence Reuter, assistait au repas ; il rapporta ultérieurement leur entretien. Simpson dit au roi que Wallis devait choisir entre eux, et il demanda ce que le roi entendait faire : avait-il l'intention de l'épouser ? Le roi se leva de sa chaise : « Croyez-vous réellement que je voudrais être couronné sans avoir Wallis à mes côtés ? »

Bernard Rickatson-Hatt ajouta qu'à son avis « elle avait l'intention d'avoir sa part de gâteau et de la manger. Les avances du prince de Galles la flattaient, et elle prenait un immense plaisir à recevoir ses généreux cadeaux. Elle pensait qu'elle pouvait en profiter et, en même temps, conserver son foyer avec Simpson ». Il la dépeignit sous les traits d'une femme « qui aime les bonnes choses de la terre et est foncièrement égoïste... capable d'être dure ». Il eut également le sentiment que, si le roi n'avait pas été têtu et jaloux, la liaison aurait suivi son cours sans dommage pour le ménage Simpson.

C'est possible. Seulement, le roi avait introduit un nouvel élément dans la personnalité complexe de Wallis : l'ambition. Édouard était roi et empereur. Il avait toujours obtenu ce qu'il désirait, et il la voulait, non pour qu'elle fût maîtresse du palais de Buckingham, mais pour en faire une reine et une impératrice. Et il lui promit

---

1. Confidences faites par Ernest Simpson à Ralph G. Martin, *La femme qu'il aimait*, Éditions Albin Michel.

qu'il y arriverait, qu'il savait ce qu'il faisait, qu'il pourrait « arranger les choses ». Il se montra si obstiné, si convaincant, qu'elle finit par se laisser aller à le croire. Et si elle le crut, c'est aussi parce qu'elle avait une totale ignorance de la loi et des coutumes anglaises, ainsi que du pouvoir royal et qu'elle avait envie que la fille de Baltimore réalise son conte de fées en devenant reine de Grande-Bretagne et impératrice des Indes.

Édouard avait alors à sa disposition les meilleurs conseillers de toute l'Angleterre. L'un d'eux était Winston Churchill, mais il ne s'était pas encore ouvert à lui. Il préféra envoyer son ami, Lord Walter Monckton, en éclaireur. Une fois la question posée quant au divorce annoncé de Wallis, Churchill fit les cent pas dans ses salons de Morpeth Mansions en réfléchissant au problème. « Je l'entends encore, dira Monckton. Il m'a raconté qu'il avait refusé de s'asseoir à une table avec des gens qui critiquaient le roi. Mais il était opposé à la procédure du divorce parce qu'il n'y voyait aucun avantage. En outre, il tenait absolument à ce que je fisse comprendre au roi toute l'importance qu'il y aurait à ne pas afficher son amitié en public. »

C'était exactement le genre d'avis dont Édouard ne voulait pas et c'était assurément l'une des principales raisons pour lesquelles il ne chercha pas à prendre conseil auprès de Churchill. Lorsque Monckton lui transmit l'avis de Churchill, le roi se borna à répondre qu'il trouvait absurde que Mrs. Simpson reste ligotée à un mariage malheureux tout simplement parce qu'elle était son amie et il écarta la suggestion de garder secrète cette amitié. N'en ayant pas honte, il ne voyait aucune raison de la cacher ou de tromper son peuple.

Malgré ses certitudes, il n'en demeurait pas moins qu'il était tout de même inquiet pour Wallis. Lord Beaverbrook, propriétaire du *Daily Express* et de l'*Evening Standard*, avait déjà prévenu l'avoué de Wallis, Theodore Goddard, qu'il projetait de publier un grand article. L'avoué essaya de le dissuader, mais Beaverbrook refusa. Alors, le 13 octobre, il fut invité à rencontrer le roi.

Lors de leur entrevue, Édouard lui demanda de s'entremettre pour que la presse anglaise n'accordât qu'un intérêt minimum au divorce de Wallis. Il indiqua à Beaverbrook qu'il estimait de son devoir de protéger Mrs. Simpson parce qu'elle était malade et épouvantée par la publicité qui associait son nom avec celui du roi. Au cours de cette conversation, il ne fit aucune allusion à un projet de mariage. Goddard avait d'ailleurs assuré à Beaverbrook que Sa Majesté n'avait nulle intention de ce genre. « Et je l'ai cru », déclara Beaverbrook. Non seulement il le crut, mais il en donna l'assurance aux autres patrons de la presse britannique.

Le roi avait soigneusement calculé la date du divorce. Après l'obtention d'un arrêt provisoire, la loi anglaise exigeait un délai de six mois pour que le divorce fût prononcé à titre définitif. Ce délai avait été prévu pour le cas où l'épouse divorcée donnerait le jour à un enfant. Cela signifiait que Wallis serait libre le 27 avril 1937. Or la cérémonie du couronnement était prévue pour le mois suivant, le 12 mai. Édouard pourrait donc épouser Wallis *avant* le couronnement et il avait même décidé de répliquer au Premier ministre, le cas échéant : « Pas de mariage, pas de couronnement. »

Wallis, elle, n'avait pas encore la moindre idée de ce qui l'attendait. Elle croyait toujours que son roi viendrait à bout de tout et, de toute façon, il était trop tard pour faire marche arrière.

La Constitution anglaise n'empêchait pas le roi d'épouser qui il voulait, à la condition que cette femme ne fût pas catholique romaine. S'il voulait épouser une catholique, il devait renoncer au trône en faveur de son héritier protestant le plus proche. Avant vingt-cinq ans, les membres de la famille royale ne pouvaient pas se marier sans l'autorisation du roi. Mais en tant que roi, Édouard VIII pouvait épouser n'importe quelle femme, quelles que fussent sa nationalité, sa race ou sa situation sociale. Rien ne lui interdisait non plus de se marier avec une divorcée. Et un membre du clergé qui présiderait à une cérémonie de ce genre ne serait coupable d'aucune illégalité.

Quatre ans plus tôt, l'archevêque de Canterbury avait exprimé son « désir » que l'Église anglicane ne célébrât point de mariages avec des divorcés dont le mari ou la femme seraient encore vivants. Puisque le roi était aussi le défenseur de la foi, cela soulevait un problème. Mais un facteur de plus grande importance concernait le Statut de Westminster qui, voté en 1931, avait décrété que le Parlement impérial cessait d'exercer la souveraineté sur les dominions[1]. Or, ceux-ci ne cachaient pas qu'ils voyaient d'un très mauvais œil cette affaire de mariage.

Le Premier ministre du Canada, Mackenzie King, annonça que son pays y était formellement hostile, alors que dans le même temps un journaliste canadien titrait : « Si les États-Unis veulent une reine, pourquoi ne pas couronner Mrs. Simpson à Washington ? » Des journaux des dominions, mentionnant la façon dont la presse rendait compte de l'affaire Simpson, la comparèrent à « de la boue agitée par des voyous ».

16 septembre 1936, palais de Buckingham

Le roi fixa son Premier ministre, Stanley Baldwin, et alla droit au fait :

— Mon intention est d'épouser Mrs. Simpson dès qu'elle aura la liberté de se remarier et, si toutefois le gouvernement venait à s'opposer au mariage, alors sachez que je partirai !

Stanley se contenta de répondre sèchement :

— Sir, c'est une nouvelle très grave, et il m'est impossible d'en faire aujourd'hui le moindre commentaire.

Le rendez-vous suivant du roi, deux heures après, fut beaucoup plus chargé d'émotion, plus difficile aussi. En habit et cravate blanche, il se rendit à Marlborough

---

1. États membres de l'Empire britannique à l'instar de l'Australie, du Canada ou de la Nouvelle-Zélande.

House où sa mère et sa sœur Mary l'attendaient pour dîner. Après avoir discuté de choses sans grande importance, le roi leur rapporta mot pour mot la conversation qu'il venait d'avoir avec le Premier ministre. Au début, elles eurent l'air de compatir. Mais quand il précisa qu'il consentait à renoncer au trône, elles affichèrent une incrédulité mêlée d'effroi. La reine douairière Mary considérait la monarchie comme une chose sacrée, et le mot capital de toute sa vie avait été et restait encore « le devoir ». Par conséquent, lorsque Édouard demanda à sa mère de recevoir Wallis, la réponse ne pouvait être que : « Il n'en est pas question ! »

27 octobre, Ipswich

La presse internationale était réunie au grand complet devant le petit palais de justice de la ville. Une douzaine de journalistes avaient pris position sur les toits avoisinants pour guetter l'arrivée de Wallis. Elle ne tarda pas à apparaître accompagnée par Theodore Goddard et son associé, Walter Frampton.

La première affaire inscrite sur les rôles de la cour ce jour-là était : « Simpson, W. contre Simpson E. A. »

L'audience fut levée au bout de dix-neuf minutes.

Lorsque Wallis ressortit du tribunal et s'engouffra dans la Buick noire de Goddard, elle était divorcée. Libre d'épouser qui elle voulait.

Le roi apprit le jugement peu après le déjeuner. Il téléphona à Wallis dès qu'elle fut rentrée à Cumberland

Terrace, et le soir même ils se retrouvèrent chez elle où ils dînèrent en tête-à-tête. « Je l'ai vu pendant la quinzaine où elle était absente, déclara Winston Churchill. Il était malheureux, abattu, il ne savait quoi faire. Et puis, je l'ai revu vingt-quatre ou quarante-huit heures après son retour ; c'était un homme tout différent : gai, jovial, sûr de lui. Qu'on ne s'y trompe pas : il serait incapable de vivre sans elle. »

Sir,

Avec mon humble respect.

En ma qualité de secrétaire privé de Votre Majesté, j'estime de mon devoir de vous exposer les faits suivants qui sont venus à ma connaissance et dont je certifie l'exactitude :

1) Le silence de la presse anglaise à l'égard de l'amitié de Votre Majesté pour Mrs. Simpson ne va pas durer. La date de l'explosion n'est probablement qu'une question de jours. À en juger par les lettres émanant de sujets anglais qui vivent à l'étranger où la presse a son franc-parler, l'effet sera désastreux.

2) Le Premier ministre et les principaux membres du gouvernement se réunissent aujourd'hui même afin de délibérer de l'action à entreprendre pour remédier à la situation sérieuse qui s'établit. Ainsi que Votre Majesté ne l'ignore certainement pas, la démission du gouvernement – éventualité qui n'est nullement à exclure – mettrait Votre Majesté dans l'obligation de trouver quelqu'un d'autre pour constituer un gouvernement qui recueillerait le soutien de l'actuelle Chambre des communes. J'ai toutes raisons de croire, étant donné le sentiment qui prédomine parmi les membres des partis représentés à la Chambre des communes, que cette solution se situerait difficilement dans le champ des possibilités. Il n'existe qu'une solution de remplacement : une dissolution et des élections générales dont l'enjeu principal serait les affaires personnelles de Votre Majesté, et je ne puis m'empêcher de penser que même ceux qui sympathiseraient avec Votre Majesté en tant que personnes privées ressentiraient profondément les torts qui seraient inéluctablement causés à la Couronne, pierre angulaire de l'Empire.

Si Votre Majesté me permet de m'exprimer ainsi, une seule mesure peut contribuer à éviter cette situation périlleuse : c'est que Mrs. Simpson parte sans délai pour l'étranger, et je supplie Votre Majesté d'accorder à cette proposition toute sa considération avant que le mal devienne irréparable. En raison du revirement de la presse, l'affaire a pris un caractère extrêmement urgent.

J'ai l'honneur, etc., etc.

Alexander Hardinge.

P.-S. : J'ai l'intention de partir ce soir après dîner pour High Wycombe afin d'y chasser demain, mais la poste aura mon numéro de téléphone, et bien entendu je me tiens à l'entière disposition de Votre Majesté pour le cas où elle désirerait quelque chose[1].

Alexander Henry Louis Hardinge, baron Hardinge de Penshurst, n'est autre que le secrétaire privé d'Édouard, comme il fut celui de feu George V. En parcourant sa

---

1. *The Times* de Londres, 29 novembre 1955.

lettre, Édouard se sent trahi. Il est persuadé que les propos qu'il exprime lui ont été soufflés par le Premier ministre, Baldwin. La menace sous-jacente est claire : le gouvernement démissionnerait s'il ne renonçait pas à Wallis. « Ils m'avaient touché aux racines mêmes de ma fierté », expliqua le roi plus tard. « Seul un homme pusillanime serait resté insensible à un tel défi [1]. » La lettre ne le toucha pas seulement aux racines de sa fierté, mais dans tout son être. Il ne pouvait pas, il ne *voulait* pas.

Quelques jours plus tard, ce fut autour de Wallis d'accuser réception d'un courrier. Il était autrement plus cruel : « En tant que patriote, je me vois obligé de vous tuer. » Même depuis le Canada et l'Australie, la colère montait contre la néfaste Américaine.

Vers le 15 novembre 1936, lors d'un déjeuner au Claridge, Alfred Harmsworth, rédacteur de l'*Evening News*, et ami du couple, soumet à Wallis une suggestion : « Pourquoi pas un mariage morganatique ? – Expliquez, s'étonne l'Américaine pour qui ce terme est totalement étranger. – C'est une forme de mariage historiquement usitée en Europe entre le membre masculin d'une maison royale et une bourgeoise : la femme ne partage pas le rang du mari, et leurs enfants ne succèdent pas à ses titres. – Mais, précise Harmsworth, comme la Constitution anglaise ne reconnaît pas un mariage de ce genre, une législation spéciale sera nécessaire. »

Wallis promet d'en parler à Édouard.

---

1. *L'Abdication d'Édouard VIII*, Brian Inglis, Éditions Macmillan, 1968.

Ce qu'elle fait le soir même : « J'essaierai n'importe quoi dans le pétrin où je me trouve en ce moment, fut sa réponse. » Il autorisa Lord Monckton à collationner les précédents et les possibilités juridiques, et pria Harmsworth de soumettre l'idée à Baldwin. Harmsworth rapporta au roi que le Premier ministre consentait à l'étudier, mais sans enthousiasme. De surcroît, avait précisé le chef du gouvernement, dans le cas improbable où le cabinet approuverait un mariage morganatique, les onze dominions devaient donner leur accord.

Le vendredi 27 novembre, le Cabinet de Londres se réunit en session spéciale afin d'entendre Baldwin donner pour la première fois sa version de toute l'affaire. Il déclara à ses ministres qu'à son avis le mariage morganatique était aussi indésirable qu'impraticable, et que le gouvernement devait choisir : accepter pour reine la femme du roi, ou accepter son abdication.

C'est certainement au cours de ces journées que Wallis prit pleinement conscience de la gravité de la situation. Jusque-là elle croyait que le souverain avait tous les droits. Elle s'était trompée. Que faire devant la montée des mécontentements, relayés par une presse enfin libérée, devant le torrent d'injures et de menaces ? Sa décision est prise. Puisqu'il ne veut pas renoncer à elle, c'est à elle de renoncer à lui. Elle déclare à Édouard : « Je quitte l'Angleterre ! – Pas question ! »

Elle s'efforce alors de le convaincre de l'état désespéré de leur situation ; elle lui explique que, si elle ne partait pas, ce serait pour lui une tragédie et pour elle une catastrophe. Mais, têtu, le roi réplique qu'il va convoquer le Premier ministre et l'affronter : « Si le pays ne veut pas approuver notre mariage, je suis disposé à m'en aller. » Wallis fond en larmes. « David, c'est de la folie de penser à une chose pareille, et encore plus d'en parler ! » Mais, ainsi que Wallis l'expliqua bien plus tard : « Une fois qu'il avait décidé quelque chose, il était comme une mule. Sans doute parce qu'il était habitué à obtenir tout ce qu'il désirait. »

Wallis insiste : « Vous devez demeurer sur le trône à tout prix et quel que soit le sacrifice que cela coûterait. » Puis, elle conclut : « Je pars ! Il le faut ! J'aurais dû le faire depuis bien longtemps. »

Devant tant de détermination, le roi cède. Il a l'air presque soulagé qu'elle ait pris cette décision. Ainsi, elle sera à l'abri des coups qui ne manqueraient pas de s'abattre.

Le lendemain, protégée par trois policiers, les voitures des journalistes collant à la sienne, Wallis s'enfuit en France, et va se réfugier chez ses amis Herman et Katherine Rogers, près de Cannes. Elle ferait la route en voiture sous un nom d'emprunt, accompagnée par son chauffeur personnel, George Ladbrooke, et un détective de Scotland Yard.

Le 4 décembre, Stanley Baldwin prit la parole à la Chambre des communes. Il rappela aux députés que la loi anglaise ne reconnaissait pas le mariage morganatique et que le gouvernement de Sa Majesté n'était aucunement disposé à présenter une législation de ce genre pour modifier la tradition. Il conclut son discours en indiquant que les dominions approuvaient le gouvernement. La Chambre applaudit à tout rompre.

Édouard avait placé lui-même sa tête sur le billot : le couperet n'était plus qu'à un cheveu.

8 décembre 1936

La loi sur la liste civile établissait l'allocation financière destinée à la famille royale – allocation d'où proviendraient les revenus réguliers sur lesquels le roi pourrait compter après son abdication. Monckton avait travaillé ce soir-là à Downing Street avec le secrétaire à l'Intérieur, Sir John Simon, et Hardinge. Appartenant toujours à l'état-major du roi, Hardinge s'était rendu la veille chez l'archevêque de Canterbury pour le mettre au courant et lui donner l'assurance que le roi allait abdiquer. Monckton apporta au Fort un double du message d'abdication.

Sir Édward Peacock, qui l'avait précédé, apprit au roi que le Cabinet exigeait qu'il ne rentrât point en Angleterre avant deux ans au moins. Peacock proposa ensuite que, puisqu'ils ne pouvaient plus rien faire cette nuit-là, ils allassent tous se coucher. Le roi accompagna Peacock jusqu'à sa chambre tout en continuant de bavarder. « Je l'ai supplié de se mettre au lit, dit Peacock. Quand il s'est éloigné, je l'ai entendu appeler le pauvre Walter Monckton qui était complètement éreinté : "Je voudrais vous dire un mot." »

Les trois frères du roi arrivèrent le lendemain matin au Fort pour servir de témoins à la signature de l'acte d'abdication. Il signa sept copies de l'acte et huit exemplaires du message du roi aux Parlements de l'Empire. Puis, pendant que ses frères signaient à leur tour, Édouard sortit dans le jardin.

Le 11 décembre 1936, Édouard, redevenu prince, vient de prendre place devant le micro installé par la BBC.

À Cannes, Wallis, les nerfs à vif, saisit la main de son amie Katherine.

Un technicien fait signe au prince qu'il peut commencer.

La voix est légèrement vacillante, chargée d'émotion :

« Enfin, il m'est possible de dire quelques mots personnels. Je n'ai jamais rien voulu cacher mais, jusqu'à maintenant, il ne m'a pas été constitutionnellement possible de parler. Il y a quelques heures, j'ai accompli mon dernier devoir de roi et empereur et, à présent que me succède mon frère, le duc d'York, mes premiers mots doivent proclamer mon allégeance envers lui. Je le fais de tout cœur. Vous connaissez tous les raisons qui m'ont poussé à renoncer au trône, mais je voudrais que vous compreniez qu'en prenant ma décision je n'ai pas oublié la patrie et l'Empire que je me suis efforcé de servir depuis vingt-cinq ans comme prince de Galles et, tout récemment, comme roi.

Mais vous devez me croire si je vous dis que j'ai constaté l'impossibilité de porter le lourd fardeau des responsabilités et de m'acquitter de mes devoirs de roi comme je le désirais sans le concours et le soutien de la femme que j'aime, et je voudrais que vous sachiez bien que ma décision a été prise par moi et moi seul. Il s'agissait d'une chose dont j'étais le propre juge. L'autre personne, la plus étroitement concernée, s'est efforcée, jusqu'à la dernière minute, de me convaincre d'adopter une ligne de conduite différente. J'ai arrêté cette décision, la plus grave de ma vie, en songeant uniquement à ce qui serait finalement préférable pour tous.

Elle m'a été rendue moins difficile par l'absolue certitude que mon frère, avec sa longue habitude des affaires publiques du pays et ses immenses qualités, sera en mesure de me remplacer sur-le-champ sans que soient interrompus ou compromis l'existence et les progrès de l'Empire, et il a le bonheur inégalable, que partagent beaucoup d'entre vous mais qui ne m'a pas été accordé, d'avoir un foyer heureux avec sa femme et ses enfants.

Pendant ces journées pénibles, j'ai été réconforté par ma mère et par ma famille.

Les ministres de la Couronne, et en particulier M. Baldwin, le Premier ministre, m'ont toujours témoigné une entière considération. Il n'y a jamais eu le moindre différend constitutionnel entre moi et eux, ni entre moi et le Parlement. Élevé par mon père dans la tradition constitutionnelle, je n'aurais jamais permis que de tels problèmes surgissent.

Depuis que j'ai été prince de Galles et, dans la suite, quand j'ai occupé le trône, j'ai toujours été traité avec la plus grande bienveillance par toutes les classes de la société, où que j'aie vécu ou voyagé dans tout l'Empire. Je leur en suis très reconnaissant.

Maintenant, je quitte complètement les affaires publiques, et je dépose ma charge. Un certain temps s'écoulera peut-être avant que je revienne dans mon pays natal, mais je suivrai toujours avec un intérêt profond la fortune de la nation anglaise et de l'Empire ; et si, à un moment quelconque dans l'avenir, je puis me rendre utile au service de Sa Majesté à un poste privé, je n'y faillirai pas.

Et à présent nous avons tous un nouveau roi.

De tout cœur je lui souhaite, et à vous son peuple, bonheur et prospérité. Dieu vous bénisse tous.

Vive le roi ! »

Le lendemain, le prince Albert d'York monta sur le trône sous le nom de George VI et sa fille aînée, la princesse Élisabeth, devint automatiquement la première dans l'ordre de succession. Lors de la réunion d'accession du conseil privé, le nouveau roi déclara que son frère Édouard porterait dorénavant le titre de duc de Windsor. Ce sera le premier acte de son règne.

Crois-tu qu'on s'aime

Édith Piaf et Marcel Cerdan

ans la nuit du 27 au 28 octobre 1949, la sirène résonne sur l'île de Santa Maria située dans l'archipel des Açores.

Une course folle contre la montre commence. Huit avions décollent. Deux patrouilleurs de la marine portugaise prennent le large. Puis le silence retombe, un silence pesant.

Finalement, Air France publie un premier communiqué : le vol Paris-New York FBA-ZL ne répond plus. C'est l'incrédulité. À Orly, on débat, on discute. Les pilotes confrontent leurs hypothèses.

— Dépêche-toi, Loulou. Nous allons être en retard.
— Une minute !

Il est 9 heures du matin. Il fait un temps gris et froid sur New York. Louis Barrier, l'imprésario d'Édith Piaf, s'engouffre dans le drugstore tandis que Marc Bonel, l'accordéoniste, hèle un taxi.

Loulou règle son achat. Des rouleaux de film. Il en a besoin pour filmer l'arrivée de Marcel Cerdan.

Autour de lui, des voix, des mots : « Paris… Air France… Cerdan… New York. » Il interroge le vendeur :

— Que se passe-t-il ?

L'homme ouvre de grands yeux.

— Vous ne connaissez donc pas la nouvelle ?

Loulou secoue la tête.

— L'avion Paris-New York ! Il a disparu. On ne parle que de cela sur toutes les radios. Il y avait quarante-huit passagers à bord !

— Et parmi eux le boxeur français, surenchérit un client. Marcel. Marcel Cerdan.

— Le 2 décembre, il devait prendre sa revanche sur Jake La Motta, au Madison Square Garden !

Assommé, Louis rejoint Marc qui s'est déjà installé dans un taxi et lui rapporte l'information.

— C'est impossible !

— Et pourtant…

— Disparu, bredouille Marc, cela ne signifie pas qu'il est définitivement perdu. Allons quand même à La Guardia. Nous verrons sur place.

À Orly, le personnel au sol relit, incrédule, le télégramme envoyé de São Miguel : « L'épave en feu du Constellation a été retrouvée entre la montagne Rodonta et le Pico de Vara sur l'île de São Miguel. »

Alors que le taxi remonte Queensboro Bridge, Loulou et Marc, la gorge nouée, fixent la route. Ils sont comme pétrifiés. Dans leur tête, il y a la voix d'Édith qui résonne : « Soyez à l'heure ! Je compte sur vous les gars ! J'ai prévenu Marcel que vous serez à l'aéroport ! »

Non loin de Central Park, dans son appartement du 136, East Lexington Avenue, à l'angle de la 67e Rue, Édith dort encore. Elle a toujours eu du mal à se réveiller de bonne heure. Il faut dire aussi que le tour de chant qu'elle présente tous les soirs depuis quatre mois au Versailles – un cabaret très huppé de Manhattan – l'a épuisée. Ne pouvant se rendre à l'aéroport, elle avait donné à ses amis des consignes très fermes : « Ne me réveillez qu'à l'arrivée de Marcel. »

Là-bas, à Orly, le responsable des opérations examine la carte des Açores. Il pointe son doigt sur São Miguel, très précisément sur le pic Rodonta qui culmine à 3 500 pieds de hauteur. L'avion a dû le percuter à une vitesse d'au moins 260 miles à l'heure. Soit quatre miles par minute. À une telle vitesse, étant donné le poids de l'appareil – quarante-six tonnes –, les passagers ont probablement dû mourir sur le coup.

10 heures

Dans son appartement de Lexington Avenue, Édith dort toujours. Son amie Geneviève Lévitan, l'épouse de Félix, le rédacteur en chef du *Parisien libéré*, jette un coup d'œil à sa montre. Voilà trente minutes que l'avion a dû atterrir. Pour s'en assurer, elle décroche le téléphone et appelle le comptoir d'Air France à La Guardia. Elle est accueillie par une voix tremblante, affolée. L'employé est dans une telle fébrilité qu'il balance sans ménagement la terrible nouvelle : « L'avion s'est écrasé. »

Et il raccroche.

Pendant de longues minutes, Geneviève fixe hébétée le combiné, puis elle se précipite dans sa chambre à coucher et allume la télévision juste à temps pour entendre la fin d'un commentaire : « Il est peu probable qu'il y ait des survivants. »

Loulou Barrier et Marc Bonel ont passé près de quatre heures à La Guardia en priant pour un miracle. Mais il n'y eut pas de miracle. Selon les dernières informations, le pilote a dû confondre deux îles de l'archipel des Açores et le Constellation qui devait atterrir sur l'île principale de Santa Maria s'est écrasé sur le pic de Rodonta. Quarante-huit morts, dont onze membres d'équipage.

Marcel Cerdan, le grand amour de la Môme, ne viendra plus la serrer dans ses bras.

Un mois plus tôt, le samedi 11 juin elle lui écrivait :

> *Tu vas voir, mon amour, comme c'est magnifique ce qui nous arrive. Tu sais que la petite sœur Thérèse est avec nous, elle nous l'a prouvé. [...] Mon chéri, je suis heureuse de penser que tu es protégé, et que mes prières sont toujours exaucées !*

Plus que quatre jours et je pourrai respirer librement.

[…] Dis-toi, mon bel adoré, que je suis là dans ton cœur, que je ne pense qu'à toi, que ma vie t'appartient et que je t'aime à n'y pas croire. Dire que dimanche en huit, à cette heure-ci, tu seras là. Mon Dieu, rien que d'y penser mon cœur bat fort, tu sais, je tremble, tu le devines, hein ? Quel grand amour, mon gosse chéri. Viens vite que je t'habille, que je te caresse, que je puisse t'aimer comme j'en ai envie. Je t'écrirai encore demain et lundi puis ce sera fini. Après mes lettres ne seront plus nécessaires, tu arriveras avant elles[1].

Vers 13 heures, Robert Chauvigny, le pianiste d'Édith, débarque au 136, East Lexington Avenue. Il a le regard embué de larmes. Il se laisse choir sans un mot auprès de Geneviève. Lui aussi a entendu les nouvelles.

Une trentaine de minutes plus tard, c'est au tour de Loulou et de Marc d'arriver. Presque aussitôt, ils sont rejoints par l'organisateur des combats de boxeurs français aux États-Unis, Lew Burston. Tous s'installent dans le salon, emmurés dans leur douleur muette. Édith ne va pas tarder à apparaître. Lequel d'entre eux aura le courage de lui annoncer la nouvelle ?

— Geneviève, murmure timidement Loulou. Tu veux bien…

Mais l'expression de Geneviève lui fait comprendre que « non ». Pas elle. Il n'en est pas question.

— Mais alors…, reprend Loulou, qui va…

---

1. Édith Piaf, Marcel Cerdan, *Lettres d'amour*, Éditions du Cherche-Midi.

Une voix claque au bout du couloir.

— Pourquoi ne m'a-t-on pas réveillée ?

C'est Édith.

Elle est en peignoir. Elle entre dans la pièce, encore à moitié endormie, les cheveux en désordre.

Comme personne ne répond, elle enchaîne :

— Où est Marcel ?

Silence.

Elle regarde autour d'elle. Peut-être pense-t-elle qu'on lui joue un tour ?

— Marcel, arrête, s'il te plaît ! Pourquoi te caches-tu ! Allez ! Sors !

Geneviève baisse la tête. Chauvigny et Bonel en font autant. Loulou a enfoui son visage entre ses mains.

— Mais que se passe-t-il bon sang ? Où est Marcel ? Il a raté son avion ? C'est ça ? Il est encore à Paris ? Mais répondez !

Alors Loulou se lève, marche vers elle et pose ses mains sur les épaules d'Édith.

— Soyez courageuse. Quelque chose de grave est arrivé. L'avion s'est écrasé. Il n'y a aucun survivant… Marcel…

Édith fait un pas en arrière, avec une expression d'effroi sur le visage.

— Quoi ? Quoi ? Qu'est-ce que tu me racontes, Loulou… Qu'est-ce que…

Sa phrase s'interrompt dans un hurlement. Un cri d'animal blessé. Elle se laisse tomber dans un fauteuil, le regard vide. Et ne dit plus un mot.

Elle ne dira plus un mot de la journée.

Mais dans sa tête, une phrase tournera encore et encore :

— Marcel est mort…

En cette soirée du 7 juillet 1946, on refuse du monde au Club des Cinq, rue du Faubourg-Montmartre. La boîte de nuit a été créée à la Libération par cinq anciens de la 2ᵉ DB. Yves Montand y avait fait ses débuts parisiens. Mais ce soir, c'est Édith qui chante.

Elle chante comme elle l'a toujours fait : le cœur éclaté.

Elle salue en s'inclinant sous le projecteur et on a l'impression que la lumière, c'est elle.

Le chef d'orchestre, Michel Emer, lui fait un petit signe affectueux au moment où elle sort de scène.

A-t-elle aperçu parmi les spectateurs ce visage au nez camard, aux sourcils broussailleux ? A-t-elle éprouvé une émotion particulière lorsqu'ils furent présentés l'un à l'autre ? Aucune. Juste un échange courtois. Banal.

L'homme au nez camard s'appelle Marcel Cerdan. Il fête sa dernière victoire. Il vient de l'emporter à Roland-Garros sur Holman Williams, un boxeur américain que Mike Jacobs, le tout-puissant patron du Madison Square Garden, lui a envoyé pour le tester : « Si Cerdan bat Williams, avait déclaré Jacobs, alors je lui donnerai sa chance contre le vainqueur du match Tony Zale vs Graziano. » Cerdan avait disposé de Williams en dix reprises et gagné du même coup son passeport pour les États-Unis.

113 victoires dont 61 par KO. Un monstre de puissance et de précision. Deux boules de cuir, plus rapides et plus intelligentes que les autres. Boxer Cerdan, c'était prendre le risque de finir entre quatre cordes. On raconte que certains de ses adversaires sont morts des suites des blessures que le « Bombardier marocain » – c'est ainsi qu'on le surnomme (alors qu'il est né en Algérie) – leur aurait infligées.

Cerdan voit le jour en 1916, à Sidi Bel-Abbès, dans une famille de cinq enfants. En 1921 son père, charcutier, prend la décision d'aller s'installer à Casablanca, la ville blanche. La famille réside dans la ville arabe. Très vite, le père, passionné de boxe, impose à Marcel la pratique de ce sport alors que l'adolescent rêve d'être… footballeur. Il dispute son premier combat professionnel à l'âge de dix-huit ans. Victoire par KO. Bientôt, il n'a plus d'adversaires à sa taille au Maroc. En janvier 1938, Marcel, accompagné par Lucien Roupp, le manager que son père lui a choisi, débarque à Paris. Trois combats. Trois KO.

En 1939, le voilà champion d'Europe des poids welters.

Au lendemain de la guerre, un certain Jo Longman approche Cerdan et Roupp. Longman est l'un des fondateurs du Club des Cinq. Mais il gère aussi les droits sportifs. Il aimerait bien acquérir l'exclusivité des futurs combats du champion. Roupp et Marcel acceptent. À partir de cet instant, l'« Homme aux lunettes noires » leur ouvre les portes d'un monde qu'ils ne soupçonnent pas.

Le Club des Cinq

C'est ainsi que, le 7 juillet 1946, la Môme s'est retrouvée pour la première fois devant Cerdan. Une rencontre mondaine, furtive.

Le 15 août, elle le croise à nouveau à Cannes, lors de la « Nuit des Vedettes », organisée par Johnny Stark, le futur imprésario de Mireille Mathieu. Elle le croise, mais ne le voit pas.

Un an s'écoule.

Édith décide de partir à la conquête de l'Amérique. Elle débarque à New York en octobre 1947.

Le 16 octobre, elle et ses amis descendent à l'hôtel Ambassador sur Park Avenue. Les Compagnons de la Chanson l'accompagnent. Cela fait quelque temps que la Môme a succombé au charme des Compagnons, ou plus particulièrement de l'un d'entre eux. Un jeune Alsacien aux yeux bleus et plein d'humour : Jean-Louis Jaubert. Voilà près d'un an qu'il est son amant. Il y a aussi Irène de Trébert. Chanteuse, danseuse, mais aussi actrice. Elle est l'un des symboles du *swing* français et de la mouvance dite « zazou[1] ».

---

1. Courant de mode de la France des années 1940. Il s'agissait de jeunes gens reconnaissables à leurs vêtements anglais ou américains, et affichant leur amour du jazz.

Morte de trac à l'idée de son prochain passage au Play House Theater, sur Broadway, Édith reste la plupart du temps confinée dans sa suite. Le 24 octobre, elle écrit à Jacques Bourgeat, son guide, son ami, son confident :

> « *Quel pays merveilleux et que les gens sont doux et gentils, il faut absolument que tu connaisses ce patelin. Les gens saisissent la vie par tous les bouts, c'est extraordinaire. Si ça marche pour moi, je compte rester un bon bout de temps, mais comme ma vie c'est toi, tu viendras passer un mois. Les copains me manquent terriblement. Je débute le 30, dans six jours, et j'ai un trac… Je chante trois chansons en anglais et cinq en français et je voudrais bien toucher leur cœur.* »

Le 19 octobre (cinq jours avant cette lettre), Édith et Irène s'offrent une escapade dans un restaurant français de la banlieue nord-ouest de New York, Chez Jean. Elles sont accompagnées de Jacques Pills[1] (qu'Édith épousera cinq ans plus tard) et de la femme de celui-ci, Lucienne Boyer, célébrissime interprète d'un succès d'avant-guerre : *Parlez-moi d'amour.*

Ce jour-là, coïncidence ou clin d'œil du destin, un autre Français est présent lui aussi : Marcel Cerdan. Il est à New York où il s'entraîne en vue du prochain combat qu'il doit livrer dans douze jours contre l'Estonien Anton Raadik. C'est l'ultime marche qui mène au championnat du monde.

---

1. Chanteur, il avait mis au point avec son acolyte Georges Tabet un numéro de duettiste Pills et Tabet, avec lequel ils écumèrent avec succès toute l'Europe.

Les Français font table commune. On rit beaucoup, on discute. Mais cette fois, la rencontre ne ressemble en rien aux précédentes. Édith est visiblement fascinée par le « Bombardier ». C'est véritablement au cours de ce déjeuner que le choc amoureux s'est produit entre les deux êtres et que leur cœur s'est mis à battre à l'unisson. Elle aime chez lui ce mélange de force et de douceur, elle aime sa modestie, elle aime l'idée qu'ils soient issus tous deux d'un milieu humble.

Légende ?

Le lendemain soir le boxeur aurait emmené Édith, revêtue de sa plus belle robe, dans un snack quelconque pour y avaler un pastrami et un ice-cream arrosés d'une bière. Édith ayant ironisé quant à la « modestie » du repas, Marcel, piqué au vif, l'aurait invitée dans la foulée à la table d'un des meilleurs restaurants de Manhattan.

Réalité.

En rentrant d'une soirée passée avec Jacques Pills dans un music-hall de Broadway, Irène de Trébert, qui partageait la même suite qu'Édith, trouve les deux amants au lit.

Tout serait parfait si celui en qui Édith voit une nouvelle fois l'« homme de sa vie » n'était marié – avec Marinette – et père de trois enfants : Marcel, quatre ans, René, deux ans, et Paul, qui est né le 1er octobre 1947. Mais, le fait que l'homme qu'elle aime soit pris n'a jamais été pour Édith un véritable obstacle à la passion. Depuis sa liaison avec l'auteur de *Padam, Padam*, Henri Contet, elle a appris à s'adapter à cette réalité à la fois douloureuse et confortable. Elle qui n'apprécie guère la compagnie des femmes en qui elle voit (surtout si elles sont belles) d'insupportables rivales se sent inconsciemment gratifiée d'avoir pu ravir son mari à une épouse officielle. Sans doute pense-t-elle aussi que son statut de maîtresse lui donne une supériorité : celle d'être plus aimée que l'autre.

Chicago Stadium, 31 octobre 1947

Les journalistes sont frappés par la mauvaise mine affichée par Cerdan. Cela n'augure rien de bon. Il donne l'impression d'avoir perdu sa belle confiance habituelle.

À cette apparence, deux explications : quelques heures auparavant, on lui a appris la mort d'un de ses beaux-frères, Louis Lopez, qui n'avait que vingt-deux ans et pour qui il avait une profonde affection. Et puis, contre l'avis de Lucien Roupp, son manager, il a déjeuné dans un restaurant français, L'Aiglon, en compagnie de trois journalistes et ingurgité un énorme T-bone steak nappé de sauce et bu un porto-flip.

Il est sur le ring. Face à lui, un roc. Le redoutable Anton Raadik. Non seulement l'Estonien tient, face au « Bombardier marocain », mais il rend coup pour coup. Le round final est d'une violence inouïe. Cerdan va trois fois au tapis, mais l'emporte aux points. *In extremis.*

Au même moment, au Play House Theater, à New York, Édith aussi s'apprête à passer un mauvais moment.

La salle est comble. Parmi les spectateurs, il y a Marlene Dietrich (avec qui elle a noué des rapports plus qu'ambigus) et une centaine de journalistes. Piaf joue très gros. La première soirée, sur invitations, s'est plutôt bien passée. Alors, pourquoi pas ce soir ?

Les Compagnons de la Chanson ouvrent le spectacle et font un tabac. Même s'ils n'ont rien compris aux textes, les Américains ont adoré la jeunesse du groupe, leur énergie.

C'est au tour d'Édith de monter sur scène.

On siffle. Son cœur bondit de joie. On lui a expliqué qu'au pays de l'Oncle Sam les sifflets n'ont pas la même signification qu'à Paris. Hélas, non. Ces sifflets sont des huées. On attendait une Parisienne, le glamour français, on découvre une petite femme fluette au physique terne. Au pays de la *country* et des crooners, la chanson réaliste ne passe pas la rampe. Seul le professionnalisme de la chanteuse lui permettra d'aller jusqu'au bout de son tour de chant.

L'article de Brook Atkinson publié dans le *New York Times* du 31 octobre est lapidaire : « Elle semble incroyablement petite. Elle est habillée simplement, presque sans apprêt. Elle a un large visage, de grands yeux et ses cheveux auburn bouclés lui tombent sur les épaules. Elle semble triste, fourbue. Sa voix est forte, avec une puissance métallique qui pourrait remplir une rue. Elle chante faux avec constance… »

Vaille que vaille, tel un vaillant petit soldat, Piaf va tenir six semaines. Jusqu'au terme de son contrat. Seul un critique new-yorkais se sera amouraché de la «Française sans apprêt». Il écrira : «Vous ne la méritez pas!»

Un imprésario, Clifford Fischer, fort de ce commentaire, réussit à décrocher un nouveau contrat pour la chanteuse, cette fois au Versailles, grand cabaret de Broadway tenu par deux juifs new-yorkais férus de chansons françaises. Trois musiciens américains à la mode sont immédiatement appelés à la rescousse, afin de traduire les plus grands succès d'Édith en anglais. Et comme la chanteuse est petite et menue, on décide de surélever la scène du Versailles, de façon à ce qu'elle domine son public. Son premier tour de chant est annoncé pour le 14 janvier 1948.

En rentrant à New York pour retrouver Édith, Cerdan lui, conscient d'avoir arraché une victoire quasi miraculeusement, est prêt à raccrocher les gants. La chanteuse va faire tout ce qu'elle peut pour lui remonter le moral, alors qu'elle-même est presque au tapis.

Le 7 novembre 1947, avant que son amoureux ne reprenne l'avion pour Paris, elle lui confie une «lettre de recommandation» pour Jacques Bourgeat :

> *« Je t'envoie Marcel Cerdan. Je voudrais que tu l'aimes autant que je l'aime. C'est un garçon droit et qui m'aime tellement sincèrement, sans calcul, comme ça, avec son cœur tout propre et il a besoin de toi, de moi. Je voudrais que tu lui montres la route de l'évolution [sic] car il en a très envie. D'ailleurs quand tu auras parlé avec lui, il te*

touchera comme il m'a touchée. Avant ses matchs, il fait
le signe de croix. Il est épatant. »

Et, par contraste, elle rejette brutalement son amant
« sortant », l'élégant et raffiné Jaubert :

« *Jean-Louis m'a tant déçue, je t'ai caché tant de choses*
pour ne pas te faire de la peine mais je n'en peux plus, mon
Jacquot. Pense que, même sous la menace de séparation, il
refuse de m'épouser. J'en ai marre, je vaux mieux que lui.
Je ne l'ai jamais trompé, mais maintenant c'est fait. Je l'ai
averti loyalement de ce qui allait arriver. Tant pis pour lui.
Si tu savais combien Marcel m'aime, combien il est sensible
et près de nous. Tu comprends, c'est un gars du peuple, un
gars qui s'est fait tout seul et qui reconnaît qu'il lui
manque des tas de choses. Invite-le à manger très souvent,
parle-lui et essaie de lui apporter ce qu'il cherche. » Et elle
ajoute : « *Je suis heureuse Jacquot, heureuse qu'un homme*
me respecte, un homme qui n'a pas besoin de moi, mais
moi besoin de lui. Un monsieur qui me protège de toute sa
force. Aime-le Jacquot. C'est formidable. Marcel va deve-
nir le champion du monde. Il l'est déjà d'Europe et c'est un
ami à avoir dans les mauvaises occasions. Ne le contrarie
surtout pas. Je t'avertis, c'est un boxeur, alors ne va pas lui
parler de tennis, tu le vexerais… J'ai besoin de tes lettres
comme de ma respiration. Ton Piafou qui t'aime. »

Son amour pour Cerdan ne l'empêche tout de même
pas de séduire une star hollywoodienne : John Garfield.
Il a trente-cinq ans, autant de films à son actif et sa
prestation aux côtés de Lana Turner dans *Le facteur sonne*
toujours deux fois a marqué les mémoires. Il est venu

l'applaudir un soir en compagnie de Gene Kelly. Mais, malgré l'enthousiasme d'Édith, l'idylle ne fera pas long feu. Garfield aussi est marié, et père de deux enfants.

Début mars 1948, alors que Piaf a (enfin) renoué avec le succès au Versailles, Cerdan est de retour à New York. Après avoir séjourné un trimestre à Casablanca avec ses trois jeunes fils et son épouse Marinette, le revoilà, accompagné par son manager Lucien Roupp et Jo Longman. Le 12 mars, l'attend un nouveau défi : il doit affronter le Texan Lavern Roach au Madison Square Garden. Ce combat, Édith ne veut pas le manquer. Son contrat avec le Versailles s'achève le 10. Et tandis que le groupe des Compagnons embarque sur le *Queen Elizabeth,* elle reste à New York, avec Jean-Louis Jaubert à qui elle fait jouer, à son insu, le rôle de chaperon.

Au Madison Square Garden, Édith et Jaubert sont au premier rang, à côté de Jacqueline Longman et d'un boxeur qui, deux ans auparavant, au parc des Princes avait fait énormément souffrir Cerdan : Robert Charron, dit « Bob la châtaigne ».

Premier round.

Lavern Roach n'est pas une terreur mais, curieusement, l'arbitre l'avantage et malgré plusieurs knockdown laisse le combat se poursuivre. Édith est déchaînée. « Tue-le ! s'égosille-t-elle. Tue-le ! » Cerdan, qui a connu un passage à vide depuis le quatrième round, redouble ses coups. Un crochet du gauche, un direct du droit et

Roach est une nouvelle fois au tapis. Le match est arrêté et Cerdan déclaré vainqueur sur abandon de Roach.

Peu de temps après, le 17 mars, les deux amants embarquent dans le même avion. Destination Paris. Bien évidemment, leur arrivée à Orly ne passe pas inaperçue. Au pied de la passerelle, la chanteuse, avec son manteau de castor (un cadeau de Jaubert), et le boxeur, le visage un peu tuméfié, sourient devant les photographes.

Le lendemain, ils s'installent dans la suite 108 de l'hôtel Claridge, 74, avenue des Champs-Élysées.

Le 25 mars, elle n'est pas présente au Vél' d'hiv' lors du combat qui oppose son amoureux à un challenger polonais, Lucien Krawczyk. Cerdan a gagné aux points, sans gloire.

Plus important, et autrement plus tragique sera l'affrontement du 23 mai 1948, au stade du Heysel, à Bruxelles. Devant près de vingt mille spectateurs, Cerdan défend son titre de champion d'Europe face à Cyrille Delannoit. Il doit impérativement gagner s'il veut espérer disputer le titre mondial. En temps normal, il n'aurait fait qu'une bouchée du Belge. Mais malheureusement, sa célébrité l'a entraîné dans le tourbillon d'une vie de plus en plus mondaine et les rigueurs de l'entraînement sont bien loin.

La facture l'attend.

Cerdan est battu aux points. Il a perdu son titre de champion d'Europe des poids moyens. Il s'écroule de désespoir. Édith, elle, a suivi le combat sur une radio portative dans sa loge de l'ABC, à Paris, où elle se produit tous les soirs. On imagine sa tristesse et sa colère. Un double sentiment qui est décuplé lorsque le lendemain elle découvre à la une de *France-Dimanche* : « Piaf porte malheur à Cerdan ! »

Quelques jours plus tard, le boxeur reçoit un télégramme lapidaire de sa jeune épouse Marinette : « C'est fini entre nous ! » Marcel se précipite à Casablanca pour tenter de recoller comme il peut les morceaux de son couple. Il semble y être parvenu, puisqu'il revient à Paris quelque temps plus tard, et le 10 juillet, Édith et lui se retrouvent à Bruxelles plus amoureux que jamais.

Le 10 juillet est aussi la date du match revanche contre Cyrille Delannoit. Piaf, qui n'a pas trouvé de contrat-prétexte dans la capitale belge, a fait tout exprès le déplacement mais, durant le combat, organisé au palais des Sports, elle reste prudemment dans sa chambre d'hôtel, loin des photographes.

Il ne faudra pas moins de quinze rounds âprement disputés pour vaincre Delannoit aux points. Cette victoire à l'arraché a toutefois le mérite de remettre Cerdan en course pour le titre mondial. Le soir même, Lew Burston, organisateur de matchs new-yorkais qui a fait le déplacement, signe un arrangement avec le manager du « Bombardier marocain ». Son prochain adversaire sera Anthony Zaleski, dit Tony Zale, *the man of steel,* l'homme d'acier.

Cette fois, c'est le titre mondial qui est dans la balance.

La date du combat est fixée au 21 septembre 1948 à Jersey City.

Le 12 août, Maurice Rouff, entraîneur et *sparring-partner* de Cerdan, décide de mettre son poulain au vert, de l'éloigner du tumulte, des mondanités et surtout… du lit d'Édith. Ce sera le village d'Anet, en Eure-et-Loir, entre Dreux et Dourdan. L'entraînement peut commencer.

Mais voilà que, deux jours plus tard, au grand dam de Lucien Roupp, le manager du boxeur, Édith débarque. Roupp contient mal son agacement, mais il n'a pas le choix.

Le 19 août, elle emmène son champion à Lisieux et lui fait partager sa passion pour la petite Thérèse. Dans la cathédrale, elle s'agenouille et prie : « Je ne vous demande rien pour moi. Au contraire, laissez-moi les souffrances et le malheur. Je les mérite. Mais pour lui, pour lui, dont vous connaissez tous les sacrifices et les efforts, pour lui qui attend tout de ce combat, je vous en supplie, donnez-lui la victoire ! »

Le 21 août retour à Paris. Le lendemain, Cerdan doit s'envoler pour New York. Quant à Piaf, il est prévu qu'elle chante au Versailles, mais pas avant le 22 septembre. Qu'à cela ne tienne. Elle décide d'anticiper son départ et de prendre le même avion que le boxeur. Cette fois, c'en est trop ! Roupp décide de s'interposer et intrigue auprès d'un ami d'Air France pour que la chanteuse ne trouve pas de place sur le vol. Cette ruse évitera d'ailleurs à Édith une belle frayeur. Le Constellation dans lequel Cerdan a pris place, le 22 août à 23 heures, connaît une avarie sur l'un de ses moteurs et doit rebrousser chemin vers Paris à mi-parcours. Fallait-il y voir un avertissement du destin ?

Il repart le surlendemain, toujours seul, mais dès le 26 au soir Piaf, flanquée de sa vieille complice Simone Berteau dite Momone, s'envole à son tour pour New York. Mais Marcel n'est plus là. Il a été emmené par Lucien Roupp à Loch Sheldrake, un patelin situé au bord d'un lac à quelque cent cinquante kilomètres de New York. Là, espère le manager, personne ne viendra perturber l'entraînement du boxeur. C'est mal connaître Édith. Dieu sait comment elle et Momone se débrouillèrent, mais on les vit arriver le 29 au soir à l'hôtel Evans où Marcel et son équipe avaient établi leur résidence.

Roupp ravale sa colère.

Pendant que Cerdan s'entraîne, Édith occupe ses journées à tricoter et à bavarder avec Momone. Le soir, on joue au gin-rummy ou à la belote.

Vers le 2 septembre, Piaf rentre à New York pour commencer les répétitions en vue de son spectacle prévu au Versailles le 22. Mais le 17, elle ne peut résister à une nouvelle escapade à Loch Sheldrake, et elle y reste jusqu'à la date fatidique du 20.

Le 21, Cerdan et son équipe gagnent le Roosevelt Stadium de Jersey City.

Piaf est assise au deuxième rang, entourée de quelque vingt mille spectateurs. La tension est à son comble. Le cœur de la Môme bondit dans sa poitrine d'autant que « son Marcel » est loin d'être favori. La veille, Zale a affirmé qu'il gagnerait le combat par KO au septième round. Au quatrième, il fait vaciller Cerdan d'une droite, mais, à partir de la sixième reprise, le travail de sape méthodiquement conduit par le Français fait son effet. À la fin de la onzième reprise, Cerdan cueille Zale d'un crochet du droit, puis du gauche. Le gong retentit, Zale tombe à genoux. Au terme de la minute de repos, l'Américain secoue tristement la tête et ne reprend pas le combat. C'est fini. Cerdan est champion du monde des poids moyens.

Édith exulte, délire, pleure de joie et la France aussi.

Après le match, Édith, Marcel et leurs amis se rendent au Directoire, un restaurant français sur la 58ᵉ Rue. Et le champagne coule à flots.

Alors que Lucien Roupp voudrait le voir rentrer en France pour y recueillir les lauriers de la gloire, Marcel joue les prolongations à New York pour assister, en smoking, à la première de Piaf au Versailles. Entre le boxeur et son manager, qui s'occupe de lui depuis juillet 1937, rien ne va plus. Cerdan, qui prend les coups sur le ring, ne veut plus être traité comme un collégien dès qu'il quitte les gants. La rupture ne va pas tarder.

Huit jours après son combat victorieux, le champion rentre à Paris et Paris lui fait un accueil triomphal. C'est du délire. Des Gobelins au Luxembourg, du boulevard Saint-Michel à la Concorde, de la Madeleine à l'Opéra, de la République à la Bastille, la liesse est telle que le cortège officiel avance difficilement. À l'Hôtel de Ville enfin, Cerdan vogue littéralement sur un océan humain. Le « Bombardier marocain » a cédé la place au roi Cerdan.

Quelques jours plus tard, il s'éclipse pour Casablanca fêter sa victoire auprès de sa famille.

Dans une lettre du 1ᵉʳ octobre, Piaf confie alors à Jacques Bourgeat :

> *« Je sais que Paris lui a fait un accueil extraordinaire et je ne sais si tu peux comprendre, mais ça me fait souffrir. J'ai mal de penser que tant de gens peuvent l'approcher, mal de penser qu'il peut être heureux sans moi alors que je suis malheureuse sans lui, de penser qu'il*

aime d'autres que moi. Je ne savais pas que l'amour pouvait être égoïste, pourtant je me réjouis de son bonheur. Comment peux-tu expliquer que l'on soit heureux et malheureux d'être heureux ? »

Mais dans une nouvelle lettre du 8 octobre elle exprime une amertume qui montre clairement son caractère exclusif :

« Aujourd'hui ça va mal car il est à Casa, et ce que je craignais arrive. Quand il est là-bas, il m'oublie, il ne m'écrit pas et j'en ai la confirmation aujourd'hui par un télégramme de lui où il s'excuse de ne pas m'avoir écrit. Loin des yeux, loin du cœur et c'est bien juste. Si dans vingt-quatre heures il n'éprouve pas le besoin d'être seul avec moi en m'écrivant, c'est qu'il peut se passer de moi, c'est qu'il a des choses qui comptent plus que moi. Non que je le lui reproche – je comprends très bien que sa femme, ses gosses, ses amis et sa famille passent avant moi –, mais qu'il ne me dise pas qu'il n'aime que moi... Les autres lui suffisent, tu comprends mon Jacquot. Il sait combien j'ai mal lorsqu'il est à Casa. Je le lui ai assez dit, il n'a donc pas l'excuse d'ignorer, il connaît suffisamment ma sensibilité, les larmes que je lui dois, il n'a pas le droit de m'oublier une minute. »

Et puis, cet aveu d'une angoisse étrangement prémonitoire :

« Je lui avais demandé de m'envoyer un télégramme dès son arrivée à Casa, même ça, je ne l'ai pas eu. J'ai si peur quand il prend l'avion, je prie tant pour lui. Il sait que ça me rend malade. »

Dom Pedro de Portugal.
(Miniature, Romeu des Poal, XIVe siècle,
Archives historiques de Majorque,
Palma)

La Reine crucifiée

Gisant de Inès de Castro, son
épouse. (Monastère cistercien d'Alcobaca,
Mosteiro de Santa Maria, Portugal)

La peintre mexicaine Frida Kahlo et son mari le peintre Diego Rivera, dans leur atelier de la « Maison bleue » à Coyoacán, en 1948.

L'Éléphant et la colombe

Autoportrait en robe Tehuana ou Diego dans mon esprit. On aperçoit le visage de Diego Rivera sur le front de Frida. (Collection d'Art moderne et contemporain mexicain de Jacques et Natasha Gelman)

La Divine Lady

Emma Hamilton. (George Romney, XVIIIe siècle, collection privée)

Horatio Nelson. (Lemuel Francis Abott 1797, National Portrait Gallery, Londres)

La Putain royale

Le duc et la duchesse de Windsor, en 1937.

Crois-tu qu'on s'aime

Édith Piaf et Marcel Cerdan, à New York, le soir du Championnat du monde, en 1948.

Les Bateaux ivres

Paul Verlaine (à gauche)
et Arthur Rimbaud. (*Un
coin de Table* (détail), 1872.
Henri Fantin-Latour, Musée
d'Orsay, Paris)

La Mégère apprivoisée

En 1968, Elizabeth Taylor
et Richard Burton à
l'Opéra de Rome.

La Rose rouge de Bombay

En 1955, à Londres, Lady Edwina Mountbatten et Jawaharlal Nehru.

Nocturnes

George Sand. (Anonyme, vers 1840, Fondation Chopin, Varsovie)

Frédéric Chopin. (Anonyme, XIXe siècle, Musée Frédéric Chopin, Varsovie)

Victor Hugo. (Gravure,
Hopwood)

*Victor
et Juliette*

Juliette Drouet, 1832.
(Gravure, Léon Noël)

Auguste Rodin. (John Singer Sargent, XIXᵉ siècle, Musée Rodin, Paris)

© Rue des Archives/RDA

La Folie créatrice

Camille Claudel, en 1884.

Buste en bronze de Rodin. (Camille Claudel, 1889, Musée des Beaux-Arts, Petit Palais, Paris)

La Begum Mumtaz-I Mahal.
(École indienne, collection privée)

Le Shah Jahan. (Victoria & Albert Museum, Londres)

*Pour toi,
je construirai
l'éternel*

Le Taj Mahal. (XVIIIᵉ siècle, British Library)

Quatre jours plus tard, c'est le grand bonheur qui souffle ! Édith a reçu un coup de téléphone de Marcel et, dans une lettre datée du 12 octobre, elle exulte :

« Je réalise chaque jour avec quelle force je l'aime, tu sais, rien ne compte plus pour moi que lui, je suis littéralement obsédée, je le vois partout, je n'en dors plus, adieu ma pauvre tranquillité et vivent mes tourments ! »

Puis, enfin, le grand jour tant espéré par Édith arrive. Cerdan revient à New York le 18 novembre pour une série de matchs-exhibitions organisés par Roupp et Jo Longman. On le voit tous les soirs, attablé au Versailles, alors dans la journée il calque son emploi du temps sur celui d'Édith.

Dans une lettre à Bourgeat du 2 décembre 1948, Édith clame son bonheur d'avoir retrouvé « son Marcel » :

« C'est l'être le plus gentil de la terre en dehors de toi. Si tu pouvais l'entendre parler quelquefois il te ferait pleurer. Plus je vais, plus je l'aime. »

Le 16 décembre, son engagement au Versailles ayant pris fin, Édith rentre à Paris. Elle n'est pas seule. Cerdan l'accompagne. Mais c'est séparément qu'ils descendent la passerelle au pied de laquelle les attendent une nuée de photographes. Personne n'est dupe. Et certainement pas Marinette, l'épouse du champion. La liaison de son mari est désormais de notoriété publique, bien que, fidèle au serment qu'elle a fait à son amant, Piaf continue de nier farouchement.

À partir de cet instant, Cerdan partage la vie d'Édith à temps plein, dans le secret de l'hôtel particulier de la rue Leconte-de-Lisle et reprend ses footings matinaux au bois de Boulogne.

À partir du 12, il s'absente chaque jour pour se rendre aux studios d'Épinay, dans la voiture d'Édith conduite par son chauffeur Émile. Alors qu'il était à Casablanca, il avait accepté de jouer son propre personnage dans un long métrage : *L'Homme aux mains d'argile*. Édith, frustrée qu'il ait signé sans lui en parler, est intervenue auprès du réalisateur et du scénariste pour que le personnage et les dialogues de Cerdan ne soient pas trop puérils et s'est même débrouillée pour se glisser dans le film en y interprétant une assez jolie chanson, *Paris*.

Les 14 et 15 janvier, puis le 22, Édith donne trois récitals à la salle Pleyel.

Le 20 février, elle s'envole d'Orly pour l'Égypte où elle se produit pendant deux soirées au théâtre Mohammad Ali, à Alexandrie. Il semble que dans la salle se trouvait un jeune garçon de quinze ans, Georges Moustaki. Neuf ans plus tard, il lui écrira l'un de ses plus grands succès, *Milord*, et connaîtra avec elle une liaison fougueuse. Ensuite, la voilà à Beyrouth pour trois tours de chant au Kit-Kat du 1er au 3 mars.

Du 28 au 30, elle file à Londres pour soutenir son amoureux qui livre un combat contre Dick Turpin à l'Empress Hall. Le champion du monde, en petite forme, sifflé par le public, gagne néanmoins par KO au septième round. Après cette victoire en demi-teinte, Cerdan retourne au Maroc pour s'occuper de sa ferme mais aussi de sa petite famille ; une nouvelle séparation qui n'est évidemment pas du goût de l'exclusive Édith.

À partir du 1ᵉʳ avril, elle est à l'affiche du théâtre de l'ABC avec les Compagnons de la Chanson.

Le 14, Cerdan est dans la salle, et il sera là tous les soirs.

Le 19 mai, c'est à nouveau la séparation. Il est en route vers les États-Unis où il doit remettre son titre en jeu contre Jake La Motta, le « Taureau du Bronx ». Né le 10 juillet 1921 dans le Bronx, Giacobe La Motta est un boxeur violent d'une endurance surhumaine, ses épaules et son torse de poids lourd imposent le respect. Son tempérament de feu en fait un ouragan : « Je suis populaire, car je n'ai pas peur de mourir sur un ring, ni de tuer ! » aime-t-il à dire. Le combat aura lieu au Briggs Stadium de Detroit. Le surlendemain de son arrivée, Marcel retourne pour s'entraîner à Loch Sheldrake en se disant sans doute que le lieu lui avait porté bonheur avant son combat avec Zale.

Le 20 mai, Édith lui écrit

> *Mon adoré,*
>
> *As-tu fait un bon voyage ? N'es-tu pas trop fatigué ? Travaille bien mon amour, qu'au moins tous ces sacrifices servent à quelque chose. Que penses-tu de New York ? N'oublie pas de numéroter tes lettres, que l'on sache si elles arrivent toutes. C'est drôle, je suis sans réflexe, sans idée,*

sans rien, j'ai l'air d'attendre un événement. À la place de mon cœur il y a l'angoisse, le chagrin. Petit, mon tout petit, comme je t'aime, c'est fou et inquiétant ! Je devais répéter aujourd'hui mais je n'en ai pas le courage. Je préfère rester seule. J'ai décommandé tout le monde parce que les gens parlent et m'empêchent d'être avec toi. Peut-être que la semaine prochaine, ça ira mieux. Pour le moment, je ne veux entendre parler de rien d'autre que de toi !

Le 21, c'est une lettre de lui :

Ma chérie,

Tu vois, je commence à t'écrire déjà. Je m'étais habitué à te voir toujours et je ne pensais pas que tu pouvais un jour me quitter. C'est terrible, tu sais, tu m'avais habitué à cette vie insupportable pour toi mais agréable pour moi, puisque je pouvais te voir quand je voulais. Et maintenant, voilà, je suis seul avec toutes ces petites choses qui me rappellent ton passage ici, et, crois-moi, j'ai souvent un serrement au cœur terrible. Pourquoi je t'aime comme cela, chérie, et dire que tu crois le contraire, oh, chérie !

Et elle, ce même jour :

Mon adoré

Hier avant de me coucher, j'ai rayé un jour, un long et à la fois tout petit jour. J'ai reçu tes deux télégrammes, ainsi je sais que ton voyage s'est bien passé et c'est déjà un poids de moins pour mon cœur. Comment es-tu ? Bien j'espère ! Moi, j'essaie de prendre le dessus mais j'ai beaucoup de mal, je n'ai envie de rien sauf de ta présence. Soigne-toi bien et surtout sois en forme. Il te faut à la fois épater les Américains et les Français. Si tu savais comme je voudrais être un mois plus tard ! La maison est remplie de toi, ton odeur traîne dans les draps, je sens tes mains sur moi. Tes photos ont l'air de me surveiller et mon cœur se couche vingt-quatre heures par jour dans les bras de la tristesse.

Je t'aime mon gosse adoré, je t'aime. Oh Dieu, que je t'aime. Qu'est-ce que je donnerais pour entendre ta voix, voir tes beaux yeux, mon amour ! Dis ? Pourquoi les hommes sont insignifiants à côté de toi ? Je t'aime, reviens vite, je t'aime, t'aime. Moi.

Édith, qui s'est mis en tête de quitter la rue Leconte-de-Lisle, passe le plus clair de son temps à visiter des hôtels particuliers. Elle finira par dénicher ce dont elle rêvait, rue Gambetta, à Boulogne-sur-Seine, non loin du bois de Boulogne et des usines Renault. Une dizaine de pièces, des colonnades, un escalier en colimaçon, une salle de bains en marbre rose et un immense salon qui servira à Marcel de salle d'entraînement.

Malgré elle, la chanteuse est devenue l'initiatrice de ce boxeur qui ne lit jamais un livre. Lorsqu'elle l'a connu, elle se moquait de lui, car il ne lisait que des *comics,* des histoires de cow-boys, ou des romans policiers. Elle commence par lui mettre dans les mains un grand nom et un grand titre : *L'Immoraliste,* de Gide. Il fera ce commentaire : « Je crois que j'en ai trop compris, il n'est pas tout à fait normal. »

Le 15 juin, elle débute comme prévu au Copacabana, faubourg Saint-Honoré. C'est ce même soir que Cerdan devait affronter La Motta mais le match avait été reporté au lendemain pour cause d'intempéries.

Le 13 juin, elle lui poste ces mots :

Mon adoré

Oh, que je voudrais que cette lettre arrive avant ton match. J'ai l'impression que mon cœur est avec. Oh, mon Dieu, faites que cette lettre arrive à temps ! Si tu le peux, dès que ton combat est fini, renvoie-moi mon cœur que je puisse respirer. Chéri, tu sais, tu es terrible. Comment se fait-il que je t'aime autant ? Qu'est-ce que je vais devenir avec cet amour qui me dépasse !

Le 16 au soir, le ring planté au centre de la pelouse du Briggs Stadium de Detroit est cerné par des spectateurs en délire. L'atmosphère est électrique. Dès le coup de gong, La Motta jaillit de son coin et se précipite sur Marcel. Sur une ruade furieuse, le Français glisse lourdement au sol. Rageur, il réplique, et lance un swing du gauche mais ressent aussitôt une douleur aiguë : il s'est luxé l'épaule gauche. « J'ai mal au bras », lance-t-il en regagnant son coin. Durant les rounds suivants, Cerdan en est réduit à se défendre avec son seul bras droit. Son frère Armand essaie de le raisonner : « Marcel, il faut arrêter ! » Cerdan refuse : « Si vous m'arrêtez, je me tue ! » Écrasé par la douleur, il n'arrive même plus à lever la garde. Le duel devient inégal.

À l'appel du 10ᵉ round, Burston interpelle l'arbitre, Johnny Weber. C'est l'abandon. Marcel vient de perdre son titre.

La revanche est programmée pour le 28 septembre 1949 au Polo Grounds de New York.

Vaincu, brisé moralement, Cerdan part se ressourcer au Maroc auprès de sa femme et de ses trois fils, tandis que Piaf enchaîne les galas d'été. Le 22 juillet, elle part pour Casablanca où elle doit se produire et le retrouver. Mais il a filé à Rome où il tourne un film de Mario Monicelli : une histoire de boxeur évidemment.

De Casablanca, Édith rédige une lettre teintée de pessimisme et sans doute de jalousie :

Quand je m'aperçois, mon amour, la place que tiennent dans ton cœur tes trois petits, j'ai envie de partir très loin, me disant que peut-être un jour tu me seras reconnaissant de l'avoir fait. Ta vie est si solidement bâtie sur des choses que tu as voulues et construites toi-même, que des fois, j'ai des peurs atroces. Oh, chéri, Dieu m'est témoin que dans cette histoire je ne demande rien, que je suis prête à tout sacrifier. Mais jusqu'à quand pourrons-nous vivre ainsi ? Une lettre, un téléphone, une stupide coïncidence peut nous trahir et alors ? Que deviendrons-nous ? Quelle sera ta réaction ? As-tu pensé à toutes ces choses ? Il le faut pourtant, car je ne veux pas qu'un jour tu me gardes une rancune de ce qui peut advenir ! Je veux que tu penses à nous froidement, que tu regardes bien au fond de toi et savoir aussi les responsabilités à envisager au cas où… !

Je débute ce soir à Casa, j'espère que cela va bien marcher. Je rentre à Paris le 29, c'est-à-dire que je prends l'avion à cinq heures du soir d'Alger et j'arrive à Paris à dix heures. Si par hasard tu ne dormais pas, tu peux m'appeler vers minuit, j'aimerais t'entendre.

Le 4 août, les deux amants se retrouvent sur la côte d'Azur où Édith doit accomplir une série de galas entre Menton et Nice. Mais l'heure de la revanche approche : Jo Longman tire la sonnette d'alarme. L'entraînement doit reprendre. Le 13 août, ils embarquent sur l'*Île-de-France*, destination New York, puis le Loch Sheldrakc. Édith, qui a un engagement prévu pour le 14 septembre au Versailles, les rejoint quelques jours plus tard. Et, dans le même temps, elle loue l'appartement de Lexington Avenue.

Le 14, lorsqu'elle apparaît sur la scène du Versailles, le Tout-Hollywood est là et lui fait un triomphe.

Dix jours plus tard, elle fait parvenir ces mots à Marcel :

> *Il est deux heures et quart, je suis couchée et comme Félix part à Loch Sheldrake, je lui remets mon petit mot. Je n'ai rien de bien particulier à te dire mais c'est un peu de moi quand même ! Mon amour, ma vie, que de tourments tu me donnes. Vivement jeudi que je puisse rêver couchée sur ton cœur, que je puisse t'aimer comme j'en ai envie. Les heures sont si longues sans toi et la vie est sans aucun but. Chéri, surtout aie confiance en moi, donne-moi cette preuve d'amour. Mon sentiment est si grand, si grand qu'aucun être au monde ne peut lutter avec toi. Je t'aime si profondément que j'en arrive à être obsédée le jour et la nuit.*

Ce même jour, Jake La Motta déclare forfait en arguant d'une blessure à l'épaule droite et le combat est reporté de plusieurs semaines voire quelques mois.

Rentré à Manhattan, Cerdan assiste deux ou trois fois au spectacle de Piaf, mais après quelques jours de farniente au pied des gratte-ciel, malgré les implorations et les supplications d'Édith qui espère le garder près d'elle, il décide de rentrer chez lui au Maroc. Finalement, c'est là-bas, au cœur de ses racines, qu'il est peut-être le plus heureux. C'est là-bas aussi qu'il apprend que la revanche contre La Motta est reprogrammée pour le 2 décembre au Madison Square Garden.

Aussitôt, il décroche son téléphone et annonce à Édith avec un grand rire :

— J'arrive ! J'ai retenu une place sur le bateau.

— Non ! Je t'en supplie. Je ne pourrais pas attendre.

— Voyons mon amour, c'est une affaire de quelques jours. J'arrive, j'arrive, j'embarque demain.

— C'est affreux. Je ne peux plus dormir. Il faut que tu viennes en avion !

— Si tu n'arrives pas à dormir, prends un petit cachet. Ce ne sera pas la première fois, ma chérie.

— Je le fais ! Mais ça ne m'endort pas. Alors, j'en prends un deuxième et un troisième. Prends l'avion. Je t'en conjure. Je dois me retenir à toi. J'ai besoin de toi. Je me meurs sans toi.

Cerdan capitule.

— Très bien. J'arrive.

Le 27 octobre, à Orly, il gravit la passerelle du Constellation.

Alignés en file indienne, les passagers serrent le col de leur manteau ; la nuit est glaciale.

À 21 h 06, l'avion s'élève dans le ciel.

C'est le vol Paris-New York FBA-ZL.

Les bateaux ivres

Paul Verlaine et Arthur Rimbaud

Roche

rthur, seize printemps, compose des poèmes. Les rayons du soleil illuminent le bureau qu'il a installé dans sa chambre.

La nature des Ardennes revit sous la chaleur de l'astre.

Il se contrefiche que sa mère ait besoin d'aide aux champs.

Il se contrefiche qu'elle l'implore de ne plus fuguer.

Lui sait ce qu'il veut : rejoindre Paris et enrichir sa poésie.

Il veut révolutionner, choquer, innover !

Il connaît Rabelais, Victor Hugo ou encore Théodore de Banville.

Grâce à son professeur de rhétorique, il les a tous découverts.

Et rêve secrètement de les égaler en littérature.

Déterminé à vivre son rêve, il écrit une lettre à Verlaine, un Parnassien.

« *Nous sommes aux mois d'amour.*

J'ai presque dix-sept ans.

L'âge des espérances et des chimères, comme on dit.

Et voici que je me suis mis, enfant touché par le doigt de la Muse,

Pardon si c'est banal,

À dire mes bonnes croyances, mes espérances, mes sensations...

Toutes ces choses des poètes.

Moi j'appelle cela du printemps.

J'aime tous les poètes, tous les bons Parnassiens,

Puisque le poète est un Parnassien, épris de la beauté idéale.

C'est que j'aime en vous, bien naïvement, un descendant de Ronsard.

Un frère de nos maîtres, un vrai romantique, un vrai poète.

Anch'io, messieurs du journal, je serai Parnassien!

Je sais ce que j'ai là... qui veut monter...

Je jure, cher Maître, d'adorer toujours les deux déesses, Muse et Liberté.

Mai 1871, Arthur Rimbaud. »

Une lettre qu'il accompagne de cinq poèmes.

Paris

Âgé de vingt-six ans, Paul Verlaine doit absolument trouver un gagne-pain.

À la suite des événements de la Commune de Paris, il a perdu son emploi.

Expéditionnaire à l'hôtel de ville de Paris.

Il fréquente désormais les cercles littéraires.

Notamment celui des Parnassiens.

Il y affine sa poésie.

Car il a déjà publié trois ouvrages.

Mais rien qui lui permette de subsister sans l'aide de sa belle-famille,

Les Mauté de Fleurville,

Chez qui il loge avec Mathilde, leur fille et sa femme, âgée de dix-huit ans.

Et enceinte de leur premier enfant.

Ce récent mariage lui a inspiré *La Bonne Chanson*, son dernier recueil.

Mais pour supporter la honteuse cohabitation, il se soûle dans les tavernes.

Principalement à l'absinthe, la verte.

À la fin de cet été 1871, il se rend chez son éditeur.

Il espère y trouver des travaux littéraires pouvant lui apporter un salaire.

Il n'y trouve qu'une lettre.

Sur le timbre, le cachet de Charleville.

Il ouvre l'enveloppe et découvre plusieurs feuillets.

Tous signés d'un certain Arthur Rimbaud.

Verlaine commence sa lecture dans les rues de Paris.

Les poèmes[1] sont d'une rare qualité et d'une singularité inouïe.

La violence des vers et leur charge poétique le subjuguent.

---

1. *Les effarés, Accroupissements, Les Douaniers, Le Cœur volé,* et *Les Assis*.

« C'est vraiment d'une beauté effrayante », se dit-il.

Dans la lettre, le jeune homme exprime son enthousiasme pour ses œuvres.

Indique qu'il souhaite venir à Paris et espère qu'on lui offrira le gîte.

Car l'atmosphère de sa triste province est étouffante.

Verlaine est à la fois flatté, ému et embarrassé.

Flatté de voir sa poésie enfin appréciée.

Ému par la justesse des vers du jeune poète.

Et embarrassé, car son hospitalité se résume à la maison des Mauté.

Tandis qu'il médite sa réponse, une seconde lettre lui parvient.

De nouveau accompagnée de poèmes[1].

Fasciné, il les fait immédiatement lire à son entourage.

Le talent de Rimbaud est unanimement reconnu par les Parnassiens.

Confiant, Verlaine rédige sa réponse.

« Venez, chère grande âme, on vous appelle, on vous attend. »

Ce 12 septembre 1871, Verlaine marche rapidement dans les rues de Paris.

Il a hâte de rencontrer l'auteur de ces vers bouleversants.

Arrivé à la gare, il attend, impatient.

À l'heure prévue, il ne voit personne débarquer.

1. *Mes petites amoureuses, Les Premières Communions, Paris se repeuple.*

Dépité, il regagne seul la maison de ses beaux-parents.

Sur le chemin, déçu, il se demande pourquoi le jeune poète n'est pas venu.

N'ayant pas reconnu Verlaine à la gare, Rimbaud est déjà chez les Mauté.

Mathilde et sa mère l'ont accueilli, surprises de le voir arriver seul.

À son arrivée, Verlaine découvre dans le boudoir
Un solide adolescent au visage ovale d'ange en exil,
Les cheveux hirsutes et les yeux bleu clair.

Un paysan vêtu d'un pantalon écourté et d'une cravate en corde,
Sans bagage et sans autres vêtements que ceux qu'il porte sur lui.

Rimbaud est, quant à lui, amusé par le luxe de la maison
Et n'imaginait pas Verlaine ainsi.

De dix ans son aîné, il a le visage rond et le front dégarni.

Une barbe finement taillée et un regard sévère sous des sourcils fournis.

Mais il perçoit dans ses yeux une profonde sensibilité et une douce fragilité.

Verlaine est troublé par la fraîcheur et la beauté d'Arthur.

« — Avez-vous fait bon voyage ? demande-t-il.

— Excellent, répond le jeune poète en se grattant les cheveux.

— Je ne vous pensais pas si jeune, remarque Verlaine.

— La jeunesse n'a pas d'âge et j'ai terriblement envie de pisser ! »

Mathilde et sa mère sont choquées par la grossièreté du jeune homme.

Verlaine s'en amuse et lui indique les toilettes.

Lors du dîner, Rimbaud mange bruyamment et avec ses mains.

Une nouvelle fois, les deux femmes s'indignent sans oser intervenir.

«Vivement le retour de Monsieur Mauté», pense la mère de Mathilde.

Paul est toujours aussi égayé par les manières rustres du jeune prodige.

«— Que comptez-vous faire à Paris, Monsieur Rimbaud ? demande Mathilde.

— Je veux vivre pleinement mon être intime.

— Votre être intime ?

— Quelque chose de nouveau doit sortir de moi, j'en suis convaincu.

— Vous êtes une sorte de génie ?

— Je suis ce que je suis, un poète, seule ma poésie compte.

— Et elle est magnifique et novatrice, intervient Verlaine. »

À la fin du repas, Arthur n'hésite pas à fumer sa pipe et enfumer la pièce.

Paul l'entraîne ensuite dans les rues de Paris.

«— Parlez-moi de vous, Arthur, qui êtes-vous ?

— Un père capitaine d'infanterie que je n'ai pas connu longtemps.

Une mère toujours vêtue de noir.

Un grand frère et deux petites sœurs.

Une enfance sur les bancs d'un collège de Charleville.

J'aime le soleil, les voyages, les mots et l'amour.

Je déteste la religion, l'armée, la bourgeoisie et la littérature bien-pensante. »

Plus Verlaine l'écoute, plus monte en lui le désir

De l'embrasser et de le serrer fort dans ses bras.

C'est la première fois qu'il ressent ce genre d'élan homosexuel.

Il en oublierait presque son mariage et la future naissance.

« — Et vous, Paul Verlaine qui êtes-vous ? poursuit Arthur.

— Un père militaire décédé.

Une mère veuve qui n'a plus que moi.

Qui garde les fœtus de ses trois bébés mort-nés dans des bocaux.

Parnassien et fier de l'être.

Homme marié et futur père.

J'aime ma femme, vos mots et l'amour.

Je déteste la vie que je mène et je compte sur vous pour en changer ! »

Le soir même, Verlaine et Rimbaud sont attablés dans une taverne.

Paul initie Arthur aux plaisirs de l'absinthe, « l'absomphe » comme il l'appelle.

Après plusieurs verres, les langues se délient.

« — Votre dernier recueil manquait de courage, confie Arthur.

— Comment ça ? demande Paul, surpris par la remarque.

— Rien de neuf, vous vous contentez de refaire ce que vous faisiez avant.

— Je ne suis pas d'accord !

— De plus, la mièvrerie de vos poèmes d'amour est insupportable.

— Je ne vous permets pas !

— Je suis un génie, j'exige l'exceptionnel, de moi et des autres.

— Quelle prétention !

— Ne vous l'ai-je pas prouvé dans mes différents envois ?

— J'avoue y avoir décelé une certaine fraîcheur dont je veux m'inspirer.

— Et votre méthodologie doit enrichir ma poésie.

— Nous étions faits pour nous rencontrer et nous compléter !

— Nous le devons à nos étoiles !

— Rendons-leur hommage en vidant ces verres ! »

S'exécutant, les deux poètes achèvent cul sec leurs verres d'absinthe.

Paul et Arthur écument les rues de la capitale.

Ainsi que les tavernes.

Très vite, ils affichent une amitié équivoque.

Aveuglé d'amour, Verlaine refuse de voir la violente insolence d'Arthur.

Un soir, il traite Théodore de Banville de vieux con.

Un autre, il éprouve un malin plaisir à se déshabiller en public.

Emporté par ses excès, Paul se néglige de plus en plus.

Et passe souvent une semaine entière sans changer de vêtements ni se laver.

Semaine qu'il passe à se soûler à la verte.

Qui le rend violent.

Et la première victime de ses débordements est Mathilde.

Sa grossesse l'a enlaidie.

La voyant comme un obstacle à sa brûlante passion, il l'injurie et la bat.

Il se moque de savoir qu'elle est enceinte.

Il se moque de tout et ne rêve que de vivre avec Arthur.

« Mademoiselle » comme l'appelle désormais l'entourage des deux hommes.

Lors d'une réunion des Parnassiens, Rimbaud récite son « Bateau ivre ».

Tous les poètes sont émerveillés par les mots de ce cul-terreux.

Les vers sont d'une beauté incroyable, d'une lucidité effarante.

Cet adolescent hors norme sublime sa révolte par l'écriture.

Il est acclamé sous les yeux de Verlaine, fier de sa trouvaille.

La cohabitation chez les Mauté de Fleurville devient invivable.

Rimbaud casse et vole des objets pour les revendre.

Puis, un beau jour, Monsieur Mauté rentre de son voyage d'affaires.

Il est rapidement informé des agissements du jeune poète.

Et exige, après seulement quelques minutes, le départ de Rimbaud.

Verlaine se met alors en quête d'un logement pour son ami.

Il l'héberge tout d'abord chez une connaissance.

Le lendemain, Arthur utilise les pages d'un livre pour se nettoyer les fesses.

Il est mis à la porte.

Verlaine lui trouve un nouveau logement.

Chez Théodore de Banville, le vieux con nullement rancunier.

Cette fois, Arthur se met nu à la fenêtre et jette ses vêtements dans la rue.

Il est prié de plier bagage et d'aller vivre ailleurs.

Verlaine lui trouve finalement une chambre au Cercle zutique.

Au troisième étage de l'hôtel des Étrangers, sur le boulevard Saint-Michel.

Un club libre où chacun peut venir boire, bavarder, écrire ou dessiner.

Dans sa chambre sous les toits, Arthur installe le bureau sous la lucarne.

Et le matelas dans un coin.

Puis il s'allonge. Paul s'étend à ses côtés.

«— Tu es enfin chez toi, fais ici tout ce que tu veux! déclare Verlaine.

— Tout ce que je veux?

— Cette chambre sera notre terrain d'envol!

— Et je veux m'envoler avec toi», lui murmure Arthur.

Paul se tourne vers le jeune homme et le regarde droit dans les yeux.

«— Je veux me réinventer à tes côtés.

— Alors, viens vivre avec moi et ne rentre pas chez toi ce soir.

— C'est impossible, Mathilde s'apprête à accoucher!

— Au diable Mathilde et ce désir de paternité bourgeois, vive la poésie!»

À ces mots, Paul ne peut plus réprimer ce qu'il ressent.

L'élan érotique est trop violent, trop intense.

La jeunesse et la pureté d'Arthur l'excitent.

Il ne peut que l'embrasser fougueusement.

À pleine bouche.

Rimbaud est lui aussi attiré par la timide beauté de son aîné.

Sa fragile sagesse l'émeut.

Il apprécie ce long baiser qu'il échange avec un homme.

Ils se déshabillent ensuite mutuellement et s'aiment pour la première fois.

Ils découvrent ensemble leur fantasme homosexuel.

Lorsque Paul rentre ivre de cette nuit d'amour, Mathilde a accouché.

D'un petit garçon.

Ému par le nourrisson, il verse quelques larmes.

Puis il embrasse Mathilde du bout des lèvres.

Cette naissance l'embarrasse.

Il vit une passion amoureuse dévorante et n'a que faire d'être père.

Soûl d'émotions, il s'endort tout habillé aux côtés de sa femme.

En repensant aux mots de Rimbaud.

Au diable la paternité !

Le poète, le vrai, n'a que faire d'un bébé !

Il doit, bien au contraire, vivre libre de toute entrave !

« Vivre dans l'absolu dérèglement des sens ! »

Le couple interdit aime choquer en public.

Lorsqu'ils se rendent au théâtre de l'Odéon, c'est en se tenant par le cou.

Ils sont sales et n'hésitent pas à hurler au milieu de la foule.

Voire même pendant la pièce.

Leur déplorable attitude est raillée dans les journaux du lendemain.

« Tout le Parnasse était au complet, circulant et devisant au foyer.

On remarque çà et là le poète saturnien, Paul Verlaine.

Donnant le bras à une charmante jeune personne, Mademoiselle Rimbaud. »

Quelques jours plus tard, Arthur est chassé du Cercle zutique.

Grossière et injurieuse, sa présence y est devenue indésirable.

Paul ne peut plus supporter d'être hébergé chez ses beaux-parents.

L'humiliation de vivre à leurs crochets n'a que trop duré.

Sa vie d'époux également.

Il n'admet plus les reproches de Mathilde.

Il est régulièrement méchant et colérique.

Un soir, il tente de mettre le feu à une armoire.

Un autre, il se saisit brusquement de son fils et le jette contre le mur.

Bien emmailloté, le bébé retombe sur le lit.

Mathilde pousse un cri déchirant.

Conscient de son acte répugnant, Verlaine fuit la maison.

Et se réfugie dans les bras de son jeune amant.

Il vit dans un immeuble sordide où flottent des odeurs de crottin de cheval.

Leur amour est intense.

Paul se sent libéré.

Mais deux jours plus tard, la culpabilité reprend le dessus.

Il écrit une première lettre à Mathilde.

Qui reste sans réponse.

Il décide de se rendre au domicile de ses beaux-parents.

Et apprend que Mathilde, épuisée, est partie se reposer en province.

Il rédige une seconde lettre, l'implorant de lui pardonner ses excès.

De retour dans leur chambre, Rimbaud le surprend en pleine rédaction.

« — À qui écris-tu ?

— À Mathilde, elle souffre et je me dois de l'aider.

— Tu veux réellement retrouver ta vie d'avant, ta vie de père de famille ?

— J'aime Mathilde, tu comprends !

— Tu n'as jamais été heureux avec elle, tu la frappais !

— L'alcool était mon démon, saloperie d'absomphe.

— Désormais, l'amour est ton démon ! lui assène Arthur comme un poignard.

— Tu as raison, mais je ne peux pas me permettre de perdre Mathilde.

— Tu es un lâche, ridicule, navrant bourgeois, je te hais ! »

Le soir de cette dispute, le couple dîne avec les Vilains Bonshommes.

En majeure partie, des Parnassiens.

Pendant le repas dans cet endroit respectable, Arthur exagère son ennui.

Il ponctue régulièrement les remarques des autres convives par des rots.

Ne cesse de crier « merde ! » pendant la récitation d'un poème.

Traite de « cons » plusieurs poètes présents.

Provoque une bagarre générale.

Et, à l'aide d'une canne-épée, blesse un des membres du cercle.

Rimbaud dérange et Verlaine est montré du doigt.

Il est censé être garant du comportement de son protégé.

On lui reproche également de n'écrire que des textes bizarres et obscènes.

On aimerait qu'il se débarrasse de Rimbaud.

Et on le lui fait savoir.

Afin d'apaiser les tensions, Arthur quitte Paris.

De son côté, Paul essaie de redevenir un mari et un père aimant.

Il a retrouvé un emploi grâce à sa mère.

Mais cette vie ne lui plaît pas.

Et il pense sans interruption à son jeune amant dont l'absence le hante.

Après trois semaines d'éloignement, Paul réclame le retour d'Arthur.

D'urgence !

Il meurt d'envie de le retrouver et de l'empoigner.

Impatient, il lui loue une chambre rue Monsieur-le-Prince.

Et l'y attend.

Les retrouvailles sont intenses.

L'empoignade violente.

La réunion de leurs âmes est furieusement harmonieuse.

Il fait beau dehors et le soleil, à travers la lucarne, chauffe leurs corps nus.

Paul vient le voir tous les soirs.

Il est comme drogué à la présence de ce jeune corps, de cette jeune âme.

Mais Arthur ne supporte plus de l'imaginer jouer au mari modèle.

Il rêve d'ailleurs, d'infini…

« — Nous devrions partir ! annonce-t-il, allongé nu sur le lit.

— Où veux-tu partir ?

— Suivons le soleil, je veux du soleil dans ma vie, sur mon corps !

— Je t'emmènerai au soleil, promet Paul.

— Ou à la mer, je n'ai jamais vu la mer !

— Je t'emmènerai à la mer.

— Emmène-moi maintenant !

— Maintenant, c'est impossible.

— C'est toujours impossible avec toi, c'est insupportable !

— Ce n'est pas impossible, mais ce n'est pas possible maintenant.

— J'en ai marre de la vie parisienne où chacun est un porc et me dégoûte. »

Soudain, oubliant toute sa vie, Paul accepte de partir sur-le-champ.

Arthur n'ose le croire.

À 10 heures du soir, ils sont, billets en main, sur le quai de la gare du Nord.

Arras

Lorsque l'astre solaire pointe ses premiers rayons, ils débarquent à Arras.

Fourbus par la nuit passée sur les rails, ils s'installent au buffet de la gare.

Malgré la présence d'autres consommateurs, ils parlent à haute voix.

« — Tu n'as cessé de ronfler ! lance Arthur.

— Impossible, je n'ai pas fermé l'œil de la nuit !

— J'en ai bien conscience, vu que tu l'as passée à me lécher et m'embrasser. »

Les gens installés autour d'eux sont gênés par les propos des deux poètes.

Heureux de provoquer, Arthur pousse le vice un peu plus loin.

«— Te souviens-tu de la nuit du viol ? » poursuit-il.

Après un moment d'hésitation, Paul entre dans son jeu.

«— Le viol, oui, bien sûr, pauvre petite…

— Nous lui avons fait vivre ses pires heures !

— Ses dernières surtout ! ajoute Paul en éclatant de rire.

— Nous avons bien fait de la découper, il n'en reste aucune trace. »

Des consommateurs se lèvent et, outrés, quittent l'endroit.

S'en apercevant, Arthur et Paul rient encore plus bruyamment.

Alertés, deux gendarmes font irruption et les interpellent.

Ils sont rapidement présentés devant le substitut chargé des flagrants délits.

Verlaine et Rimbaud clament leur incompréhension et leur innocence.

Devant les faits, le magistrat ordonne leur expulsion.

Il exige leur reconduite à la frontière.

Les deux poètes sont escortés jusqu'à la gare.

Puis dans un compartiment du train à destination de Paris.

Retour au point de départ.

Paris

Arrivés gare du Nord, les deux amants rient encore de leur aventure.

Impatients d'en vivre des milliers d'autres, ils gagnent la gare de Strasbourg.

Et achètent des billets pour Charleville.

D'où ils comptent passer clandestinement en Belgique.

Frontière belge

Le 10 juillet 1872, ils franchissent la frontière à bord d'une carriole.

Ils sont insouciants et se laissent porter par leur passion débordante.

L'été est splendide et, en harmonie avec les deux poètes, la nature exulte.

Quel plaisir de traverser les bois et de s'allonger dans l'herbe !

De s'arrêter sous le soleil à la terrasse d'un café de Charleroi ou de Nivelles.

De dormir à la belle étoile sous un arbre le long d'un chemin de campagne.

D'être libre et amoureux.

D'écrire à deux plumes, à deux âmes.

Pour n'en faire plus qu'une.

Assis dans l'herbe, ils composent des vers.

En buvant.

Le sonnet du « Trou du cul ».

« Obscur et froncé comme un œillet violet
Il respire, humblement tapi parmi la mousse
Humide encore d'amour qui suit la fuite douce
Des fesses blanches jusqu'au cœur de son ourlet.
Des filaments pareils à des larmes de lait
Ont pleuré, sous le vent cruel qui les repousse,
À travers de petits caillots de marne rousse
Pour s'aller perdre où la pente les appelait.
Mon Rêve s'aboucha souvent à sa ventouse ;
Mon âme, du coït matériel jalouse,
En fit son larmier fauve et son nid de sanglots.
C'est l'olive pâmée, et la flûte câline.
C'est le tube où descend la céleste praline :
Chanaan féminin dans les moiteurs enclos ! »

Toutes les nuits, leur passion s'exprime charnellement.
Leurs deux corps communiquent à merveille.
Ils se découvrent dans leurs baisers et leurs étreintes.
Et s'endorment collés l'un à l'autre, inséparables.

Bruxelles

Après dix jours de randonnée sensuelle, ils arrivent enfin à Bruxelles.

Verlaine loue une chambre rue du Progrès.

S'inspirant de leur élan amoureux, les deux poètes écrivent beaucoup.

Le soir, ils retrouvent des communards ayant fui la France.

À leur contact, Verlaine imagine un livre sur le sujet.

Il en fait part à Arthur qui l'encourage à s'y plonger.

À condition d'avoir une vision intense et un verbe coloré.

Et d'être opposé à l'idée de toute sentimentalité romantique.

Avant de se mettre au travail, Paul aimerait consulter ses notes de l'époque.

Mais elles sont restées à Paris.

Chez Mathilde.

Sans trop réfléchir, il lui adresse une lettre.

Dans laquelle il lui indique où sont rangés ses papiers.

Et où elle doit les lui envoyer dans les plus brefs délais.

Paris

Mathilde est tout d'abord heureuse de recevoir une lettre de Paul.

Elle lit ses mots et ne peut s'empêcher d'être jalouse.

Car elle a compris que son mari la trompe.

Avec ce Rimbaud !

Non seulement c'est un homme, mais en plus, il est rustre et vulgaire.

« Comment peut-il se passer de moi pour un être pareil ? » se demande-t-elle.

Elle se met ensuite en quête des papiers mentionnés.

Comme indiqué, elle les trouve dans le tiroir du bureau de son mari.

– 223 –

Et tombe sur sa correspondance secrète.

Elle lit une à une toutes les lettres que se sont échangées les deux poètes.

Elle découvre la puissance des sentiments de Paul.

Elle découvre la passion qui le dévore depuis si longtemps.

Elle découvre aussi que Rimbaud est également grossier par écrit.

Lui qui se considère pourtant comme un génie de la poésie.

Mathilde veut tenter de ramener le père de son enfant à la raison.

Lui donner une dernière chance de réintégrer son foyer.

Elle rédige une lettre pour le prévenir de son arrivée.

Et le prie de réserver deux chambres au Grand Hôtel liégeois.

Une pour elle et une pour sa mère.

Bruxelles

Lorsqu'elles arrivent à Bruxelles, les deux femmes se rendent à l'hôtel.

À la conciergerie, un message de Paul attend Mathilde.

Il la rejoindra dans sa chambre à 20 heures.

À l'heure dite, il frappe à la porte.

« — Entrez ! »

Paul pénètre dans la pièce.

Mathilde est allongée sur son lit et, nue, s'offre à lui.

Excité comme au premier jour, il se jette sur sa femme.

S'abandonne entre ses seins, excite son clitoris et se perd dans son vagin.

Il en oublie Arthur et redécouvre le corps de sa femme. Ainsi que l'intense jouissance hétérosexuelle.

« — J'avais peur que tu ne t'intéresses plus à moi, confie-t-elle après l'orgasme.

— J'ai l'impression de t'aimer comme au premier jour, avoue Paul.

— Qu'es-tu venu faire ici avec ce Rimbaud auquel tu sembles si attaché ?

— Chercher l'inspiration, me renouveler.

— Est-il seulement imaginable que tu ressentes de l'amour pour lui ?

— S'il n'est pas imaginable, l'impossible est à inventer.

— Un homme avec un homme, est-ce humainement envisageable ?

— Nous sommes loin d'appréhender en profondeur la sensualité de nos corps.

— M'aimes-tu ?

— Oui. »

« Je le crois », se dit-il en lui-même.

« — L'aimes-tu ?

— Oui. »

« J'en suis sûr », affirme-t-il en lui-même.

« — Mais tu es fou à lier ! s'emporte Mathilde.

— Fou d'amour, je te l'accorde…

— Paul, tu dois prendre une décision !

— Laquelle ?

— Rentrer avec moi ou rester avec ce poison de Rimbaud et me perdre. »

Paul réfléchit silencieusement pendant de longues secondes.

Puis accepte de rentrer à Paris.

Avant d'embarquer dans le train, Verlaine se soûle au buffet de la gare.

Devant Mathilde et sa mère qui voyage avec eux.

Assis dans le compartiment, aucun des trois n'ose prendre la parole.

Paul attend impatiemment d'arriver à la frontière.

Quiévrain

Le train s'arrête en gare de Quiévrain, la dernière avant la France.

Tous les passagers descendent des wagons.

C'est la cohue.

Les douaniers procèdent au contrôle des passeports.

Mathilde et sa mère le passent rapidement et regagnent leur compartiment.

Lorsque les portes se referment, elles remarquent l'absence de Paul.

Mathilde regarde par la fenêtre et l'aperçoit sur le quai.

« — Je ne continuerai pas le voyage avec toi ! » lui crie-t-il.

Le train se met en route.

Paul lève le poing au ciel et court en faisant des grimaces à Mathilde.

Qui le voit rejoindre Arthur.

Il l'attendait au bout du quai.

Ils avaient donc tout manigancé !

Bruxelles

Le soir même, les deux poètes sont de retour à Bruxelles.

Et vont boire de l'absinthe au Jeune Renard, un repaire d'artistes.

« — Nous devons atteindre l'éternité, professe Arthur sous l'emprise de l'alcool.

— Après nous, plus rien ne doit être comme avant, ajoute Paul.

— La vie n'est qu'un enchaînement de secondes, à nous de les sublimer.

— Et nous les sublimons, mon amour.

— Cesse de m'appeler ainsi, précise froidement Arthur.

— Ne m'aimes-tu pas ?

— Je ne veux pas en parler en ces termes, c'est trop terne.

— Parles-en avec de la couleur, mais parles-en.

— Tu ne comprends pas que nous sommes au-delà de l'amour ?

— Au-delà de l'amour ?

— Oui, au pays des délices de la création, dans la nébuleuse de la pensée.

— Est-elle si nébuleuse que tu le suggères ?

— Elle l'est d'autant plus que tu l'arroses de breuvages agressifs. »

« — Paul leur sert justement deux verres d'absinthe.

— Agressive, ton analyse est extrêmement sévère !

— Je parlais des ravages qu'ils ont sur ton cerveau de bourgeois. »

Ils éclatent de rire en même temps.

« — As-tu conscience qu'il a disparu ? poursuit Paul.

— Mathilde y est toujours présente », rétorque Arthur.

À ces mots, Verlaine abandonne son sourire, baisse la tête et ne répond pas.

La capitale belge devient le décor de leur folle passion.

Ils écument les tavernes, les foires et les kermesses.

Boivent sans limite et se comportent publiquement comme des malotrus.

Et n'accordent aucune importance à ce que les gens pensent à leur sujet.

Ils ne vivent que dans le regard de l'être aimé, leur unique intérêt.

Seuls au monde.

Assoiffés de découvertes, les deux amants décident de quitter Bruxelles.

Sur un coup de tête.

Parce qu'en se réveillant, c'est ce qu'ils ont trouvé de mieux à faire.

Et parce qu'Arthur rêve d'aller voir la mer.

Arrivés à la gare, ils prennent le premier train pour Ostende.

Ostende

Face à l'océan, Rimbaud reste sans voix.
La force de la nature le subjugue.
La mer est si vaste, infinie.
L'eau qu'on peut tenir dans ses mains est, devant lui, si impalpable.
Euphorique, il court sur le sable.
Le vent marin lui gifle les joues.
Il jubile et finit par sauter dans les vagues avec ses habits.
Sa rencontre avec l'océan est un baptême.
Paul assiste à ce premier bain avec tendresse.
Qu'elles sont belles, cette fraîcheur et cette jeunesse !
Mais le couple ne reste pas plus longtemps à Ostende.
Ils embarquent sur un ferry pour rejoindre Douvres, au sud de l'Angleterre.

Londres

Dès leurs premiers pas dans la capitale anglaise, le dépaysement est total.
Londres ne ressemble en rien à Paris ou Bruxelles.
Un ami de Paul leur prête sa garçonnière sur Howland Street.
C'est un miteux logis plein de poussière.

Mais après leurs nuits à la belle étoile, les deux poètes sont prêts à tout.

Un simple toit est amplement suffisant pour abriter leur passion.

Très rapidement, ils sortent beaucoup et écument les rues de Leun'deun'.

Très rapidement, ils se remettent à vider des verres à longueur de nuits.

Très rapidement, ils provoquent des esclandres en public et choquent.

Ou se battent l'un contre l'autre.

Parfois en s'armant de couteaux et en ne visant que le visage et la gorge.

Parfois le sang coule.

Plus vif, Rimbaud sort souvent vainqueur de leurs duels d'ivrognes.

Victoires qu'ils fêtent en vidant des verres de bitter ale ou de brandy.

Après trois semaines à ce rythme effréné, l'argent commence à manquer.

Paul arrive au bout de ses ultimes réserves.

Et Arthur refuse catégoriquement de chercher un emploi.

« — Jamais je ne serai l'employé de qui que ce soit !

— C'est bien beau, mais qui va payer pour ton toit et ta survie ?

— Toi, bien sûr ! s'exclame Arthur.

— Rien n'est jamais acquis, prends garde à toi! lui conseille Paul.

— Tu me menaces?

— Je t'informe juste qu'il faut qu'on pense à gagner de l'argent.

— La poésie occupant mon esprit, je n'ai pas le temps de penser à l'argent.

— Si je comprends bien, tu comptes sur moi!

— Tu touches exactement le fond de ma pensée. »

Paul est contraint de donner des leçons de français.

D'effectuer des traductions.

De gagner de quoi subsister.

Ingrat, Arthur ne cesse de dénoncer sa petite mentalité de bourgeois.

Alors qu'il profite quotidiennement des fruits du labeur de Paul.

Qui est visiblement affecté par la situation.

Nostalgique de leur merveilleuse escapade en Belgique.

Retrouveront-ils un jour la plénitude de ces heures magiques?

De plus, Paul sent que son amant s'éloigne, lui échappe de jour en jour.

Ils ne s'amusent plus comme avant.

Arthur perçoit son désarroi.

Il le comprend et le partage tout en le considérant comme inéluctable.

La passion des premières heures de liberté est irréversible.

Chaque seconde est à réinventer, mais les toutes premières sont inimitables.

Au début du mois de décembre, Rimbaud quitte brusquement Londres.

Sur un coup de tête, il décide de rentrer voir sa famille à Charleville.

Lorsque Verlaine lit le mot qu'Arthur a rédigé, il est terrassé.

Il reste enfermé plusieurs jours sans mettre le nez dehors.

Il se demande à quoi rime sa vie sans le jeune poète.

Arthur lui avait pourtant promis de ne jamais l'abandonner.

Il cherche à se consoler en écrivant des poèmes sentimentaux.

Mais il est dévasté et son amant ne quitte pas son esprit un seul instant.

L'hiver londonien est rude.

La neige recouvre les rues et le temps semble suspendu.

Verlaine attrape une bronchite et souffre seul dans sa chambre.

Alité, il écrit à Arthur, à sa mère et à sa femme.

Il leur explique qu'il meurt de chagrin, d'ennui et d'abandon.

Sa mère est la première à répondre à son appel au secours.

Au contact de la chaleur maternelle, Paul se rétablit rapidement.

Avant de repartir, elle tente de le convaincre de rentrer à Paris.

De se réconcilier avec Mathilde qui peut lui assurer un avenir serein.

De remettre sa vie sur de bons rails.

Puis elle quitte Londres et laisse son fils indécis, tiraillé par le choix.

Après avoir longuement hésité, Verlaine décide de regagner le continent.

C'est sous un soleil printanier qu'il accomplit la traversée à bord du ferry.

Jéhonville

Dès son arrivée en Belgique, Paul se rend chez sa tante paternelle.

À Jéhonville, un village du Luxembourg belge.

Il craint de rentrer en France où les anciens communards sont recherchés.

Il profite du calme de la maison pour écrire.

Arthur est, quant à lui, toujours à Charleville.

Après un échange épistolaire, les deux poètes se donnent rendez-vous.

Paul est en avance à l'orée du bois et attend impatiemment son amant.

Il se demande s'il viendra.

Soudain, Arthur apparaît au bout du chemin.

De sa démarche nonchalante, il s'approche de Paul.

Il s'arrête devant lui et, avant même de parler, l'embrasse sur la bouche.

Le baiser est long et savoureux.

« — Pourquoi es-tu parti ? demande Paul après avoir décollé ses lèvres.

— Parce qu'il le fallait, c'est ainsi que les choses devaient se passer.

— Pour mieux se retrouver ? »

Paul passe sa main sur le visage d'Arthur.

Il replonge dans le bleu de ses yeux.

« — Oui, pour mieux se retrouver, tu m'as manqué vieux bourgeois ! »

Arthur se jette dans les bras de Paul.

« — Toi aussi, tu m'as manqué le Rimbe ! »

Ils se promènent ensuite à travers le bois.

Et, au détour d'une clairière, font l'amour sur les fougères tapissant le sol.

« — Et si nous retournions à Londres ? propose soudainement Arthur.

— Tu repartirais avec moi ? demande Paul, incrédule.

— Bien sûr, allons-y ! »

Se sentant pousser les ailes des premières secondes, le couple s'envole.

Dans une nouvelle virée à bord d'un ferry.

Londres

De retour à Leun' deun', ils louent une chambre 8, Great College Street.

Dans un quartier principalement fréquenté par des artistes.

Paul donne des leçons particulières de français.

Arthur flâne, déambule et écrit dans les rues de la ville.

Ils se retrouvent souvent à la bibliothèque du British Museum.

Où ils dévorent quantité d'ouvrages.

Mais le quotidien et la routine les rattrapent rapidement.

Et le feu de la renaissance ne résiste pas à l'érosion du temps.

D'autant plus qu'Arthur est toujours aussi insolent et provocateur.

Il s'en prend régulièrement à Paul.

Et l'insulte en public.

Verlaine n'est plus très à l'aise dans cette relation.

Il vit de plus en plus mal les frasques de son impétueux amant.

Et le fantôme de Mathilde resurgit.

Un matin, alors qu'il rentre du marché, Rimbaud se moque de lui.

« — Hé bobonne, ce que tu as l'air con avec ta bouteille et ton poisson ! »

Paul ne peut supporter cette nouvelle humiliation.

Après avoir jeté les harengs et la bouteille, il tourne les talons.

Et court embarquer à bord du bateau en partance pour la Belgique.

Rimbaud, qui l'a suivi, arrive trop tard sur le quai.

« — Que vais-je devenir sans toi, seul à Londres ? »

En mer

Seul dans sa cabine, Paul rédige une lettre à Arthur.

Il lui explique qu'il devait absolument partir, fuir.

Que cette vie violente ne lui convient plus.

Qu'il l'aime mais qu'il doit tenter de retourner auprès de sa femme.

Et que, si ça ne marche pas, il se brûle la gueule et se donne la mort.

> *« Veux-tu que je t'embrasse en crevant ?*
> *Ton pauvre Paul Verlaine. »*

Londres

Avant même de recevoir cette lettre, Arthur en a, lui aussi, rédigé une.

Il demande à Paul de revenir.

Il explique que c'était une mauvaise plaisanterie.

Qu'il ne cesse de pleurer depuis deux jours.

Que leurs deux années passionnelles ne peuvent se terminer ainsi.

Que le destin de leur couple mérite plus flamboyant et romanesque.

> *« Qu'ensemble, nous sommes inoubliables.*
> *À toi toute la vie, Rimbaud. »*

Après avoir reçu la missive écrite en mer, Arthur reprend sa plume.

Il exprime violemment son désaccord.

Et affirme que Paul n'aura jamais le courage de se suicider.

Puis il adoucit ses mots.

Il lui parle de la liberté qu'ils savourent quand ils sont ensemble.

Lui redit qu'il reconnaît ses torts.

« Reviens, je veux être avec toi !
Autrement, je te plains.
Mais je t'aime, je t'embrasse et nous nous reverrons,
    Rimbaud. »

Bruxelles

Verlaine prend une chambre au Grand Hôtel liégeois.

Il y reçoit les missives de son amant resté à Londres.

Et se retrouve une nouvelle fois face à un choix important et crucial.

À mi-chemin entre deux vies possibles.

Londres, Arthur et ses fantaisies.

Paris, Mathilde et son conformisme.

Alors qu'il s'interroge, on frappe à la porte de sa chambre.

Il se lève et va ouvrir.

Le Rimbe se tient devant lui.

« — J'ai vendu tous mes effets personnels pour te rejoindre ! »

Arthur se jette dans les bras de Paul qui l'accueille en l'embrassant.

Après de chaleureuses retrouvailles, ils dénouent le passé.

« — Pardonne-moi mes railleries !

— Pardonne-moi mes colères ! »

Mais quelques minutes plus tard, les reproches reprennent le dessus.

Arthur les a bien retenus.

« — Tu ne penses qu'à Mathilde !

Tu parles à tout moment de te suicider !

Tu te plains sans cesse de n'être qu'un mal-aimé ! »

Verlaine ne sait quoi répondre tant les attaques sont vraies.

« — Demain, je quitte Bruxelles pour Paris ! » conclut Rimbaud.

Le lendemain matin, après une nuit d'amour, Paul se lève le premier.

Il s'habille discrètement et quitte la chambre.

Puis se rend aux galeries Saint-Hubert, au cœur de la capitale belge.

Dans une armurerie, il achète un pistolet de sept millimètres à six coups.

Puis s'arrête dans une taverne et se met à boire.

Un verre, puis deux, puis beaucoup plus.

Sur le chemin du retour, il a très chaud.

C'est l'été et le soleil surchauffe l'atmosphère.

Titubant, il rejoint péniblement la chambre et y retrouve Arthur.

« — Regarde ce que je viens d'acheter, dit-il fièrement en exhibant son arme.

— Que vas-tu faire d'un pistolet ?

— C'est pour toi, pour moi, pour tout le monde !

— De quoi parles-tu ?

— Je ne sais pas, de tirer peut-être !

— Toi tirer, tu n'en serais pas capable, tu es bien trop lâche pour ça ! »

À ces mots, prêt à relever le défi, Verlaine presse la détente par deux fois.

« — Voilà pour toi, puisque tu veux me quitter ! »

Deux détonations.

Deux balles.

La première atteint Arthur au poignet gauche.

La seconde s'écrase sur le plancher.

Pris de remords, Paul met l'arme entre les mains de son amant.

« — Tue-moi, je ne mérite pas de vivre ! »

Le sang coule sur l'avant-bras du jeune poète.

Après avoir repris leurs esprits, ils se rendent à l'hôpital.

La blessure étant superficielle, ils en ressortent rapidement.

Au détour d'une rue, Arthur répète son désir de se rendre à Paris.

Paul ne peut concevoir de le voir partir.

Arrivé place Rouppe, il devance Arthur de quelques pas et lui fait face.

« — Je t'empêcherai de partir, tu m'entends ?

Ou bien je me suiciderai en me brûlant la cervelle ! »

Puis il met la main dans la poche de son veston.

Dans laquelle Arthur devine la forme du pistolet que Paul cache.

Pris de panique, Rimbaud prend la fuite en courant.

Et se réfugie auprès d'un agent de police.

«— Cet homme veut me tuer, arrêtez-le!» se met-il à crier au milieu de la place.

Violemment appréhendé, Verlaine est incarcéré à l'hôtel de ville.

Après une première nuit derrière les barreaux, on le transfère au matin.

En voiture cellulaire à la prison des Petits-Carmes.

Dès le lendemain, il est présenté au juge chargé d'instruire le procès.

Le magistrat prend cette affaire très au sérieux.

Il enquête.

Interroge l'hôtelier et l'armurier.

Puis les infirmières de l'hôpital où fut admis Rimbaud.

Il soupçonne la répréhensible homosexualité du poète.

Afin d'affiner son jugement, il exige un examen corporel approfondi.

Verlaine est mis à nu et minutieusement inspecté.

«Le pénis est court et peu volumineux.

Le gland est surtout petit et va s'amincissant.

L'anus se dilate assez fortement en une profondeur d'un pouce environ.

De cet examen, nous constatons des traces d'habitude de pédérastie. Active et passive. »

Deux jours plus tard, Paul apprend qu'Arthur a retiré sa plainte.

Et qu'il a quitté Bruxelles.

Mais il est toujours poursuivi pour pratiques homosexuelles.

Dans sa cellule, il s'échappe grâce à l'écriture.

Il s'inspire de ses récentes aventures pour enchaîner les vers.

Le procès a lieu dans le monumental palais de justice de Bruxelles.

Le substitut du procureur du roi décrit Verlaine comme un dépravé.

Un parasite de la société.

Un alcoolique notoire.

Et un pédéraste !

Paul est condamné à deux ans de prison ferme.

Plus une amende de deux cents francs.

Le poète ne s'attendait pas à une peine aussi sévère.

« — C'est disproportionné et injuste ! » s'écrie-t-il avant d'éclater en sanglots.

Il est ensuite transféré en wagon cellulaire à la prison de Mons.

Mons

Le crâne rasé et chaussé de sabots, Verlaine vit mal son incarcération.

On l'oblige à trier des grains de café pendant des heures.

Le soir, entre les quatre murs de sa cellule, Paul s'évade en écrivant.

Il se redéfinit dans sa solitude.

Repense à Mathilde.

Qui, selon lui, est malheureuse depuis leur séparation officielle.

Puis à Arthur.

Dont il ressent l'empreinte jusqu'au plus profond de sa chair.

Arthur, sa folle passion dévastatrice, cet ouragan de plaisirs.

Après plusieurs mois de détention, il découvre un ouvrage.

Qui va changer sa vie.

Le Catéchisme de la persévérance de monseigneur Guillaume.

Il est bouleversé par ce qu'il y apprend.

Annonce qu'il a enfin rencontré Dieu.

Et se convertit au catholicisme.

Il compose par la suite de nombreux poèmes chrétiens.

Et devient un détenu modèle.

Cent soixante-neuf jours avant la date prévue, Verlaine sort de prison.

Stuttgart

Après avoir mené quelques recherches, Paul retrouve la trace d'Arthur.

Installé à Stuttgart, ce dernier a décidé d'apprendre l'allemand.

Ils se rejoignent au cœur de la ville et entament une longue promenade.

Pendant ces deux années, Arthur a physiquement mûri.

Paul a, quant à lui, pris un coup de vieux.

Exalté, il raconte en détail son expérience spirituelle.

« — J'ai eu la révélation de Dieu lors de mon séjour en prison !

Je me suis trouvé dans ces paroles divines.

J'ai beaucoup écrit pour proclamer ma foi.

Et il me tarde de te lire mes poèmes. »

Arthur est froid, distant et ne partage pas la ferveur de son compagnon.

« — Je n'ai que faire de tes poèmes, lui assène-t-il.

— Pourquoi es-tu si haineux ? demande Paul, déçu.

— Parce que tu n'es qu'un naïf et un pauvre d'esprit !

— Pourquoi me dis-tu cela ?

— Je te répondrai lorsque nous serons autour de verres euphorisants. »

Alors qu'il s'apprêtait à refuser, Paul se laisse entraîner dans une brasserie.

Après plusieurs verres, la conversation s'envenime.

«— Je ne veux pas lire tes poèmes parce que j'ai décidé d'arrêter d'écrire.

— Comment ça? demande Paul.

— Tu m'as bien entendu, l'écriture et la poésie, c'est fini!

— Tu ne peux pas abandonner ton don.

— C'est mon don, j'en fais ce que je veux!»

Bras dessus bras dessous, ils déambulent dans les rues vides de Stuttgart.

Ils sont soûls et chantent à haute voix.

Stimulé par sa longue abstinence, Paul tente de voler un baiser à Arthur.

Il veut l'étreindre et sentir son corps contre le sien.

Il veut l'aimer comme au premier jour.

Mais Arthur le repousse.

Il a tourné la page de leur relation.

Avec celle de l'écriture.

Frustré, Paul insiste et tend une nouvelle fois ses lèvres vers celles d'Arthur.

Qui en profite pour le frapper violemment au visage.

Verlaine s'affale sur le trottoir et reste inconscient de longues secondes.

Rimbaud tourne les talons et le laisse seul, inanimé.

De ce jour, ils ne se reverront plus jamais...

La Mégère apprivoisée

Richard Burton et Elizabeth

*01-Int-Jour : Bureau de la 20ᵗʰ Century Fox,
Los Angeles 13 septembre 1959*

ne grande pièce richement meublée. Les murs sont tapissés de boiseries. Une fenêtre ouvre sur l'entrée des studios dominée par un grand panneau bleu sur lequel on peut lire en lettres géantes : FOX.

Vêtu de son plus beau costume, Walter Wanger, producteur d'une trentaine d'années, le visage poupin, est assis face à Spyros Skouras, le puissant président de la Fox, un Grec à l'accent prononcé et au large sourire. Voilà des mois que Walter travaille sur le scénario de leur prochaine collaboration : un film sur la vie de Cléopâtre, reine d'Égypte, inspiré de la version muette réalisée cinquante ans plus tôt. Après avoir parcouru les pages du nouveau script, Skouras relève la tête et rallume son cigare.

— C'est nettement mieux ! Félicitations ! Vous m'avez donné envie de le voir. Excellent script.

— Merci. Ravi qu'il vous plaise.

Skouras se lève de son siège et se dirige vers une table basse sur laquelle est posée une bouteille de whisky.

— Un verre ?

— Avec plaisir.

— À la réalisation, que pensez-vous de Mamoulian ?

— Une bonne idée, mais acceptera-t-il ?

Après avoir déposé un verre devant Wanger, Skouras retourne s'asseoir.

— Je me fais fort de le convaincre. En revanche, le tournage ne pourra pas se faire à Rome comme nous l'avions envisagé. La ville est paralysée par la préparation des prochains Jeux olympiques ! Ce sera donc Londres, les studios de Pinewood.

— Tant pis. Reste à prier pour que le climat londonien nous soit clément. Pour les rôles masculins, nous restons sur Peter Finch en César et Stephen Boyd en Antoine ?

— Exact. Reste maintenant à trouver celle qui sera digne d'incarner ce fabuleux destin à l'écran.

— Je pensais peut-être…

— Attendez ! l'interrompt soudain Skouras. Je vais vous dire moi ! Nous avons la jeune Joan Collins. Elle ne nous coûtera pas cher et s'adaptera aux exigences de Mamoulian.

Un petit sourire éclaire le visage de Wanger.

— J'ai bien mieux à vous proposer.

— Ah bon ? Et qui donc ?

— Patientez. Elle ne va pas tarder.

Le président de la Fox adopte une mine contrariée.

— Vous lui avez demandé de venir ? Vous prenez un gros risque. Imaginez qu'elle ne me convienne pas.

— Elle vous conviendra. J'en suis sûr.

— Mais…, veut protester Skouras.

La porte vient de s'ouvrir.

Une jeune femme apparaît dans l'encadrement qui toise les deux hommes derrière de grandes lunettes de soleil.

Wanger se lève et annonce avec emphase :

— Mrs. Elizabeth Taylor ! La reine du Nil.

Skouras reste sans voix. Il connaît pourtant très bien l'actrice, mais c'est la première fois qu'il la voit d'aussi près. À vingt-huit ans, celle qui a commencé sa carrière à neuf ans est au sommet de la gloire et de la beauté.

Elle traverse le bureau avec grâce, s'installe dans un fauteuil et ôte ses lunettes.

— Bonjour Spyros, lance-t-elle en plongeant ses yeux violets dans les prunelles noires du président de la Fox.

— Ravi, Mrs. Taylor. Permettez-moi une question : vous sentez-vous capable d'incarner un tel rôle ?

L'actrice a un petit rire ironique.

— Non seulement je m'en sens capable, mais je sais que je suis la seule à pouvoir jouer un si grand destin. C'est plutôt moi qui devrais vous demander si vous avez les moyens de vous offrir la seule actrice faite pour ce rôle.

Wanger sent que la discussion part sur de mauvaises bases et tente de détourner la conversation.

— Il me semble que…

— Nous sommes d'accord, le coupe Spyros. Et quel qu'en soit le prix ! Quel est le vôtre Mrs. Taylor ?

Elle lâche sans ciller :

— Un million de dollars.

Wanger ne peut s'empêcher d'émettre un sifflement. Aucune actrice à ce jour n'a exigé une somme aussi astronomique. Il se risque :

— Nous avons déjà prévu un budget très important pour les costumes, les décors et…

— C'est d'accord ! l'interrompt derechef Skouras.

Liz lui sourit, remet ses lunettes en place.

— La meilleure actrice pour le plus grand des rôles, vous ne serez pas déçus.

Elle se lève et s'éclipse.

02-Int-Jour : Studio de Pinewood,
Londres 18 septembre 1960

Depuis le premier clap, le tournage n'a cessé de virer à la catastrophe. Les décors acheminés vers l'Angleterre sont arrivés en piteux état, les studios sont mal insonorisés et le climat est londonien à souhait.

Aujourd'hui, finalement, les problèmes semblent à peu près résolus. Les deux acteurs principaux, Liz Taylor et Peter Finch, sont prêts à se donner la réplique.

Rouben Mamoulian a pris place derrière son écran de contrôle.

— Moteur ! s'écrie-t-il.

— Moteur, répond le cameraman.

— Clap !

Le clapman entre dans le champ de la caméra, annonce le numéro de la scène, du plan et de la prise, actionne son clap, puis sort du cadre.

— Attention… Action !

Les deux acteurs se mettent alors en mouvement.

Cependant, à peine Liz prononce-t-elle les premiers mots, que l'on distingue de la buée qui s'échappe de ses lèvres.

— Coupez ! s'écrie Mamoulian. Nous sommes censés nous trouver en Égypte sous un soleil de plomb ! C'est de la folie ! On arrête tout.

Reporté initialement de quelques jours, le tournage ne reprendra pas. Liz Taylor est tombée gravement malade et elle a quitté l'Angleterre pour subir une trachéotomie.

Cinq mois plus tard, le tournage n'a toujours pas repris. Seules dix minutes ont été tournées et pas une seule avec l'actrice principale. Le plus ennuyeux, c'est que, protégée par son contrat, Liz Taylor ne peut pas être remplacée.

Excédé, Mamoulian finit par perdre patience et démissionne.

03-Ext-Jour : Californie
18 avril 1961

Villa de Skouras à Santa Monica.

Un parc immense parsemé de bougainvilliers.

Une fontaine de marbre rose.

La façade de la villa est ornée de colonnades et fait penser à un temple grec.

Liz remonte l'allée. Elle irradie de bonheur. Le monde est à ses pieds. La veille, elle a remporté le titre suprême :

l'oscar de la meilleure actrice pour son rôle dans *La Vénus au vison,* aux côtés de Laurence Harvey.

Le président de la Fox et Walter Wanger l'accueillent près de la piscine.

— Félicitations ! s'exclame Wanger en enlaçant la star.

— Je valais bien cette somme..., glisse-t-elle malicieusement.

— Je n'en doutais pas, répond Skouras en lui baisant la main. Installez-vous, je vous en prie. Je vous sers quelque chose ?

— Champagne !

Skouras lui verse une coupe et abandonne très vite son sourire pour adopter une mine grave.

— Ma chère Liz, permettez-moi de vous dire que nous avons fondé tous nos espoirs sur Cléopâtre pour relancer le studio. Mais à ce rythme, le film va nous couler !

— *Darling*, ce n'était ni la bonne équipe ni le bon endroit ! Il faut tout changer ! Sauf moi bien sûr...

— Nous en avons pris conscience et nous allons y remédier, intervient Wanger. Adieu l'Angleterre. Nous tournerons en septembre et à Rome.

— Septembre ? À Rome ? Parfait ! Juste un détail : à la réalisation, j'exige Mankiewicz. Il m'a déjà dirigée et nous nous entendons à merveille. De plus, Joe est un écrivain accompli. Il sera tout à fait capable de peaufiner le scénario qui, vous en conviendrez, en a bien besoin.

— OK pour Mankiewicz, approuve Skouras. Pour les rôles-titres, que pensez-vous de Finch et Boyd ?

Liz balaye l'air d'un geste de la main.

— Pas à la hauteur ! Nous voulons des empereurs, il nous faut des carrures !

— À qui pensez-vous ?

— Rex Harrison serait très bien pour César. Pour Antoine, j'ai pensé à un acteur que j'ai aperçu l'autre jour à Broadway dans une comédie musicale, *Camelot*. Il tenait le rôle du roi Arthur. Hélas, je ne me souviens plus de son nom… Richard, je crois.

— Richard Burton.

— Exact ! Richard Burton. Il sera parfait en Antoine.

— Adjugé ! s'exclame Skouras.

04-Int-Jour : Cinecitta, Rome

23 septembre 1961
Studio n° 5
Un plateau. Mankiewicz et son équipe.
Le ciel est d'un bleu magnifique, le soleil au zénith.

Il n'a pas fallu longtemps pour que le Gallois succombe à l'ensorcelante beauté de la reine du Nil. Il est déjà fou amoureux d'elle. De son côté, Liz n'est pas insensible au charme de son partenaire. Elle aime sa carrure de rugby-man, la manière directe qu'il a de s'exprimer : abrupte, paillarde souvent, et sans détour. Son côté animal.

Joe Mankiewicz ordonne :

— Moteur !

— Moteur, répond le cameraman.

— Clap !

— Action !

Personne n'est dupe. L'alchimie est palpable entre les deux acteurs. Ils se tournent autour, se cherchent du regard, vivent intensément la passion qui anime leurs personnages. Mankiewicz est aux anges.

À la fin de la prise, Richard murmure à l'oreille de Liz :

— Tu m'as envoûté, Cléopâtre.

05-Int-Nuit : Hôtel.
23 septembre 1961

La nuit est tombée. Richard remonte discrètement le couloir de l'hôtel Carlton qui mène à la chambre de Liz. Il frappe. Un temps. Elle entrebâille la porte. Elle est en chemise de nuit. Elle s'apprête à protester, mais Richard pose un doigt sur ses lèvres, s'engouffre dans la suite et, dès qu'il est à l'intérieur, prend Liz dans ses bras.

— Je sais ce que tu vas me dire. Que je suis marié et que tu es mariée. Que ce serait pure folie ! Mais pourquoi nier l'évidence ? Je te plais et tu me plais !

— Oui, Richard. Je ne vais pas le nier. Tu es mon type d'homme. Mais de là à tomber dans tes bras dès la première nuit !

Liz se libère de l'étreinte du Gallois et se dirige vers une table basse où sont alignées plusieurs bouteilles d'alcool.

— Qu'est-ce que je te sers ?

Richard garde le silence et se contente de la contempler. Sa chemise de nuit blanche laisse entrevoir les jambes galbées de la reine du Nil et le contour de ses hanches. Alors, sans plus attendre, il la rejoint, la fait pivoter et l'embrasse avec passion. Cette fois, Liz ne résiste pas.

— Nous sommes faits l'un pour l'autre, murmure Richard.

Liz éclate de rire.

— Fais-moi l'amour au lieu de dire des stupidités !

Ce sera leur première nuit ensemble, peut-être la plus brûlante.

Le tournage reprend. Au fil des jours, les prises s'enchaînent. Un après-midi, Richard entraîne Liz chez le joaillier Bulgari où Gianni, le petit-fils du fondateur, les accueille dans un salon privé. Liz, vêtue d'un ensemble Yves Saint Laurent noir et blanc, est dans son élément. Fils d'un mineur gallois, vêtu d'un jean et d'un simple blazer, Richard s'amuse de vivre dans le luxe et l'excès.

— Vous savez, Gianni chéri, fait remarquer Liz, l'un des grands avantages de tourner *Cléopâtre* à Rome est la proximité de votre magnifique boutique.

— Bulgari est le seul mot italien qu'elle connaisse, ironise Richard.

— Je suis sûr que mon grand-père vous aurait énormément apprécié tous les deux, flatte le joaillier. Vous respirez l'amour.

— Je voudrais un bijou unique pour ma bien-aimée, annonce Richard.

— Tous nos bijoux sont uniques, Mr. Burton. Mais je comprends ce que vous désirez. Vous voulez dire un bijou rare, n'est-ce pas ?

— Exactement.

— Alors, j'ai ce qu'il vous faut.

Liz frémit d'impatience comme une enfant.

Gianni Bulgari revient quelques secondes plus tard et pose devant le couple un présentoir tapissé de velours bleu.

— Collier en platine, explique-t-il, serti de seize émeraudes octogonales colombiennes.

— Splendide pièce ! Puis-je l'essayer ?

Le joaillier est déjà derrière Liz. Il soulève délicatement les longs cheveux noirs de la star et pose le collier autour de son cou.

Richard questionne :

— Il te plaît ?

— S'il me plaît ? Je n'ai jamais rien vu de plus beau !

— Il est à toi.

— Richard, tu es fou !

— Pas assez.

Au moment où le couple ressort, main dans la main, prêt à s'engouffrer dans la limousine qui les attend, une journaliste, Giovanna Pirlo, les aperçoit. Quel scoop ! Elle se rue sur un téléphone pour prévenir un ami photographe.

Le week-end suivant, les deux amants s'offrent une escapade en Sicile dans la villa d'un ami italien. Mettant à profit leur anonymat, ils font de longues balades dans les ruelles de Taormina. Ils rient, s'embrassent beaucoup, mangent des glaces et jouent aux touristes en achetant des souvenirs sans intérêt.

De retour sur le yacht de leur ami, ils se baignent, bronzent et boivent du champagne.

Planqués derrière les rochers, Giovanna Pirlo et son ami photographe ne perdent pas une seconde du spectacle.

À leur retour à Rome, la nouvelle fait la une du principal journal de la ville. Photos à l'appui, l'article révèle leur liaison au grand jour. Une nuée de journalistes attend le couple à l'entrée de Cinecittà.

— Monsieur Burton, est-il vrai que vous entretenez une relation avec Liz Taylor ?

— Mrs. Taylor, un commentaire ?

— Le pape a publiquement condamné votre liaison en la qualifiant de vagabondage érotique. Qu'en pensez-vous ?

— Un journaliste a déclaré que c'est Monsieur Mankiewicz qui aurait une aventure avec Mrs. Taylor et que Mr. Burton ne serait qu'une couverture, confirmez-vous ?

Amusé par cette dernière question, Richard se tourne vers le journaliste et lui lance avec un large sourire :

— Vous voulez la vérité ? Je vais vous la dire. Écoutez-moi bien. La vérité, c'est que Joe Mankiewicz et moi sommes amants. Mrs. Taylor nous sert de chaperon.

Tous les journalistes éclatent de rire. Sauf un.

— Mrs. Taylor, confirmez-vous les propos de Monsieur Burton ?

No comments.

06-Int-Jour : Salon royal du Ritz Carlton,
Montréal 15 octobre 1962

Le tournage s'est achevé au cours de l'été.

Entre-temps, Skouras a été contraint de démissionner. Le budget fixé initialement à deux millions de dollars est passé à trente-cinq, faisant de *Cléopâtre* l'un des films les plus chers de l'histoire du cinéma. Skouras a été remplacé par Darryl F. Zanuck. Mankiewicz, estimant qu'il avait bien trop de matériel pour un seul film, proposa de le découper en deux films de trois heures. Zanuck refusa et fit un montage d'environ quatre heures.

Le 12 juin 1963, l'arrivée de *Cléopâtre* sur les écrans fut accueillie sous un déluge de mauvaises critiques.

Tout à leur bonheur, ni Liz ni Richard n'en eurent cure : ils avaient enfin réussi à divorcer de leurs conjoints respectifs et s'apprêtaient à se marier.

Le 15 mars 1964, soit trois ans après leur première nuit d'amour, ils se sont dit oui dans l'intimité du salon royal de l'hôtel Ritz Carlton à Montréal.

Vêtue d'une simple robe blanche et coiffée d'une longue natte piquée de fleurs de jasmin, Liz veut se convaincre que ce mariage-là (le cinquième[1]) durera toute sa vie.

Dans son costume noir, Richard, lui, respire la séduction. Il vient pourtant d'abandonner femme et enfants pour suivre sa maîtresse. Mais quelle femme ! Il ne peut rien lui refuser, il est fasciné par sa beauté, son énergie, son aura.

En comparaison avec les bijoux que porte habituellement Liz, les alliances qu'ils échangent ce jour-là sont étonnamment sobres.

Sobres car c'est le soir, isolés dans l'intimité de leur chambre, que Richard offre à celle qui est devenue sa femme son vrai cadeau de mariage : une montre sertie de diamants. Une pièce unique conçue par… Gianni Bulgari.

Après l'avoir mise à son poignet, Liz pousse Richard sur le lit, enlève ses vêtements lentement, un à un pour ne conserver que… la montre.

07-Int-Jour : Villa, Oroville, Californie
26 avril 1967

Un salon.
Les murs sont tapissés de toiles de maîtres.
Des divans couverts de coussins de brocart.
Une grande table basse.

---

1. Conrad Nicholson Hilton Jr., héritier de la chaîne des hôtels Hilton, en 1950 ; l'acteur Michael Wilding, en 1952 ; le producteur Michael Todd, en 1957, et le chanteur Eddie Fisher, en 1959.

Un bar.

La baie vitrée ouvre sur une piscine olympique.

Liz et Richard viennent de triompher dans *Qui a peur de Virginia Wolf?* Si l'actrice a remporté l'oscar, la magnifique performance de Richard s'est vue boudée par la profession. Les critiques sont unanimes pour dire que le rôle de Martha est le meilleur que Liz ait interprété jusque-là.

De retour chez eux, Liz range la statuette sur une étagère, entre celle qu'elle a reçue pour *La Vénus au vison,* son Golden Globes pour *Soudain l'été dernier,* et le Laurel Award pour *L'Arbre de vie.*

— Tu ne m'en veux pas? demande-t-elle sur un ton taquin.

— Que je t'en veuille? Pourquoi diable t'en voudrais-je?

Elle réplique avec un large sourire :

— Parce que j'ai eu l'oscar et pas toi.

— Cela prouve simplement que les gens ont bon goût. C'est plutôt rassurant. Tu es aimée. Adulée. Et moi je me régale.

— Que veux-tu dire?

— Que je me fous complètement si des millions de gens fantasment sur Mrs. Taylor. Moi, leur fantasme, je le vis. Et il me comble.

— Tu es adorable.

— En revanche, tu dois savoir une chose : je crains fort que notre histoire ne dure pas.

Liz, affolée, se récrie :

— Quoi? Et tes promesses d'amour éternel alors?

— Il ne s'agit pas de promesses, mais de ta santé.

L'actrice comprend de moins en moins.

Richard enchaîne le plus sérieusement du monde :

— J'ai l'intention de multiplier par dix le nombre de fois où je te ferai l'amour. Et je crains que tu ne puisses tenir le coup.

Liz part d'un grand éclat de rire.

— Salaud ! Tu m'as fait une de ces peurs ! N'aie crainte, le Gallois. Je sais me protéger.

— Toi ? Avec ta carrure de mouche, tu penses faire le poids ?

— Et comment mon ami !

Richard va vers elle, la saisit par la taille et la soulève sans effort.

— Tu es une des nanas les plus jolies de ma vie. Mais j'avais raison, tu ne fais pas le poids !

— Une des « nanas » ? Quel langage ! Tu sais à qui tu parles ? À l'actrice la plus chère de Hollywood ! Mon poids est dans mon art, pas dans mon corps !

— Alors, vérifions…

Richard dégrafe la robe de Liz, la bouscule sur le divan le plus proche et pense au moment de la pénétrer : « Cet oscar, je l'aurais largement mérité. »

08-Ext-Jour : Salon privé de l'aéroport,
Paris, 13 septembre 1967

À l'écart dans un salon privé de l'aéroport d'Orly, Liz et Richard s'apprêtent à partir en vacances dans la villa d'une de leur connaissance en Sardaigne.

Liz jette un coup d'œil à sa montre et pousse un soupir.

— Midi. Je ne comprends vraiment pas pourquoi tu nous as fait venir d'aussi bonne heure !

— Pour profiter de la gratuité du champagne.

— Tu te fous de moi ?

Richard se met à rire.

— Ou alors parce que c'est l'heure prévue pour ta surprise.

— Qu'est-ce que tu as encore manigancé ?

Richard élude la question.

Un homme en uniforme de pilote vient d'entrer dans le salon. Richard va vers lui, échange quelques mots et revient vers Liz.

— On y va !

— Où donc ? L'avion ne décolle pas avant deux heures !

— L'avion, oui. Pas *notre* avion.

Liz est totalement déconcertée.

— Un jour, reprend Richard, tu m'as dit que tu supportais mal la promiscuité des autres passagers, même en première, n'est-ce pas ? Et tu as même ajouté : « Un jet privé. Voilà ce qu'il me faut. »

— Ne me dis pas que…

— J'ai fait le chèque.

— Tu es complètement fou ! s'exclame Liz. Tu as dû payer une fortune !

— Des cacahuètes.

— Combien Richard ?

— Moins que ton cachet pour *Cléopâtre*.

— J'espère bien.

— Mais pas beaucoup moins.
— Combien ?
— Neuf cent soixante.
— Neuf cent soixante mille dollars ? s'écrie Liz.
— Ton bonheur n'a pas de prix, mon amour.
Il lui prend la main.
— Allons-y… ne faisons pas attendre *notre* pilote.

09-Int-Nuit : Villa, Oroville, Californie
2 mai 1968

— Tu n'es qu'une charmante grosse fille qui aime les moustiques ! C'est parce que tu as de minuscules yeux violets ! Et aucun sens de l'humour, en plus ! Tu es prude, oui prude ! Hypocrite aussi ! Et évidemment affreusement complexée !

Après avoir ingurgité plusieurs litres d'alcool, Richard et Liz ne savent même plus pourquoi ils se disputent encore. C'est devenu l'un des moteurs de leur vie à deux. Un jour sans empoignade serait un jour sans oxygène.

— Tu n'es pas une femme, mais un homme en fait ! hurle Richard.

— Et toi, tu es une petite fille, une petite Galloise ! s'exclame Liz.

Vexé, Richard lance son verre de whisky contre le mur. Le verre explose en mille morceaux. Il quitte la pièce. Liz éclate en sanglots.

Le lendemain matin, comme tous les lendemains matin après avoir dessoûlé, les deux fauves se retrouvent, migraineux et vaseux.

— J'ai une chance peu commune dans ma vie, balbutie Richard. Mais ma plus grande est de t'avoir rencontrée.

— Nous sommes faits l'un pour l'autre, ânonne Liz. C'est toi qui l'as affirmé.

— Et je ne cesserai de le redire. Tu es une maîtresse terriblement excitante, tu es timide, spirituelle et pleine d'esprit. Plus que tout, tu tolères tout ce qu'il y a chez moi d'insupportable... notamment mon ivrognerie...

Ces réconciliations deviennent rapidement des rituels et vont ponctuer leur vie amoureuse.

10-Int-Nuit : Hôpital, Los Angeles
11 juillet 1968

Un salon privé de l'hôpital.

Admise en urgence à l'hôpital de Beverly Hills, l'actrice doit subir une hystérectomie. Richard décide aussitôt de prendre une chambre à côté de celle de son épouse. Il est littéralement pétrifié. Elizabeth est sa raison de vivre. Il est malheureux dès qu'elle s'absente. Après sept ans de vie commune, elle lui manque même quand elle s'éclipse dans la salle de bains. Si elle venait à disparaître, il en mourrait, c'est sûr.

Détail étrange : alors qu'il patiente dans l'un des salons de l'hôpital, voilà qu'il éprouve une vive douleur dans le bas-ventre. Il est 12 h 40. Il apprendra par la suite que cette douleur a jailli au moment même où le chirurgien retirait une partie de l'utérus de Liz.

Dès que son épouse est réveillée, il se précipite à son chevet. Il est visiblement aussi fatigué qu'elle. Ils ont tous les deux le teint blafard et des cernes bleuâtres sous les yeux.

— Liz, tu ne me refais plus jamais ça, on est d'accord ?

— Plus jamais. Mais tu as l'air vidé.

— Je suis resté avec toi tout le temps. Je ne voulais pas te quitter. Ils nous ont séparés au moment de l'opération, c'est tout.

— Tu es fou, Richard, dit-elle en lui prenant la main. Un jour, Jean Cocteau, cet écrivain français dont je t'ai souvent parlé, m'a dit qu'il n'y avait pas d'amour, mais des preuves d'amour. Et ce que tu viens de vivre me prouve à quel point tu tiens à moi. Je t'aime, Richard.

— Promets-moi de ne jamais me quitter, de ne jamais m'abandonner.

— Je te le promets...

11-Int-Nuit : Villa, Oroville, Californie
22 octobre 1968

Alors qu'elle est toujours convalescente, Liz rejoint Richard dans le salon de leur villa d'Oroville. Lorsqu'elle arrive dans le salon, elle l'aperçoit qui est en train de se verser un cocktail.

— Richard, il est 7 heures du matin.

— Ma chérie, le bloody mary matinal est ma vitamine C pour la journée.

— Tu ne tiendras pas longtemps à ce rythme.

— Tu ne vas pas recommencer, Liz. Nous en avons déjà parlé et tu sais très bien ce qu'il en est !

— Richard, tu ne te rends pas compte ! Je m'inquiète sérieusement pour ta santé.

Son verre de bloody mary à la main, Richard se laisse choir sur le canapé.

— Tu es pourtant bien placée pour comprendre mon addiction.

— C'est bien pour cette raison que je me permets de te donner des conseils. Tu pourrais au moins éviter de boire dès l'aube !

— Dès l'aube, ensuite plus rien jusqu'au déjeuner. C'est trop ?

— Évidemment, c'est trop ! Un le matin ! Demain, tu passeras à deux et tu augmenteras tes doses pour finir ivre mort le soir, ou même avant. Un jour, tu ne seras plus qu'un misérable ivrogne, incapable de survivre sans un verre à la main.

— OK. Tu as raison. Demain, j'attendrai sagement le déjeuner pour boire une bière. Tu es satisfaite ?

Le soir venu, Liz a peut-être un peu moins bu que Richard mais elle est dans un état tout aussi lamentable.

Au dom-pérignon, ont succédé des quantités impressionnantes de vodka-orange. Ni elle ni lui ne tiennent debout.

— Dis, Richard.

— Je t'écoute, tout mon amour.

— J'aime bien quand tu m'appelles mon amour, mon amour, répète niaisement Liz. J'ai envie de jouer au gin-rummy.

Richard sort subitement de sa léthargie.

— Je suis prêt. Quand tu veux.

Elle se lève péniblement, se dirige en titubant vers une étagère, récupère un jeu de cartes et retourne s'asseoir.

Elle propose :

— Que dis-tu de mille dollars le point ?

— Parfait !

Au bout de plusieurs parties et autant de verres d'alcool, Liz a contracté envers son époux une dette de six cent quarante-huit mille dollars.

— C'est incroyable, s'étonne-t-elle naïvement, normalement je gagne toujours à ce jeu.

Elle se dirige vers son sac à main, en sort son chéquier et un stylo. Alors qu'elle commence à rédiger le chèque, Richard se glisse derrière elle.

— Paye-moi en nature et j'efface ta dette.

Liz se retourne et plaque sa main sur le sexe du Gallois. Elle entrouvre sa braguette et s'exclame :

— Pour six cent quarante-huit mille dollars, Monsieur Burton, j'espère que vous avez le cœur bien accroché !

12-Int-Jour : Taormina, Sicile, Italie
14 février 1969

Une suite d'hôtel décorée de manière assez rustique et avec un goût douteux.

Le couple s'est réfugié à Taormina, en Sicile. Leur lieu fétiche.

On frappe à la porte. Liz se précipite pour ouvrir. Un maître d'hôtel est là, les bras chargés d'un grand et d'un petit paquet. Sur un ordre de Richard, il les dispose sur le lit et s'éclipse.

— Qu'est-ce que c'est ? interroge Liz.

— Tu le vois bien : cadeaux.

— Par lequel dois-je commencer ?

— Par le plus grand.

Sous le regard étonné de Liz, se dévoile un magnifique portrait de Marie Ire d'Angleterre. Sur la poitrine de la reine, une perle : la Peregrina. La plus célèbre perle du monde.

— Magnifique toile, déclare Liz, admirative.

— J'ai pensé qu'il serait bien que nous l'offrions à la National Portrait Gallery de Londres. Qu'en penses-tu ?

Liz plisse le front.

— Tu veux offrir *mon* cadeau à la National Gallery ?

— Calme-toi, temporise Richard. Ouvre plutôt le second paquet.

Liz, retire l'emballage. Un étui. À l'intérieur, posée sur un fond de velours bleu, la Peregrina luit comme un éclat de lune.

Quelques jours plus tard, le couple se rendra main dans la main à la National Gallery de Londres et fera don du portrait de la reine.

Estimation du cadeau : quarante mille dollars.

13-Int-Jour : Villa, Oroville, Californie
11 décembre 1969

Depuis que Liz a commencé le tournage de *The only game in town*, avec Warren Beatty comme partenaire, Richard sent que le comportement de son épouse a changé. Non seulement elle n'est plus la même, mais elle ne se prive pas de le dénigrer en public et de critiquer son alcoolisme.

Ce matin-là, dès le petit déjeuner, il décide d'ouvrir les hostilités.

— Tu n'es qu'une ravissante petite salope qui devrait perdre quelques kilos.

— Qu'est-ce qui te prend ? Tu es cruel de me dire une chose pareille !

— Moi, cruel ? C'est plutôt toi qui es insupportable depuis ton retour. Que se passe-t-il ? Je veux savoir !

— Tu veux *vraiment* savoir ?

— Je t'écoute.

— Très bien mon chéri : j'ai couché avec Warren.

Richard croit avoir mal entendu.

— Répète ?

— J'ai couché avec Warren.

Hors de lui, il pousse un cri rauque et manque de renverser la table sur laquelle est servi le petit déjeuner.

— Allons, calme-toi! Couché avec lui n'a absolument rien changé à mes sentiments. Au contraire. Tu devrais même être heureux.

Burton manque de s'étrangler.

— Heureux que tu aies joui dans les bras d'un autre? Es-tu devenue folle?

— Je n'ai même pas joui. Warren est un piètre partenaire. Tu sais comment ça se passe sur les tournages. On est proche, on joue un rôle et des fois, le soir, on oublie qu'il s'agissait d'un rôle.

— Ma parole, mais tu es complètement dingue!

Richard la gifle si violemment que l'actrice se retrouve par terre.

— Parfois, rugit-il, tu me fais ressembler à mon père. Et je te hais pour ça!

— Non seulement tu es un alcoolique, réplique Liz, mais tu es un pauvre type! Un lâche qui bat sa femme!

— Et toi, tu n'es qu'une vipère. Un serpent, voilà ce que tu es! Je te hais. Tu as fait de ma vie un enfer!

Quelques jours après cet éclat (qui s'inscrit dans une longue série), Richard et Liz se rendent à un dîner de charité organisé par une de leurs connaissances. Au moment où ils sortent de leur limousine, Liz cherche à prendre la main de son époux.

Richard se rebiffe.

— Pas question ! Tes mains sont laides et masculines. Tes doigts sont boudinés !

Pas le moins du monde blessée par la pique de Richard, Liz lui rétorque tranquillement :

— Offre-moi donc une belle bague si tu veux les embellir…

Ils n'échangeront plus un seul mot de la soirée.

14-Ext-Nuit : Taormina, Sicile
27 février 1972

Restaurant. Décor très italien.

Pour fêter les quarante ans de sa belle, Richard emmène Liz dans leur chère ville de Taormina.

Le soir, ils dînent en tête à tête dans un petit restaurant de pêcheurs. Au moment du dessert, un serveur s'avance en portant un magnifique gâteau d'anniversaire décoré d'une seule bougie. Un autre serveur dépose une petite boîte sur l'assiette de Liz.

— Fais un vœu ! lance Richard.

Liz ferme les yeux, se concentre, puis souffle la bougie sous les applaudissements de toute la salle.

— Je peux ? demande-t-elle en désignant la boîte.

— Bien sûr !

Elle soulève le couvercle et, aussitôt, manque de pousser un cri. Des bijoux, elle en a. Elle en est même couverte. Mais ce qu'elle aperçoit là les dépasse et de très loin : un collier. Une splendeur au bout de laquelle scintille un diamant en forme de poire. Énorme !

— Soixante-neuf carats, commente Richard en souriant.

Et d'ajouter :

— Quand le joaillier a su qu'il t'était destiné, il l'a surnommé le *Taylor-Burton Diamond*. Il est à l'image de notre amour : éternel.

— Richard, tu es fou ! s'exclame Liz.

— Je ne le serai jamais assez.

En vérité, Richard ment. Voilà un moment qu'il se détache, et Liz le sent. Il n'est qu'à voir la manière dont il regarde les autres femmes pour s'en convaincre.

Richard se détache et Liz commence à vieillir.

15-Int-Jour : Studio de tournage, Los Angeles
24 avril 1972

Ils viennent de tourner l'une des scènes d'un télé-film au titre prémonitoire : *Divorce*. Le sujet traite des émotions ressenties par un couple qui, après dix-huit ans de mariage, voit s'approcher l'heure fatidique de la séparation. La première partie du film développe le point de vue de mari, et la seconde celui de la femme.

De retour à leur hôtel, et comme tous les soirs, le couple a passé la soirée à se disputer, à beaucoup boire et à s'injurier. Finalement, ils font chambre à part.

Richard est seul. Il écrit :

Mon enfant chéri endormi,

Notre amour est voué à l'échec. Et le pire, c'est que nous en sommes conscients, mais refusons de l'admettre.

Tu es sans doute la meilleure actrice du monde, ce qui, combiné à ta beauté extraordinaire, te rend unique.

Je t'aime à la folie, mais d'un amour invivable.

Si tu me quittes, je me tue. Il ne peut y avoir de vie sans toi.

Mais il ne peut également y avoir de vie avec toi.

Après ta mort, il devra y en avoir une autre et ce sera la mienne.

Mais en attendant, je me dois de te quitter.

Pour rester en vie.

D'un amour ravagé, Richard qui t'aime.

Lorsque la nouvelle de leur séparation se répand, Liz doit immédiatement faire face aux journalistes qui font le siège à la sortie des studios.

— Allez-vous divorcer, Mrs. Taylor ?

— Pensez-vous que l'alcool a détruit votre couple ?

— Tournerez-vous d'autres films ensemble malgré votre séparation ?

Liz, qui marche vers sa voiture, s'arrête.

— Notre séparation était inévitable. Je suis convaincue que c'est une bonne chose pour Richard et moi. Peut-être que nous nous aimons trop. Je ne pensais pas qu'une telle chose fût possible.

Elle s'engouffre dans la limousine.

16-Int-Jour : Bureau du juge des divorces, Los Angeles 26 juin 1974

Accompagnés par leurs avocats respectifs, Richard et Liz sont assis côte à côte devant le juge chargé du dossier de leur divorce. Ils évitent soigneusement de se regarder et conservent les yeux rivés sur le magistrat.

— Richard Walter Jenkins Burton, avez-vous une dernière observation à faire avant que je ne prononce l'arrêté ?

— Oui. Je veux que mon ex-épouse sache qu'elle pourrait me quitter cent fois, elle restera toujours mon enfant chéri. Notre amour est si furieux qu'il nous consume, nous dévore. Mais le plus fondamentalement vicieux, dégueulasse, meurtrier, et immuable, est que nous n'arrivons pas à nous comprendre.

Liz pleure.

Richard marque une pause puis :

— Mon amour, tu es aussi loin que Vénus, la planète j'entends, et je suis sourd à la musique des sphères.

— Vous voyez, Monsieur le juge, c'est exactement ça ! se ressaisit Liz. Monsieur Burton est un homme frustré de n'être qu'un acteur. Monsieur aurait voulu être écrivain. Mais un Gallois, fils de mineur, devenir écrivain, c'est trop dur pour Monsieur qui préfère se cacher derrière des rôles sans jamais vivre celui de sa vie.

Richard bondit de son siège, fonce vers la porte et, avant de disparaître, se retourne et désigne Liz du doigt.

— Tel Prométhée, j'ai été maudit par les dieux pour avoir capturé le feu. Le feu, bien sûr, c'est toi !

Il quitte la pièce en claquant violemment la porte.

Lorsque Liz sort du tribunal, Richard l'attend.

Il a visiblement largement entamé la fiole de whisky qu'il garde secrètement dans la poche intérieure de sa veste.

— Tu veux t'en aller ? Je peux à peine le croire, crie-t-il en titubant en pleine rue. Enfin ma délivrance !

— Richard, je fais ça pour notre bien. Nous étions d'accord. C'est bien toi qui m'as écrit cette lettre de séparation. Je ne fais qu'aller au bout de ton idée.

Soudain, le Gallois fond en larmes. Attendrie, Liz se précipite, le prend dans ses bras et lui passe la main dans les cheveux.

— Je serai toujours là pour toi, lui glisse-t-elle.

— Tout ce que j'espère, c'est que tu sois heureuse, et peu importe avec qui. Je ne cesserai jamais de t'aimer.

17-Int-Jour : Église, Kasane, Botswana
10 octobre 1975

Plus d'un an après leur divorce, Richard et Liz résident dans le même hôtel de Johannesburg. Comme nombre de personnalités venues du monde entier, ils ont répondu à l'appel d'une association caritative. Un matin, clin d'œil du destin, ils se retrouvent dans le même ascenseur.

Embarrassés par la présence de deux autres couples, ils se tiennent côte à côte, silencieux, presque gênés. Mais dès qu'ils sont seuls, Richard enlace son ex-femme et l'embrasse avec passion.

Effarée, Liz s'exclame :

— Richard, que t'arrive-t-il ?

— Tu me manques. Je crève sans toi. Voilà un an que je suis mort. Fais-moi revivre.

Lorsque l'ascenseur s'immobilise au dixième étage, Liz actionne la fermeture des portes et se jette dans les bras de Richard.

— Ne me quitte plus !

— Plus jamais.

Après une longue nuit d'amour et d'alcool, ils s'envolent à bord d'un jet privé pour les chutes Victoria. Ils s'installent au Chobe Lodge, un hôtel magnifique situé dans la ville de Kasane, proche du parc national.

Dès qu'ils sont dans leur chambre, Liz propose :

— Marions-nous !

Surpris, Richard reste bouche bée.

— Nous nous sommes trompés la première fois, poursuit Liz, nous avons appris à connaître nos faiblesses. Il ne dépend que de nous de les combattre pour être heureux. Qu'en penses-tu ?

— Dois-je comprendre que tu me demandes de redevenir ton mari ?

— C'est exact.

— J'ai peur, Liz. Es-tu sûre que nous n'allons pas replonger dans nos erreurs passées. Notre folie ?

— Comment le savoir si nous n'essayons pas ? Sache que tout ce que tu désires dans la vie est de l'autre côté de tes peurs. Surmonte-les et tu trouveras la sérénité.

— Tu m'aideras ?

Liz regarde Richard droit dans les yeux.

— Oui, je t'aiderai. Mais tu devras obéir, Richard. Plus d'alcool le matin. Tu me promets ?

— Je te le promets.

Le lendemain, accompagnés de leurs deux témoins, le manager de l'hôtel et le responsable des safaris, Richard et Liz se marient une nouvelle fois. La mariée porte une simple robe verte, tandis que Richard est vêtu d'un polo rouge et un pantalon blanc.

— Richard Walter Jenkins Burton, voulez-vous prendre pour épouse Elizabeth Taylor ici présente ?

— Ce que femme veut, Dieu le veut, n'est-ce pas ? Oui, je le veux.

— Elizabeth Taylor, voulez-vous prendre pour époux Richard Walter Jenkins Burton ici présent ?

— Oui, je le veux.

— Veuillez échanger vos alliances et vous promettre fidélité pour le meilleur et pour le pire.

— Liz, nous avons connu le pire, cette bague sera donc pour le meilleur.

18-Int-Jour : Gstaad, Suisse
27 décembre 1975

Décor de chalet. Feu de cheminée. Poutres apparentes.

Ils sont en vacances à Gstaad en Suisse. C'est Noël.

Richard et Liz dépensent des sommes astronomiques et, comme si rien n'avait été dit ni promis, ils se noient dans une débauche de champagne et de whisky.

Le soir du réveillon, Richard a dragué une minette de vingt-sept ans, et passé la nuit avec elle.

Lorsqu'il rentre au petit matin, il va vers Liz et ânonne :

— Tout est fini. Je te quitte. Nous deux, ça ne peut plus durer !

Elle ne bronche pas.

Agacé par son indifférence et sans doute encore imbibé de l'alcool de la veille, Richard s'emporte et l'interpelle violemment.

— Lors de notre rencontre, tu étais incontestablement splendide. Je n'ai pas d'autres mots pour décrire cette combinaison de plénitude, de frugalité, d'abondance, de minceur. Aujourd'hui, regarde-toi ! Tu as un double menton, de gros seins qui tombent et tu es courte sur pattes.

Il s'en va.

Liz éclate en sanglots, se sert un verre de vodka, et l'avale d'un trait.

19-Int-Nuit : Villa, Oroville, Californie
29 juillet 1976

Seule dans la villa d'Oroville, elle erre un verre à la main.

Soudain le téléphone sonne. Elle décroche. Sa voix est pâteuse.

— Oui… Oui, maître… Comment allez-vous ? Ah oui, c'était aujourd'hui. Très bien. Je suis à nouveau célibataire… Oui, c'est une bonne nouvelle… Merci, maître.

Liz raccroche lentement et murmure :

— Enfin célibataire… Seule au monde plutôt…

19-Int-Nuit : Théâtre, Broadway, New York
6 décembre 1983

La foule des grands soirs se presse devant le théâtre situé sur la 5e Avenue. Pour la première fois depuis leur second divorce, le couple infernal va se donner la réplique au théâtre.

Quelques mois plus tôt, Liz a réussi à convaincre Richard de s'engager sur ce projet. En vérité, elle n'y voit qu'une chance de reconquérir celui qu'elle n'a jamais cessé d'aimer. Richard, lui, est heureux de renouer avec les planches avant de se consacrer à un grand rôle, celui du roi Lear, qu'il a toujours rêvé d'interpréter. La pièce qu'ils s'apprêtent à jouer est signée Noel Coward : *Les*

Amants terribles. Rédigé en 1930, le texte semble avoir été taillé sur mesure pour les deux comédiens. Il raconte l'histoire d'un couple divorcé qui, accompagné chacun par son nouveau conjoint, va passer sa lune de miel dans un hôtel. Sans le savoir, ils ont choisi le même. Logés de surcroît dans des chambres adjacentes, ils vont découvrir qu'ils éprouvent toujours des sentiments l'un pour l'autre.

Hélas, si Burton prend à cœur son retour sur scène, ce n'est pas le cas de Liz. La plupart du temps, elle est ivre et ne cesse de couvrir de cadeaux son ex-mari qui les lui retourne systématiquement. À la différence de Liz, le Gallois a enfin cessé de boire et partage une vie paisible avec Sally Haye, une charmante dramaturge.

Le lendemain, la critique éreinte la prestation d'Elizabeth. Peu lui importe. En coulisses, leurs joutes verbales et physiques sont à la hauteur de l'amour destructeur qu'ils se portent. Richard ira même jusqu'à gifler Liz avant d'entrer sur scène.

Le jour où Liz apprend que Richard s'apprête à épouser Sally, elle le rejoint dans sa loge.

— Mon amour, je ne suis rien sans toi. Ne fais pas ça, je t'en supplie.

— Liz, tu n'es rien avec ou sans moi. Regarde ce que tu es devenue…

C'est peut-être à cet instant que Liz a pris conscience que leur amour était vraiment mort et qu'elle allait devoir vivre éternellement endeuillée.

21-Int-Nuit : Villa, Céligny, canton de Genève
4 août 1984

Assis à la table de la salle à manger de sa villa, Richard rédige une lettre. Une lettre dans laquelle il tente une ultime réconciliation avec l'amour de sa vie. Il lui dit combien il était heureux avec elle et la supplie de lui accorder encore une dernière chance.

Le lendemain, 5 août, il s'éteint dans son sommeil, victime d'une hémorragie cérébrale. Sally Haye est à ses côtés.

Elle prévient Liz du décès de leur amoureux commun, mais lui interdit formellement d'assister aux obsèques.

Liz est brisée.

Deux semaines plus tard, le facteur lui remet une lettre.

Elle reconnaît l'écriture de Richard.

Elle lit. Éclate en sanglots et s'écroule de chagrin en murmurant :

— Je t'aurais épousé une troisième fois si j'en avais eu l'occasion…

22-Ext-Jour : Cimetière, Los Angeles
24 mars 2011

Elizabeth Taylor vient de mourir à l'âge de soixante-dix-neuf ans des suites d'une insuffisance cardiaque, à l'hôpital Cedars-Sinaï de Los Angeles.

Celle qui avait tourné la tête aux plus beaux mâles de la planète avait fini sa vie avec un camionneur, ancien taulard. Une des étrangetés d'un crépuscule qui fut comme un long boulevard interminable : à Bel Air, où elle vivait au milieu des Renoir, Monet, Manet et Andy Warhol, ses innombrables bijoux étaient enfermés selon leur couleur dans une armoire blindée d'où elle les ressortait parfois, vestiges d'une splendeur disparue.

Selon ses dernières volontés, on déposa dans son cercueil la dernière lettre de l'homme qu'elle ne cessa jamais d'aimer.

La rose rouge de Bombay

Jawaharlal Nehru et Lady Mountbatten

Londres, mars 1946

e cœur d'Edwina ne bat plus la chamade. Bunny Phillips, son amant préféré, s'est marié pendant la guerre. À quarante-cinq ans, elle n'est plus aimée et elle n'aime personne. Sa vie affective n'est plus qu'un grand désert qu'elle comble tant bien que mal en se consacrant à des causes humanitaires.

Edwina, c'est Lady Edwina Cynthia Annette Ashley, plus connue sous le nom de Lady Mountbatten. Son père, Wilfrid Ashley, septième comte de Shaftesbury, décédé en 1907, appartenait à la grande noblesse britannique. *Aimer et servir*, telle était la devise familiale des Shaftesbury. Nul doute qu'Edwina interpréta le mot « amour » d'une façon plus charnelle que ses aïeux.

Longtemps célibataire, Wilfrid Ashley avait fini par épouser, à trente-trois ans, Maud Cassel, fille unique d'un banquier d'affaires, Ernest Cassel, rencontrée au cours d'une *party*. À la naissance d'Edwina, le 28 novembre 1901, Ernest Cassel faisait alors partie des hommes les plus riches et les plus puissants du monde. Familier d'Édouard VII, roi d'Angleterre, c'est à la demande de celui-ci que la future Lady Mountbatten fut prénommée Edwina. Du côté de sa grand-mère, Sybella, dite Sissy, on trouvait non seulement quelques aïeux américains, mais une authentique princesse indienne : la fameuse Pocahontas, immortalisée par Walt Disney.

L'enfance de la future Lady Mountbatten n'aura été qu'un incessant cortège de voyages, de cérémonies. Un monde mouvementé, gouverné par la soif du changement et un besoin frénétique d'« occuper son temps » le plus agréablement possible.

Edwina eut rarement l'occasion de voir son père, personnage froid et distant, qui passait le plus clair de son temps à chasser le grand gibier en Afrique. Sa mère, Maud, ne fut pas plus présente. Malade (atteinte de phtisie), elle vécut pratiquement en recluse et sa santé déclina assez rapidement. Un voyage en Égypte en 1910, à la recherche du temps sec et chaud, n'arrangea pas les choses. Maud décéda au cours de l'hiver 1911.

Après un bref passage à la Links School, à Eastbourne dans le Sussex, en 1918, Edwina poursuivit son éducation à Alde House, à Aldeburgh, dans le Suffolk. Établissement pour le moins singulier dont la seule ambition était d'enseigner aux jeunes demoiselles la cuisine, la blanchisserie, la couture et le ménage. En 1919, Edwina quitta Alde House. Elle reconnaîtra plus tard que cette institution lui avait apporté une connaissance rudimentaire de la cuisine, à une époque où les femmes de son milieu se mariaient sans savoir cuire un œuf.

Ce fut dans le courant du mois de mai 1920, l'année de ses dix-neuf ans, qu'elle fit son entrée dans le monde. Brook House, l'hôtel particulier des Cassel, lui offrit son premier bal. Elle était resplendissante ce soir-là, vêtue d'une magnifique robe de soie noire. Elle avait la beauté de sa grand-mère, la spontanéité et la vivacité de sa mère. De quoi briser bien des cœurs. Et la ronde mondaine commença. Ronde de mariages, de liaisons, de bals des débutantes, de *garden-parties* royales, de chevaux et de saisons de chasse.

Pour la belle Edwina, la vie se résumait à une fête, un bal, un monde de petits flirts plus ou moins publics, qui naissent et meurent aussitôt.

Elle devint bientôt l'un des membres les plus en vue de la *fast set* – appellation imaginée pour qualifier ceux qui menaient une vie trépidante. Elle y a côtoyé des personnalités aussi diverses que la députée féministe Thelma Cazalet-Keir, Barbara Cartland, pas encore romancière, et surtout les Vanderbilt, Cornelius Vanderbilt III et son épouse, Grace.

Au mois de juin 1921, les Américains donnèrent un grand bal à l'hôtel Claridge. Edwina y fut naturellement invitée. Edwina, mais aussi un jeune lieutenant de la marine royale, Lord Louis Mountbatten, Dickie pour les intimes. Il avait vingt et un ans. C'était un beau jeune homme, svelte et blond. Il venait de rentrer d'un long voyage avec son cousin le prince de Galles. Edwina nota assez rapidement qu'il ne ressemblait à aucun des jeunes gens qu'elle avait fréquentés jusqu'ici. C'était un soldat, un hyperactif, passionné par les questions de culture et de politique et indiscutablement un beau parti ; peut-être le plus beau du Royaume-Uni. On n'était pas pour rien l'arrière-petit-fils de la reine Victoria, le neveu du tsar Nicolas II, le cousin des futurs rois Édouard VIII et George VI, et des rois d'Espagne, de Suède, de Norvège, de Grèce et de Yougoslavie. Mais ce qui attira plus particulièrement Edwina, c'était le caractère de Lord Louis, diamétralement opposé à celui de son père Wilfrid Ashley : il était ouvert, plein de charme, et possédait un véritable savoir-faire psychologique.

Les deux jeunes gens n'ont pas tardé à se revoir. D'abord, lors d'un second bal organisé par les Vanderbilt, puis à la *garden-party* de Buckingham Palace ; lors des courses hippiques de Goodwood et enfin à l'occasion des régates de Cowes. Lorsque la duchesse Eileen Sutherland convia Edwina à passer quelques jours chez elle, à Dunrobin Castle, elle proposa à Dickie de se joindre à elles, et il s'empressa d'accepter. L'ambiance était feutrée, gracieuse. Quel moment eût été plus propice à une demande en mariage ? Hélas, alors qu'il s'apprêtait à faire la démarche, un télégramme informa Lord Louis que son père venait d'être terrassé par une crise cardiaque.

Un autre événement malheureux allait repousser l'union des jeunes gens. Cette fois, c'est Edwina qui fut touchée. Dix jours après la mort du père de Dickie, Sir Ernest Cassel décéda à Brook House. La jeune fille eut le cœur brisé. Elle vouait une admiration sans bornes au vieux monsieur. Cette disparition la plaça néanmoins à la tête d'un héritage impressionnant : près de six millions de livres sterling.

Contraint une nouvelle fois de repousser sa demande en mariage, Mountbatten accepta d'accompagner son

cousin, le prince de Galles, en Inde et au Japon. Spontanément, il proposa à Edwina de les accompagner. Elle
commença par refuser, puis, désœuvrée sans doute et
peut-être parce que le jeune homme lui manquait déjà,
elle décida quelques jours plus tard de les retrouver à
Bombay. Ce fut véritablement au cours de ce voyage
que leur relation s'incarna ; très précisément à Delhi, le
14 février 1922, jour de la Saint-Valentin. Lord Louis
profita d'un bal donné en leur honneur pour franchir le
pas. « Chère Edwina, voulez-vous m'épouser ? » La
réponse fusa : « Oui ! »

Le Tout-Londres applaudit. La presse populaire et les
échotiers s'en donnèrent à cœur joie. Ces deux-là avaient
tout pour être heureux. La beauté, la gloire, l'argent. Et
pourtant, non. Très vite, les premiers sujets de discorde
sont apparus : Mountbatten était un perfectionniste qui
avait constamment besoin de commander, et ne supportait pas qu'on le contredise. Il voulait acheter la bague
chez Asprey, le célèbre joaillier de Bond Street ; elle pré-
férait Cartier. Elle n'avait pas envie de fleurs dans les
cheveux ; il exigea une couronne de roses. Elle souhaitait
tenir juste quelques lis dans sa main, lui désirait un
énorme bouquet.

Le mariage fut néanmoins célébré le 18 juillet.

Après un voyage de noces, en France et en Espagne, le
couple fut de retour à Brook House le 27 août. La plupart de leurs amis étant en vacances, ils décidèrent d'aller
passer quelques jours aux États-Unis. Pour Edwina, ce
fut le coup de foudre. Elle adora New York et conserva
longtemps un attachement profond pour cette ville.

À leur retour, et bien que son ventre se fût arrondi, la jeune femme n'en poursuivit pas moins sa ronde mondaine, toujours active, nerveuse, soucieuse de son statut social, indifférente à ses nausées ou à son poids. De son côté, Dickie avait rejoint Gibraltar et le *Revenge*. Il voguait dans l'Atlantique, lorsqu'un télégramme lui annonça qu'il était le père d'une petite fille, née le 14 février 1924, le jour de la Saint-Valentin : Patricia.

Malgré une vie apparemment pleine de fantaisie, Edwina prenait de plus en plus conscience que son mariage et sa vie sociale n'étaient que routine. Elle pensait que cela avait été un non-sens de se marier si jeune, sans rien connaître de l'amour. Elle s'agaçait aussi du fait que son mari s'investissait beaucoup trop dans la Navy. Insensiblement, le vide se creusa entre les deux êtres. Edwina éprouva alors le besoin de se rassurer, de séduire et de se laisser séduire. C'est ainsi qu'a commencé sa période « galante ». Refusant toute contrainte, elle se mit à satisfaire ses besoins sexuels avec autant d'insouciance que si elle commandait une bouteille de champagne.

Lorsque son époux fut transféré à Malte, sa soif de conquêtes redoubla. Une fois sur l'île, elle séduisit tour à tour un Sud-Américain, Antonio Portajo, et le richissime Hugh Molyneux. Mais c'est Bunny Phillips, rencontré lors d'un match de polo à Biarritz, qui allait occuper jusqu'à la fin de sa vie une place privilégiée dans son cœur.

Le 19 avril 1929, elle accoucha d'une seconde petite fille : Pamela Carmen Louise. Elle quitta Malte aussitôt et rentra à Londres. Le temps de se remettre, de renouveler sa garde-robe, elle était prête à repartir, abandonnant ses deux enfants à une nurse et Mountbatten à sa solitude maltaise. Les années qui ont suivi ne furent qu'un tourbillon de voyages à travers la planète : Leningrad, Moscou, l'Afrique où elle se découvrit un intérêt pour l'archéologie, puis ce fut le Mexique, le Guatemala, le Honduras, où elle se plongea dans la civilisation des Mayas. En 1931, elle partit pour la Californie. Dans les premiers jours de 1932, Edwina tourna soudain son regard vers l'Orient. En compagnie de Nada, la belle-sœur de Dickie, elle parcourut les rues de Jérusalem, d'Akaba, de Téhéran. À Damas, les deux jeunes femmes achetèrent une voiture et traversèrent 600 miles de désert jusqu'à Bagdad.

En réalité, Edwina ne faisait que fuir. Elle fuyait son époux, elle fuyait le quotidien, la routine et ses enfants pour lesquels, force est de le reconnaître, elle n'éprouvait guère d'instinct maternel. Mountbatten, lui, avait fini par se faire une raison. Conscient qu'il était incapable de suivre son épouse dans sa course folle, il avait fait contre mauvaise fortune bon cœur et se montrait même assez fier des voyages de son épouse. En 1938, il commanda une grande table sur laquelle il fit graver une carte du monde indiquant tous les voyages accomplis par Edwina. Il faut dire que la vie de Lord Louis était dévorée par une passion bien différente : sa carrière navale.

1939. La guerre était aux portes.

Dès les premiers mois, Edwina s'engagea à fond. Elle devint membre du WVS (Women's Voluntary Services) et entama une formation de six mois à l'hôpital de Westminster. À cette occasion, sa constitution plutôt délicate fut mise à rude épreuve. Jusque-là, le contact d'Edwina avec les hôpitaux s'était borné aux bals de charité. Pour la première fois, elle se trouvait réellement en présence de la souffrance physique. Et, avec la passion d'une nouvelle convertie, elle ne rechigna pas à panser les plaies ou à changer les lits souillés. Elle entra ensuite dans la Saint John's Ambulance Brigade, sorte de Croix-Rouge britannique dont elle devint la présidente en mars 1940.

On pourrait croire que les tourments de la guerre, le Blitz avaient apaisé ses sens et l'avaient rendue plus « raisonnable ». Mais non. Ses aventures extraconjugales s'enchaînaient. Bunny Phillips, échappé de son bataillon du Coldstream Training, joua pendant quelque temps les amants de service. Lorsqu'il fut muté en Asie du sud-est, un Américain le remplaça : Bill Paley, futur attaché auprès du général Eisenhower, à qui Edwina accorda plusieurs mois de « passion charnelle ».

C'est au cours de cette période que Mountbatten connut une promotion remarquable : de commodore, il avança sur la liste de la Navy jusqu'au rang d'*acting viceamiral*, et devint en même temps lieutenant général honoraire, et *honorary air marshal*. Il n'avait alors que quarante et un ans.

Le 6 août 1945, explosa la bombe d'Hiroshima. Quelques jours après la reddition du Japon, Mountbatten qui avait été nommé commandant en chef pour les opérations du sud-est asiatique envoya un télégramme à son épouse : « Prière de venir me rejoindre pour continuer le bon travail. »

Le « bon travail » en question était celui qu'Edwina avait accompli trois mois auparavant en France, aux

Pays-Bas, en Italie, mais aussi en Birmanie, se dévouant sans compter auprès des blessés, œuvrant jusqu'à l'épuisement. La nouvelle mission qui lui était proposée consistait à se rendre dans les camps japonais libérés où croupissaient dans des conditions effroyables des milliers de prisonniers alliés. Une fois les camps localisés, il fallait les approvisionner en médicaments et en vivres. Toute une organisation dans laquelle Edwina allait exceller.

Au moment où la guerre s'achevait, Louis était fait pair du royaume, le 13 juin 1946, vicomte Mountbatten de Birmanie et le 27 août chevalier de l'ordre de la Jarretière. Le plus élevé des ordres de chevalerie britanniques. Mais il devait composer désormais avec la mauvaise humeur de son épouse qui se manifestait pour un rien. Comme si la guerre, en se retirant, l'avait laissée plus seule qu'avant, sans envie ni espoir de replonger dans ses folies mondaines. Après ces longs mois de chasteté, elle était en attente, sinon en quête, d'une nouvelle liaison. Un célébrissime chef d'orchestre, pas encore anobli, Malcolm Sargent, n'allait pas tarder remplir ce rôle. Ils s'étaient rencontrés cinq ans auparavant à un concert de charité. Durant tout le conflit, il avait donné de nombreux concerts aux armées, et Edwina l'avait suivi telle une parfaite groupie. Dans la joie de la capitulation nazie, ils s'étaient revus à Londres et, comme s'il ne pouvait en être autrement, ils étaient devenus amants. Mais Edwina

recherchait la passion, l'emportement, l'excès. Malcolm
Sargent ne fit donc que passer

Dickie, toujours pragmatique, se rendait parfaitement compte que son épouse était devenue de plus en
plus nerveuse, hypertendue et faisant preuve d'un
insupportable égoïsme. Une solution : partir. Il fila
pour Singapour et y installa les quartiers généraux du
Commandement suprême à l'endroit même où, en septembre 1945, il avait reçu solennellement la reddition
de l'armée japonaise d'Asie du sud-est. La séparation du
couple ne dura pas. Le 18 mars 1946, Edwina se décida
à rejoindre son mari. Mais à peine était-elle arrivée que
Mountbatten lui annonça qu'ils devaient accueillir un
visiteur. Un Indien tout juste sorti de prison. « Et
comment s'appelle ce gentleman ? interrogea Edwina.
— Jawaharlal Nehru. »

Jawaharlal Nehru, cinquante-sept ans, ancien président du parti du Congrès. Avocat du barreau londonien, ancien élève de Harrow et Cambridge. C'était un
« Pandit ». C'est-à-dire un lettré, un brahmane au sommet des castes indiennes. Fils spirituel du Mahatma. Il
avait été emprisonné par l'administration britannique
impériale en 1921, quatre mois, 1922, neuf mois, 1923,
1930, 1931, 1934, 1940, 1942… !

Dans ses *Carnets*, Mountbatten nota : « Le Pandit
Nehru, qui était le membre le plus éminent du gouvernement intérimaire de l'Inde, vint à Singapour afin
d'étudier sur place les conditions dans lesquelles vivait la

nombreuse communauté indienne, et s'entretenir avec les soldats de son pays. Il serait difficile d'imaginer une rencontre plus fatidique. Nehru venait de sortir de la prison où il avait été détenu pour s'être opposé à notre effort de guerre, et l'un des points de son programme était de déposer une couronne au pied du monument élevé à la mémoire de l'armée nationale indienne. La visite de Nehru pouvait donner lieu à une vaste manifestation antibritannique, perspective peu agréable si l'on se souvient que le gros de nos forces à Singapour et en Malaisie était composé d'Indiens. Si les plans établis en mon absence par les autorités locales avaient été appliqués, je suis convaincu que c'est exactement ce qui se serait produit. Ces autorités avaient décidé de battre froid à Nehru, d'entraver ses mouvements, et de restreindre ses contacts avec la communauté indienne. »

Les pressentiments de Lord Louis se révélèrent exacts : les Britanniques, pour contrarier Nehru, refusèrent de lui fournir un moyen de transport. Heureusement qu'il corrigea aussitôt cet affront en envoyant sa voiture personnelle et un représentant qui emmena immédiatement Nehru à Government House.

Une heure plus tard, sur le perron, les deux hommes souriaient au photographe officiel. Le commandant suprême en uniforme kaki et chemisette à manches courtes, et le président du parti du Congrès en tunique brune de soie bourrette. Sur la poitrine de son hôte, s'étalaient les décorations en brochette ; sur celle de Nehru était piquée, à la troisième boutonnière, une simple rose rouge de Bombay.

Mountbatten chuchota à Nehru :

— Ma femme tient beaucoup à vous rencontrer. Elle est en train d'inspecter les services d'assistance sociale de Singapour et se trouve à l'YMCA[1].

— Volontiers, acquiesça l'Indien.

Manifestement, lui aussi tenait à rencontrer la personne qui avait accompli tant de choses pour ses compatriotes. Et puis, sans doute, voulait-il vérifier par lui-même le charme de cette femme dont on disait qu'il était redoutable.

Devant le club, massés de chaque côté de la rue, des milliers d'Indiens attentifs guettaient leur arrivée avec des guirlandes de fleurs sur les bras. Mais Nehru ne les vit pas. Son regard s'était arrêté sur la grande femme en robe fleurie qui tenait d'une main gantée sa capeline blanche ; une Anglaise mince à la peau transparente : Lady Mountbatten.

Nehru descendit le premier. Edwina avança d'un pas.

Elle voulut lui souhaiter la bienvenue, mais n'en eut pas le temps. La foule avait envahi le trottoir avec des cris de joie, pressant Nehru de toutes parts ; une guirlande vola dans les airs et se posa autour de son cou, une autre suivit, une autre encore. Étouffé sous les œillets, Nehru cherchait à se libérer. Edwina, elle, avait été rejetée dans la salle.

---

1. Young Men's Christian Association : mouvement de jeunesse chrétien.

Les officiels accompagnant Nehru réussirent à lui frayer un passage à l'intérieur. Dickie suivit tant bien que mal.

— Vite, asseyons-nous, souffla Nehru en désignant deux fauteuils. Sinon, ils vont se déchaîner.

Dès qu'ils furent assis, des cris et des bravos saluèrent l'incroyable spectacle qu'offraient côte à côte le commandant des forces d'Asie du sud-est et l'héritier spirituel du Mahatma.

Le moment de répit fut de courte durée. La foule s'était déversée dans le club et se ruait vers son héros pour l'embrasser. Des jeunes gens arrachaient les tentures et piétinaient les sièges en criant de bonheur ; des milliers de mains s'agitaient dans les airs. Soudain Nehru aperçut Edwina qu'un groupe bousculait ; elle poussa un cri et disparut dans le chaos.

— Votre femme ! cria Nehru. Votre femme !

Mountbatten et lui, jouant des coudes, parvinrent péniblement jusqu'à l'endroit où elle aurait dû se trouver. Personne !

— Dickie ! cria soudain une voix aiguë à l'autre bout de la salle. Je suis là !

Juchée sur une table, Edwina les appelait en agitant les bras.

Les deux hommes coururent vers elle. Nehru la saisit par la taille et la posa à terre vivement. Toute rouge, l'épaule nue, elle le regardait en riant. Puis, comme si elle défaillait, elle resta blottie contre lui, en reprenant sa respiration, la tête penchée pour se faire plus petite, le nez sur la rose à la troisième boutonnière, la rose rouge de Bombay.

— Merci, murmura-t-elle dans un souffle. Monsieur Nehru, je présume ?

Il répliqua avec un sourire espiègle :

— Étrange façon de faire connaissance, vous ne trouvez pas ?

Qu'ont-ils éprouvé à ce moment-là ? Sans doute rien de particulier, sinon de l'amusement. La passion attendrait.

Le lendemain, Mountbatten écrivit :

« J'invitai notre hôte à dîner le soir même avec nous, et ce fut une charmante petite réunion. Sa visite, qui dura neuf jours, se passa sans le moindre incident désagréable ni le moindre trouble et marqua le commencement de la profonde amitié qui devait nous unir à Jawaharlal Nehru, Edwina et moi. »

Un proche, qui les verra ensemble maintes fois, définira ainsi leurs rapports : « Je ne me rappelle pas avoir vu trois êtres qui avaient une affinité si naturelle et sans inhibitions les uns avec les autres. »

Il ne croyait pas si bien dire.

Le séjour à Singapour achevé, le couple repartit pour l'Angleterre et Mountbatten s'apprêta à regagner Portsmouth, en vue de préparer un commandement en Méditerranée. Mais au moment où il allait partir, le téléphone sonna : il était convoqué par le Premier ministre Clement Attlee au 10, Downing Street.

Edwina manifesta son étonnement. « Nous verrons bien », répliqua Lord Louis.

Deux heures plus tard, il était de retour. Il avait le visage pâle. Les traits tendus.

— Vous semblez contrarié, mon ami. Que voulait donc Monsieur Attlee ?

— Il est décidé à amorcer la décolonisation de l'Empire britannique. À commencer par l'émancipation de l'Inde.

— Et… ?

— Attlee voudrait que ce soit moi qui m'en charge.

— Vous seriez donc nommé vice-roi des Indes ?

— En remplacement de Lord Wavell.

— Ce n'est pas possible… J'espère que vous n'avez pas accepté !

— Je ne suis pas fou ! Mettre fin à l'Empire et faire accéder les Indes à l'indépendance sans effusion de sang ? Alors que le Bengale et le Bihar s'entre-déchirent, que les hindous égorgent les musulmans et les musulmans les hindous ? Impossible.

— Impossible, peut-être. Mais on sait bien qu'après les émeutes de Calcutta[1] l'Angleterre a besoin d'un nouveau vice-roi des Indes.

— Certes. Mais ce ne sera pas moi ! J'ai posé des conditions draconiennes. J'ai exigé les pleins pouvoirs et que l'on fixe une échéance pour que nos troupes quittent

---

1. En août 1946, la Ligue musulmane avait organisé une journée d'action qui avait dégénéré à Calcutta et entraîné la mort de dix mille personnes.

le pays. J'ai demandé que l'Inde soit libre en juin 1948. Attlee ne peut accepter.

— Vous croyez cela ! fit Edwina en se dressant.

— Une échéance, rendez-vous compte, Edwina ! Et les pleins pouvoirs, qu'aucun vice-roi n'a jamais obtenus ! Non, je suis très tranquille. Il doit déjà songer à quelqu'un d'autre.

Edwina s'affala sur le canapé. Décidément, ce pauvre Dickie n'avait aucun sens politique. Pour elle, il ne faisait aucun doute qu'Attlee se soumettrait à toutes les conditions posées. Déjà, elle se voyait partir pour les Indes, subir le faste et les rigueurs des cérémonies impériales, renoncer à toute liberté.

Elle avait vu juste.

Le 1ᵉʳ janvier 1947, Attlee convoqua à nouveau Mountbatten et, au grand étonnement de celui-ci, se plia à toutes ses requêtes. Une heure plus tard, l'air sombre et résigné, Lord Louis sortit de Downing Street, investi de la triste charge de devenir le liquidateur d'une grandiose épopée de l'histoire de son pays. « Quand M. Attlee me demanda d'accepter cette tâche, nota-t-il, j'en eus presque le souffle coupé. L'achèvement suprême du règne britannique menaçait de se transformer en cauchemar. L'Angleterre avait conquis et gouverné les Indes en répandant moins de sang que n'en avaient fait couler la plupart des autres aventures coloniales, mais son départ risquait de déclencher une effroyable explosion de violence entre les populations indigènes soudain privées de leur gendarme. »

Palam Airport, Delhi, 22 mars 1947

Quand ils atterrirent, la première chose qu'Edwina aperçut à travers les brumes de chaleur, ce fut l'homme à la rose. Il était là, au pied de l'avion, souriant sur le tarmac, accompagné par Lord et Lady Wavell, entourés de photographes.

Aussitôt, Edwina joua de son charme légendaire, sourire lumineux, voix de fée, avec cette souplesse inimitable et cette allure d'éternelle jeune fille que n'affecte pas le passage du temps. Lord Louis passa les troupes en revue. Son épouse souriante marchait à ses côtés, tandis qu'à quelques pas, Nehru suivait d'un pas nonchalant.

Puis, le vice-roi et la vice-reine prirent place dans le landau doré, construit jadis pour le défilé de George V et le cortège se dirigea vers le palais. Au moment où ils arrivaient devant le monumental escalier recouvert de tapis rouges, les cornemuses du Royal Scott Fusiliers entamèrent un air de bienvenue.

Le dernier chapitre d'une grande histoire était sur le point de commencer. Le matin du 24 mars 1947, Louis Mountbatten monta sur son trône d'or et de pourpre. Il était le vingtième et ultime représentant d'une prestigieuse lignée d'administrateurs et de conquérants. Dans son Journal, il écrivit succinctement : « À supposer que mon nouveau titre m'eût jamais grisé, la pensée de la responsabilité que j'avais à assumer en un aussi court espace de temps aurait suffi à me rendre mon plein sang-froid. Edwina étant près de moi, je m'assis sur le trône, me disant que j'avais désormais à guider les destinées d'un cinquième de la population du globe. »

Le lendemain, une réception fut organisée au cours de laquelle la nouvelle vice-reine accomplit une véritable révolution. Par respect envers les traditions alimentaires des invités indiens, elle fit préparer de la cuisine indienne végétarienne. Elle veilla à ce que les mets soient bien servis selon la coutume : sur des plateaux individuels avec un domestique portant cuvette, cruche et serviette.

Alors que Lord Louis multipliait entretiens et conférences avec les différents représentants politiques du pays, Edwina se dépensait sans compter, visitant les villages, recevant les délégations de femmes et les associations missionnaires, essayant d'apprendre et de comprendre par elle-même la situation de ce pays. Elle épaula son mari, présida aux dîners et aux réceptions avec toute la majesté d'une vice-reine. Et au terme de ces journées harassantes, elle se consacra à la rédaction de son Journal (source précieuse de renseignements) où elle livra malheureusement fort peu d'elle-même.

Nehru était évidemment l'interlocuteur privilégié. Veuf, il avait alors cinquante-huit ans et son avenir politique s'annonçait fulgurant. Au fur et à mesure de leurs rencontres, des liens de plus en plus forts se tissèrent entre lui et Mountbatten. Tandis qu'Edwina commençait à vibrer sous le charme de Nehru. Celui-ci n'était pas seulement un grand politique, c'était aussi un homme séduisant aux mains fines, à la voix douce et au tempérament profondément romantique ; mélange de conviction robuste et d'émotion toujours au bord des lèvres, souplesse des gestes, regard qui se plonge dans celui de l'autre. « Tout le monde savait, raconte un témoin, qu'elle [Edwina] prenait beaucoup de plaisir à s'arrêter chez Nehru pour profiter de la fraîcheur de la véranda. Lorsqu'elle se trouvait face à lui, leurs yeux se rencontraient et ne se quittaient que par la force des circonstances. »

Et Mountbatten voyait bien la montée en puissance de cette relation. Mais, comme à son habitude, il feignait de l'ignorer ou alors son esprit était beaucoup trop préoccupé par le sort de l'Inde pour s'embarrasser de questions d'ordre conjugal. Sans doute se disait-il aussi que les rapports très particuliers qui s'étaient noués entre son épouse et l'homme fort de l'Inde pourraient bien lui servir alors que d'âpres négociations battaient leur plein.

Et il avait raison.

Un matin de juin 1947, il fit irruption dans la chambre où Edwina dormait encore.

— Edwina, j'ai besoin de vous. Réveillez-vous !

— Que se passe-t-il ?

— Nehru a rompu les négociations. Tenez !

Il lui tendit une lettre.

Calée sur un coude, Edwina la parcourut rapidement. C'était bien une lettre de rupture : « Le plan Balkan a été amèrement reçu et sera entièrement rejeté par le parti du Congrès. »

Et le parti du Congrès, c'était Nehru.

— Si vous m'expliquiez ce plan Balkan ?

— Un plan que j'ai finalisé, avec l'aval de Londres et de Lord Hasting Ismay, conseiller de Churchill. Il stipule que le pouvoir sera transféré aux provinces et non à l'Inde et au Pakistan. Ce qui aurait pour conséquences de permettre à chaque province d'être indépendantes. Et...

— L'Inde serait donc morcelée en petits États... autant d'États que de provinces !

Mountbatten confirma.

— En vérité, il s'agissait d'un document confidentiel et je n'étais pas censé le donner à Nehru sans, au moins, le montrer en même temps à Jinnah[1]. J'ai commis une erreur. Je me suis laissé guider par mon affection pour le Pandit.

Il leva les bras au ciel et enchaîna :

— De toute façon, Nehru se sent trahi. Il est fou de rage et rejette ce découpage, estimant qu'il ne correspond pas aux propositions dont nous avions précédemment discuté.

— Joli gâchis ! Comment comptez-vous réparer cela ?

Lord Louis lui prit la main.

— En vous envoyant en émissaire, avec un drapeau blanc. Ramenez-le à de meilleurs sentiments.

— Moi ?

— Oui, vous. Il vous écoutera. Allez le voir maintenant.

— Maintenant ? À cette heure-ci ? Dickie, vous devenez fou. Pourquoi voulez-vous qu'il m'écoute, quand je n'ai aucun pouvoir sur la marche des choses ?

Lord Louis se tut, puis :

— Parce qu'il est amoureux, *darling*, vous le savez bien.

---

1. Jinnah était le chef de la Ligue musulmane de 1913 jusqu'à l'indépendance du Pakistan.

Il y a de fortes chances pour que cette discussion rapportée dans le roman de Catherine Clément[1] eût véritablement lieu. Elle souligne le rôle non négligeable que tint Edwina tout au long de son séjour en Inde.

En tout cas, ce fut en septembre 1947, quinze jours après l'indépendance, qu'Edwina prit conscience de la force des sentiments qu'elle éprouvait à l'égard du nouveau Premier ministre de l'Inde. Lorsque des émeutes éclatèrent à Delhi, que des hommes armés de couteaux menacèrent Nehru descendu dans la rue pour tenter d'apaiser la foule déchaînée, Edwina crut devenir folle. Elle inscrivit dans son journal : « Il est sain et sauf! » avec un enthousiasme qui en dit long sur ses sentiments. Et ceux que Nehru ressentait à son égard étaient tout aussi intenses. Non seulement elle avait conquis son estime, mais elle avait su mieux que personne faire sortir le leader indien de sa coquille dans ses moments de doute et d'angoisse. Combien de situations aura-t-elle redressées, combien d'accords furent facilités par la grâce et le charme d'une simple promenade dans les jardins moghols, d'un bain dans la piscine, ou bien autour d'une tasse de thé ?

Les historiens de l'Inde n'ont d'ailleurs pas manqué de souligner que Nehru n'aurait pas pu surmonter comme il l'a fait les tensions de sa première année de fonction en tant que Premier ministre, sans la force et l'impulsion

---

1. *Pour l'amour de l'Inde*, Éditions Flammarion.

qu'Edwina lui insufflait. Et ce n'est pas une banalité de dire qu'en ces mois de troubles, ils eurent profondément besoin l'un de l'autre.

Nehru était un homme sensible. Un passionné qui éprouvait une impression de grande solitude depuis la mort de sa femme. Il se trouvait à l'aube de la période la plus importante de sa vie et recherchait confusément une femme qu'il aimerait, qui comblerait ce vide affectif dont il souffrait. L'entrée d'Edwina dans sa vie fut perçue par lui comme un miracle. La sœur de Nehru, Nan Ranjit Pandit, dira : « À cette époque où il n'avait pas de femme et où il devait accomplir un travail très important, il avait besoin d'une compagnie intelligente et d'une personnalité chaleureuse. Nehru aimait les belles femmes. Edwina avait une influence très grande alors sur sa vie, parce qu'elle lui apportait la chaleur et l'amitié fondées sur des valeurs et sur une quête intellectuelle qu'ils partageaient. »

Une femme de dignitaire indien, qui fut proche d'eux pendant plusieurs années, remarqua tout de suite l'intimité de leurs rapports quand elle arriva à Delhi pour la première fois : « C'était une des plus douces relations que j'aie jamais vues. Son amour pour lui était total. Elle était pour lui mère et sœur ; pour elle, il était père et frère. Leur camaraderie était belle. C'était un exemple de dévouement et d'adoration absolus, une fusion d'esprits. Elle était polie et réservée à son égard en public. En privé, ils faisaient penser à un frère et une sœur qui argumentent, et qui gloussent en échangeant des coups d'œil complices. »

Bien que Pamela, la fille d'Edwina, affirmera que leurs rapports ne pouvaient qu'être amicaux, il est bien difficile de croire qu'ils n'ont eu aucun lien charnel. En tout cas, cela apparaissait comme une évidence par la plupart de ceux qui les ont approchés.

Mountbatten lui-même n'ignorait pas qu'ils étaient amants. Il comprenait et admettait leurs liens, à la différence de la sœur d'Edwina, qui détestait Nehru : « Edwina n'avait pas de volonté à l'égard de Nehru, disait-elle. Elle était comme magnétisée. »

Mais la nature de la passion Nehru-Edwina fut si intense qu'elle défia les modèles par sa profondeur et par sa force. Edwina, qui s'était plongée dans l'Inde avant de s'attacher le cœur de Nehru, perdit bientôt toute retenue. La fascination qu'il exerçait sur elle la poussa à sortir de sa réserve, à se laisser aller à des confidences. Elle évoqua sa jeunesse insouciante, son brillant mariage, cette frivolité aujourd'hui disparue. Il lui parla de son éducation à Harrow et Cambridge, de ses séjours en prison. Leur correspondance, parfois anodine, parfois significative, témoigna de ses liens secrets. Mountbatten lui-même fit une fois allusion à ces « billets doux », tout en ayant la suprême élégance de ne faire aucun commentaire. Nehru et Edwina étaient alors au meilleur de l'amour, remplis d'illusions généreuses, et il leur semblait avoir été conduits jusque-là malgré eux, par une série d'accidents tellement extraordinaires qu'ils furent convaincus d'être destinés l'un à l'autre.

Le fait qu'ils ne se voyaient que pendant de courtes périodes, et que le travail d'Edwina était également pénible et épuisant, ajouta à la profondeur et à la passion de leurs rapports. Pendant plusieurs jours, Edwina quittait la capitale pour des missions de charité et revenait ivre de fatigue. Elle avait peut-être vieilli de dix ans à cause de cette expérience, mais à chaque retour son esprit et son dévouement semblaient vivifiés plutôt qu'épuisés. Pour ceux qui les accueillaient, et surtout pour Nehru, il s'agissait d'une expérience unique. Leur fusion était totale.

Puis, le moment du départ s'approcha. Un soir, Nehru alla retrouver dans son bureau l'ex-vice-reine et lui expliqua son besoin d'avoir une explication franche avec Dickie. Edwina l'en dissuada : à quoi bon souligner l'évidence ? Une lettre de Mountbatten à son épouse, postérieure à cette période, était à ce sujet dépourvue ambiguïté :

> *« Je connais en effet la nature de la relation très particulière que vous entretenez avec Jawaharlal et j'en suis heureux ; je l'ai toujours comprise. Pour moi, ce fut d'autant plus facile que je l'aime et que je l'admire ; Dieu m'a donné beaucoup de défauts, mais, chance immense, il n'y a pas ajouté la jalousie, sous aucune de ses formes. »*

Mountbatten se montrait d'autant plus compréhensif que leur présence en Inde touchait à sa fin.

Au matin du 20 juin 1948, journée qui sera la dernière des Mountbatten en Inde, dans un salon retiré de la résidence, Edwina offrit à Nehru une bague sertie d'une émeraude en soulignant son geste d'un curieux commentaire : « Si un jour vous avez besoin d'argent, vendez-la. »

Le 21 juin 1948, sous le soleil déjà brûlant de Delhi, dans la blancheur de Palam Airport, Nehru salua une dernière fois le couple Mountbatten. Trente-trois coups de canon, comme autant de battement de cœur, résonnèrent. Et ce fut l'envol.

Une fois rentrée en Angleterre, elle confiera à Nehru : « Ma vie est un désert irréel. Mon seul bonheur se résume à des rencontres avec des étudiants indiens, à traverser Hyde Park, à me rendre dans les bureaux du haut-commissaire de la République de l'Inde pour y ramasser vos lettres. » Et si le courrier tardait, alors, elle se jetait sur le téléphone. Les communications avec Delhi n'étaient guère faciles, mais à l'autre bout du monde, résonnait la voix de l'homme qu'elle aimait. Et le téléphone était plus sûr que la poste. Elle avait d'abord libellé ses lettres au nom du Premier ministre, puis simplement : « Pour Lui ».

Entre 1950 et 1957, Nehru effectuera huit fois le parcours Delhi-Londres. À peine dégagé des pesantes réunions, il courait retrouver Edwina à Broadlands. Mais le caractère « politique » de certains de ses voyages n'échappa à personne. En janvier 1951, Edwina l'accompagna au Cachemire alors en révolte. Le *Times* de Londres fit observer : « Le fait que la femme du dernier vice-roi soit allée au Cachemire avec M. Nehru laisse à croire que Lord Mountbatten appuie M. Nehru dans son mépris de la résolution des Nations unies[1]. »

---

1. À partir de 1947, le Cachemire, dont les musulmans constituent les trois quarts de la population, n'a cessé d'être revendiqué à la fois par le Pakistan et par l'Inde.

En janvier 1952, quelques semaines avant la mort brutale de George VI, Edwina dut être hospitalisée pour une hémorragie. Sa santé était plus que chancelante. On parla de cancer, de tuberculose et c'est à ce moment qu'elle confia à Dickie son plus précieux trésor : sa correspondance avec Nehru.

> *« Vous réaliserez,* lui écrivit-elle, *que certaines de ces lettres sont un mélange propre à Jawaharlal, pleines d'intérêt, de vrais documents historiques. Pour les autres, ce sont des lettres d'amour, enfin, en un sens, car vous comprendrez certainement l'étrange relation, pour l'essentiel platonique, qui existe entre nous. »*

Edwina continua de vivre frénétiquement alors qu'elle commençait à éprouver le poids du temps. Les années avaient passé et, comme pour souligner ce déclin, les échanges de courrier entre elle et Nehru s'étaient espacés.

En 1956, elle fut victime d'une angine de poitrine et il lui fut impossible de cacher son état à sa famille ou à ses amis intimes. Finalement, au début de 1957, elle consulta un cardiologue qui lui confirma que son état cardiaque était pour le moins inquiétant : si elle voulait éviter des problèmes graves, elle devait ralentir ses activités. « Impossible ! » fut la réponse d'Edwina. Elle ne fit guère plus attention aux mises en garde de Dickie et de ses filles, restant même sourde aux appels de la reine.

Le 20 février 1960, elle se trouvait à Bornéo. Une soirée épuisante l'attendait encore : un dîner pour plus d'une centaine d'invités au Jessington Hotel, donné par le personnel de la Saint John's Ambulance. De retour chez les Tuner, des amis chez qui elle résidait, on dut l'aider à sortir de la limousine. Alors qu'elle gravissait la pente qui menait aux marches, elle chancela et dut se raccrocher à la rampe. « J'ai plutôt mal à la tête », déclara-t-elle quand ils furent à l'intérieur. « Je vous remercie tous les deux de cette journée très agréable. »

À 7 h 30, le lendemain matin, son assistante Miss Checkley frappa à la porte de la chambre d'Edwina. Une fois, deux. Pas de réponse. Elle écarta le battant et entra.

Edwina gisait dans son lit, terrassée par une crise cardiaque.

Le service funéraire eut lieu à Romsey Abbey où la dépouille mortelle fut veillée pendant treize heures par cinquante-deux membres de la maison des Mountbatten. Dans son testament, Edwina avait exigé que son corps soit immergé dans la mer.

Le 25 février, après la bénédiction de l'archevêque de Canterbury, l'ex-vice-reine accomplit, à bord de la frégate *Wakeful*, son dernier périple. Philippe d'Édimbourg représentait la reine. La dernière action de Nehru, envers la femme qu'il aimait, fut de demander qu'un navire de combat indien accompagne la frégate britannique.

Du pont, un homme au visage fermé lança sur les flots une couronne de marguerites.

C'était l'adieu de Jawaharlal Nehru à la femme de sa vie.

Nocturnes

George Sand et Frédéric Chopin

« ’*ai fait la connaissance d’une grande célébrité : Madame Dudevant, connue sous le nom de George Sand ; mais son visage ne m’est pas sympathique et ne m’a pas plu du tout. Il y a même quelque chose en elle qui m’éloigne.* »

C’est par ces mots, adressés à sa famille à Varsovie, que Frédéric Chopin décrivait celle qui allait devenir la passion de sa vie.

À la fin du mois d’octobre 1836, la comtesse Marie d’Agoult et son amant, Franz Liszt, accueillent dans leur appartement de l’hôtel de France, rue Laffitte, des célébrités du monde artistique et littéraire. Il y a là un compositeur d’opéra, Meyerbeer, le romancier Eugène Sue, Henri Heine, le poète allemand, et des exilés polonais.

Vers 22 heures, on annonce l’arrivée d’un nouvel invité : Frédéric Chopin. Il a tout juste vingt-six ans. Il a les yeux bleus, des traits fins, presque efféminés, des manières policées, une élégance de dandy et il a conservé un fort accent polonais.

Son père, Nicolas, était originaire de Marainville, petit village des Vosges. Autodidacte, esprit vif et débrouillard, il avait appris tout seul à lire et à écrire ; ce qui lui valut d'être remarqué par l'administrateur des domaines de Marainville, dont le château appartenait à un Polonais, le comte Pac. Lorsqu'en 1787 le comte décida de regagner sa patrie, il emmena l'adolescent et lui confia un emploi dans la manufacture de tabac qu'il possédait à Varsovie.

Plus tard, en 1792, Nicolas Chopin fut engagé par une riche famille, les Laczynski, comme précepteur de leurs enfants. Il passa six années auprès d'eux, jusqu'au jour où, les enfants ayant grandi, Nicolas assuma les mêmes fonctions chez un parent des Laczynski, le comte Skarbek, qui vivait non loin de là, à Zelazowa Wola, à une cinquantaine de kilomètres de Varsovie. C'est à cette occasion que le père de Chopin fit la connaissance d'une jeune femme : Tekla Justyna Krzyzanowska, une parente pauvre des Skarbek qui assumait chez eux les fonctions d'intendante. Il l'épousa en 1806. Une fille, Louise, naquit un an plus tard. Le couple décida alors de s'installer dans l'une des maisons attenantes au manoir, où il occupa deux pièces. C'est dans l'une d'elles que, le 1er mars 1810, Frédéric François Chopin vint au monde.

Six mois plus tard, la petite famille plia bagage pour Varsovie, où Nicolas avait obtenu un poste de professeur de français au lycée.

À partir de l'âge de quatre ou cinq ans, Chopin fut initié au piano par sa mère. À six ans, il fit preuve d'un talent exceptionnel et se mit à composer de courtes pièces. Ses parents décidèrent alors de le confier à un musicien tchèque, Wojciech Żywny, violoniste, un rien original, qui gagnait sa vie en donnant des leçons de piano. Bientôt, on ne l'appela plus que « le petit Mozart ». Il fut introduit dans quelques-uns des plus prestigieux salons d'Europe, invité à jouer devant les plus grands personnages du pays. Mais en 1827, Chopin connaît un terrible chagrin : sa sœur cadette Emilia décède, terrassée par la tuberculose. Il est probable que c'est à partir de cette période que Frédéric contracta la maladie qui ne le quittera plus jamais.

À l'automne de l'année 1830, le musicien, conscient du drame que vivait la Pologne, décida de quitter le pays. En effet, depuis le XIXᵉ siècle, le pays, proie des grands empires, s'est retrouvé au centre de l'histoire européenne. Après les partages de son royaume entre la Prusse, la Russie et l'Autriche, les campagnes napoléoniennes lui avaient redonné une courte vie sous la forme du duché de Varsovie en 1807-1815. Mais le congrès de Vienne l'avait placé à nouveau sous tutelle russe.

À la veille du départ de Chopin, éclate l'insurrection de novembre qui voit le peuple polonais se soulever contre la domination russe. Mais personne ne se fait d'illusions et certainement pas Chopin. Il sait que la Russie ne lâchera pas son pays et qu'elle le soumettra à nouveau. Dans son journal intime, il note : « J'ai écrit les pages précédentes sans savoir que l'ennemi avait déjà forcé la porte. Les faubourgs sont détruits, incendiés. Oh Dieu ! Tu existes !

Tu existes et tu ne châties pas ! N'as-tu donc pas vu assez de crimes moscovites ? ou bien serais-tu moscovite toi-même ? Mon pauvre père ! Mon père bien-aimé ! Peut-être n'a-t-il plus de quoi acheter du pain à notre mère ! Mes sœurs ont peut-être succombé à la fureur de la soldatesque moscovite ! Et moi qui suis inactif, ici, les bras ballants, juste bon à gémir et à m'épancher avec douleur sur le piano, dans le désespoir… Que va-t-il arriver maintenant ? Dieu, Dieu ! Ébranle la terre, qu'elle engloutisse les hommes de ce siècle[1] ! »

Le 23 novembre 1830, Chopin quitte sa terre natale la mort dans l'âme. Après un passage par Dresde, Prague et Vienne, il arrive à Paris en septembre 1831 et s'installe au 27 du boulevard Poissonnière. Il éprouve tout de suite un coup de foudre : « Le plus beau des mondes, Paris répond à tous les désirs », écrit-il à son ami Titus[2]. Enfin et surtout, Paris est, à ce moment, la capitale de la musique. « J'ai trouvé ici les premiers musiciens et le premier opéra du monde. »

Mais il faut survivre. Alors, introduit dans le milieu des exilés polonais, il donne des leçons à la comtesse Potocka et, grâce à son aide, devient le professeur de piano « élégant » de l'aristocratie en exil et des milieux parisiens les plus fermés.

C'est dans les salons Pleyel qu'en février 1832 il présente son premier concert parisien. Liszt, Hiller, Berlioz,

---

1. Jean-Jacques Eigeldinger, *Frédéric Chopin*.
2. Titus Woyciechowski, dont on dit, mais sans certitude, qu'il fit partie des amours masculines de Chopin.

le chanteur Nourrit, le violoncelliste Franchomme, Heine, Mendelssohn sont devenus ses amis.

Le prince Valentin Radziwill l'emmène chez le baron James de Rothschild où il conquiert son auditoire. Le voilà lancé. Dans ce milieu qui fait les réputations, il est l'événement de la saison. Il fait plus qu'y trouver un moyen de vivre ; il y trouve de fidèles admiratrices, souvent bonnes musiciennes, qui répandent son nom à travers la société parisienne. Devenu l'un des artistes les plus recherchés de la capitale, il donne plus de cinq leçons de piano par jour qu'il fait payer vingt francs de l'époque[1]. « Si j'étais plus sot que je ne suis, je me croirais à l'apogée de ma carrière. » Il s'est installé au 5, rue de la Chaussée-d'Antin, dans un appartement meublé avec raffinement, s'habille chez les meilleurs faiseurs, fréquente les lieux à la mode, et acquiert un cabriolet.

Mais côté affectif, Chopin est triste. Il a le cœur qui bat pour une jeune femme : Maria Wodzinska, sœur de deux jeunes gens qui avaient été autrefois en pension chez ses parents à Varsovie. Lorsqu'il l'avait croisée la première fois, elle n'avait que onze ans. À ses yeux, Maria représente l'idéal féminin. Pour elle, il compose la Valse n° 1, op. 69 qu'il dédicace à une certaine « Mademoiselle Marie ». En juillet, Chopin rejoint les Wodzinski à Marienbad et demande la main de Maria. En guise de réponse, la mère de la jeune fille l'enjoint de veiller sur sa santé que tous savent fragile et on lui fait comprendre

1. Un trajet en fiacre coûtait alors un franc et le tailleur le plus cher faisait une redingote pour cent cinquante francs.

qu'il doit patienter, et peut-être longtemps. Il patientera en vain.

Lorsqu'il entre ce soir de décembre 1836 dans le salon de l'hôtel de France, le musicien est pour le moins surpris par l'allure de Sand. Passe encore pour ce nom d'homme, mais elle est en train de fumer la pipe et elle est vêtue d'habits masculins.

C'est Marie d'Agoult qui, dans ses *Mémoires*, la décrit le mieux :

« Madame Sand était de toute petite taille et paraissait plus petite encore dans les vêtements d'homme qu'elle portait avec aisance et non sans une certaine grâce de jeunesse virile. Ni le développement du buste ni la saillie des hanches ne trahissaient en elle le sexe féminin. La redingote en velours noir qui lui serrait la taille, les bottes à talon qui chaussaient son petit pied très cambré, la cravate qui serrait son cou rond et plein ne gênaient en rien ni la liberté de son allure ni la franchise de son maintien qui donnaient l'idée d'une force tranquille, […] Son œil noir, comme sa chevelure, avait dans sa beauté quelque chose de très étrange. Il paraissait voir sans regarder et ne se laissait pas pénétrer : un calme qui inquiétait, quelque chose de froid comme on se figure le sphinx antique. »

En 1836, elle a déjà trente-deux ans et passe pour une « don juane ». Il est vrai qu'elle a connu beaucoup d'hommes, et même des femmes. Au moment où elle écrivait son troisième roman, *Indiana,* en février 1833, une attirance réciproque l'avait entraînée dans les bras de l'actrice Marie Dorval. C'est dans sa loge de théâtre que Marie Dorval avait pris l'habitude de retrouver « la femme étrange qui attendait sa proie en fumant des cigarettes ».

La future George Sand est née à Paris, en 1804, au 15, rue Meslay dans le 3e arrondissement, l'année du couronnement de Napoléon. Son vrai nom est Amantine-Lucile Aurore Dupin. Comme elle l'écrit dans ses *Mémoires*[1], sa mère, Sophie-Victoire Delaborde, était « une pauvre enfant du vieux pavé de Paris » et son grand-père maternel, Antoine Delaborde, maître paulmier et maître oiselier, c'est-à-dire qu'il vendait des serins et des chardonnerets sur les quais de la Seine.

Très vite orpheline, Sophie-Victoire fut vraisemblablement contrainte à la prostitution. Lorsqu'en 1799, elle partit retrouver en Italie son amant du moment, l'adjudant Collin, elle avait déjà accouché d'une fille, Caroline Delaborde. Au mois de septembre 1800, Sophie fait la connaissance de Maurice Dupin de Francueil, officier des armées impériales, petit-fils du maréchal de Saxe. Elle délaisse l'adjudant et devient sa maîtresse.

Le couple se marie le 2 juin 1804 dans la mairie du deuxième arrondissement et Aurore vient au monde, en juillet. George Sand écrit : « Lorsque ma grand-mère [Marie-Aurore de Saxe] vit son fils épouser ma mère, elle fut désespérée ; elle eût voulu dissoudre dans les larmes le contrat qui cimentait cette union. Ce ne fut pas sa raison qui la condamna froidement, ce fut son cœur maternel qui s'effrayait des suites. »

---

1. *Histoire de ma vie.*

Maurice Dupin, lui, est déjà père d'un enfant âgé d'un an qu'il a refusé de reconnaître. Il s'appelle Hippolyte, fruit de ses amours avec une lingère, Mademoiselle Chatiron. Mais cela, Aurore ne le découvrira que des années plus tard.

Un garçon, appelé Louis, naît le 12 juin 1808 : il est aveugle et particulièrement chétif. L'enfant n'a que deux semaines quand Maurice Dupin et sa famille décident de quitter l'Espagne pour rejoindre Nohant. De Madrid, Maurice Dupin informe sa mère : « Je réserve le baptême de mon nouveau-né pour les fêtes de Nohant. Belle occasion pour sonner les cloches et faire danser le village ! » Le voyage de retour est éprouvant. Les deux enfants ont la fièvre ; ils ont attrapé la gale qu'on soigne en mêlant du soufre à leurs aliments. Le 8 septembre, un vendredi, le pauvre Louis meurt après avoir gémi longtemps sur les genoux de sa mère.

Quelques jours plus tard, alors qu'Aurore est âgée de quatre ans, c'est son père qui meurt victime d'une mauvaise chute de cheval à l'entrée de La Châtre, dans l'Indre, les vertèbres du cou brisées. Dès lors, la fillette va grandir à la campagne, auprès de sa mère et de sa grand-mère paternelle, Marie-Aurore de Saxe, à Nohant, dans le domaine familial[1]. Et c'est à cette occasion qu'elle découvrira la présence d'un jeune garçon que l'on appelle « l'enfant de la petite maison » : Hippolyte.

---

1. Composé d'un château, et d'environ deux cents hectares de ferme, au cœur du Berry, le domaine avait été acheté en 1793 par Marie-Aurore après la Révolution française.

Au printemps 1809, de profonds désaccords surgissent entre Marie-Aurore et Sophie-Victoire à propos
de l'éducation de la fillette. Au terme de longues et âpres
discussions, un compromis est finalement trouvé entre
les deux femmes et signé le 3 février 1809. Il stipule que
Marie-Aurore s'engage devant notaire à verser une rente
annuelle à sa belle-fille, en échange de quoi celle-ci
consent à faire de sa belle-mère la responsable légale de
sa fille. Cette dernière passera désormais la majeure partie de l'année à Nohant. Une fois l'accord signé, Marie-
Aurore confie l'enfant à un précepteur, Jean-Louis
Deschartres, qui fut aussi celui de Maurice Dupin.

Curieusement, ce n'est pas dans le fils de la lingère que
Marie-Aurore retrouve le caractère et les traits de son
défunt fils, Maurice, mais dans sa petite-fille. C'est elle
qu'elle choisit de traiter en « fou », en héritier de son nom
et de sa fortune. Symboliquement, Aurore prend ainsi la
place du père mort. Cette situation singulière va sans
doute susciter en elle ce que l'on appellerait de nos jours
un « dédoublement de la personnalité », mi-femme, mi-
homme. Un sexe masculin que lui a attribué d'autorité sa
grand-mère en l'appelant Maurice, et en ne la voyant que
comme son « fils ». Ce qui expliquerait le prénom de
George en littérature.

Quand elle atteint l'âge de quatorze ans, sa grand-mère
la conduit à Paris au couvent des Augustines anglaises où
elle passe trois années. Au début de l'année 1821, sentant
ses forces l'abandonner et sa santé décliner, la grand-mère
d'Aurore n'aspire qu'à une chose : marier sa petite-fille
qui va avoir dix-sept ans. Un souhait qu'elle ne verra pas
se réaliser. Le 26 décembre 1821, Marie-Aurore s'éteint,

laissant à sa petite-fille la totalité de ses biens et propriétés. À peine la grand-mère enterrée, Sophie débarque. Elle emmène sa fille à Paris et toutes deux vont s'installer dans l'appartement que Sophie occupe rue Neuve-des-Mathurins.

En avril 1822, à l'occasion d'un séjour chez des amis de Maurice Dupin, James et Angèle Roettiers du Plessis, près de Melun, Aurore fait la connaissance du baron François Casimir Dudevant, avocat à la cour royale. C'est « un jeune homme mince, assez élégant, d'une figure gaie et d'une allure militaire[1] », fils naturel d'un ancien colonel du Premier Empire et héritier d'une assez jolie fortune. Elle l'épouse le 17 septembre 1822 et devient baronne Dudevant. Elle a dix-huit ans, il en a vingt-sept. L'hiver suivant, Aurore est enceinte. Un fils, nommé Maurice comme son grand-père, vient au monde le 30 juin 1823 : « Ce fut le plus beau moment de ma vie que celui où après une heure de profond sommeil qui succéda aux douleurs terribles, je vis en m'éveillant ce petit être endormi sur mon oreiller. »

Bientôt, hélas, la mésentente entre Aurore et son mari s'installe. Casimir préfère la chasse à la lecture, et les états d'âme de sa femme l'indiffèrent : « Que faire donc pour égayer les heures de la vie en commun dans l'intimité de tous les jours ? Parler politique occupe les hommes en général, parler toilettes dédommage les femmes. Or, je

1. *Histoire de ma vie.*

ne suis ni homme ni femme, sous ces rapports-là ; je suis une enfant. »

Le 13 septembre 1828, « l'enfant » accouche d'un second enfant. Une fille cette fois, prénommée Solange.

Les mois passent et Aurore se débat avec un spleen qui va grandissant. Comment fuir une situation conjugale qui lui pèse de plus en plus ?

À la fin du mois de juillet 1831, chez des amis d'enfance, les Duvernet, elle rencontre un jeune homme de dix-neuf ans qui lui plaît tout de suite. Il s'appelle Jules Sandeau. Il rêve d'être écrivain. Ils deviennent amants. À ses côtés, Aurore va connaître la double joie d'une liaison amoureuse et d'une collaboration littéraire. Elle s'installe avec lui quai Saint-Michel et ils écrivent ensemble *Rose et Blanche* qui paraît en décembre sous le nom de J. Sand. Dans le courant du mois de mai 1832, un autre roman s'apprête à être publié. Il a pour titre : *Indiana*. Le problème du pseudonyme se pose alors, puisque ce livre c'est Aurore qui l'a écrit sans la collaboration de Jules.

« Le nom que je devais mettre sur des couvertures imprimées, écrit-elle dans ses *Mémoires*, ne me préoccupa guère. En tout état de choses, j'avais résolu de garder l'anonymat. Un premier ouvrage fut ébauché par moi, refait en entier ensuite par Jules Sandeau, à qui Delatouche attribua le nom de Jules Sand. Cet ouvrage amena un autre éditeur qui demanda un autre roman sous le même pseudonyme. J'avais écrit *Indiana* à Nohant, je voulus le donner sous le pseudonyme demandé ; mais Jules Sandeau, par modestie, ne voulut pas accepter la paternité d'un livre auquel il était complètement étranger. Cela ne faisait pas le compte de l'éditeur. Le nom est tout pour la vente, et le petit pseudonyme s'était bien *écoulé*, on tenait essentiellement à le conserver. Delatouche, consulté, trancha la question par un compromis : *Sand* resterait intact et je prendrais un autre prénom qui ne servirait qu'à moi. Je pris vite et sans chercher celui de George qui me paraissait synonyme de Berrichon. Jules et George, inconnus au public, passeraient pour frères ou cousins. »

Une fois célèbre, George Sand emménage au 19, rue Malaquais avec sa fille Solange tandis que son fils Maurice est confié aux bons soins d'un précepteur et demeure à Nohant.

Quelques mois plus tard, elle rompt avec Sandeau.

Sa notoriété ne fait que croître avec la parution de son deuxième roman, *Valentine*, en décembre 1832.

Vers la fin du mois de juin 1833, elle fait la connaissance d'Alfred de Musset au cours d'un dîner littéraire. Elle est alors la seule femme. Se noue entre les deux artistes une passion tumultueuse qui connaîtra son point d'orgue lors d'un voyage à Venise entre décembre 1833 et janvier 1834. Une fois Musset rentré à Paris (en mars 1834), elle occupe dans un quartier populaire quelques pièces de la maison de Pietro Pagello, un jeune médecin auquel elle a déclaré son amour par lettre au chevet de son amant délirant de fièvre.

Le 16 février 1836, le tribunal prononce la séparation des époux Dudevant. Aurore Dupin recouvre tous ses biens et obtient la garde de ses enfants.

Le mois suivant, avec Maurice et Solange, Sand rejoint à Chamonix Marie d'Agoult et Franz Liszt dont elle a fait la connaissance quelques mois auparavant.

De retour à Paris la première semaine d'octobre 1836, la comtesse prend un appartement doté d'une grande salle de réception à l'hôtel de France, rue Laffitte et envoie Liszt à la recherche de célébrités. C'est ainsi que Chopin se retrouva en présence de George Sand.

Étrangement, malgré l'antipathie qu'il a ressentie à son égard, quelques jours plus tard, le 5 novembre, Chopin la reçoit chez lui avec Liszt et Marie d'Agoult, le poète Adam Mickiewicz, Albert Grzymala[1] et le compositeur Józef Brzowski.

Le 9 novembre, le même groupe, moins Mickiewicz et Grzymala, se retrouve à dîner chez le comte Marliani, révolutionnaire italien en exil, devenu consul d'Espagne à Paris. Il a épousé une Française, Charlotte. Le lendemain, les voilà chez Chopin, et aussi le 13 décembre avec un invité de plus : Johann Peter Pixis, pianiste et compositeur allemand.

Ce soir-là, Sand était « vêtue d'une chemise blanche ceinte par une large écharpe cramoisie, sa petite veste blanche, d'une coupe étrange, arborait des boutons et des parements cramoisis eux aussi. Sa chevelure noire, partagée par le milieu, tombant en boucles de chaque côté du

---

1. Ancien aide de camp du prince Poniatowski, exilé en France à la suite de la révolution polonaise.

visage, était retenue par un ruban doré qui lui barrait le front ». Et, tandis que la comtesse d'Agoult faisait les frais de sa conversation pleine de charme et d'esprit, « George Sand, assise sur le sofa près de la cheminée, répondait avec componction et parcimonie aux questions que lui posait son voisin tout en tirant de légers nuages de fumée de son cigare. Liszt, comme toujours, captait l'attention, faisant feu des quatre fers. Plaisanteries et réflexions philosophiques fusaient de toutes parts, ponctuées d'observations acerbes de Chopin ».

Lassé de cette conversation, Józef Brzowski pria Chopin et Liszt de jouer. Les deux hommes s'installèrent côte à côte, Chopin comme toujours assumant la partie de basse, tandis que Pixis tournait les pages, jetant de temps à autre des coups d'œil béats en direction de Brzowski qui n'avait jamais rien entendu de pareil !

Après quoi Chopin offrit des glaces puis du thé servi par Marie d'Agoult, tandis que George Sand restait « rivée à son sofa, ne quittant pas son cigare, jetant à l'occasion un coup d'œil à son interlocuteur mais gardant la plupart du temps les yeux fixés sur les flammes dansantes du foyer ».

En moins de six semaines, Chopin passa ainsi une demi-douzaine de soirées en compagnie de Sand et, de toute évidence, la femme-écrivain la plus célèbre d'Europe ne l'impressionnait toujours pas : « Quelle personne antipathique que cette Sand, confie-t-il à Ferdinand Hiller[1] un soir en rentrant de l'hôtel de France, mais est-ce

---

1. Compositeur, chef d'orchestre et professeur de musique allemand.

vraiment une femme ? » Il confirma son impression dans une lettre à ses parents, ajoutant qu'il y avait quelque chose de « presque repoussant » en elle. On comprend aisément que, mis à part sa fidélité envers Maria Wodzinska, George ne correspondait pas à son idéal féminin.

De son côté, à la suite de sa rupture avec l'avocat Michel de Bourges, au printemps 1837, Sand n'a de cesse qu'elle ne se soit trouvé un nouvel amant. L'acteur Pierre-François Touzé, dit Bocage, l'écrivain Charles Didier puis le vaudevilliste Félicien Mallefille, engagé comme secrétaire et précepteur de Maurice, se partagent tour à tour ses faveurs.

À l'époque de sa rencontre avec Chopin, Sand est d'ailleurs toujours liée à Mallefille alors que le musicien continue toujours de rêver à Maria. Cette situation amène Sand à s'interroger sur la viabilité d'une relation avec Chopin. Elle s'en explique à Albert Grzymala : « Amour d'artiste, amour de femme, amour de sœur, amour de mère, amour de religieuse, amour de poète, que sais-je ? Il y a [des amours] qui sont nées en moi le même jour, sans s'être révélées à l'objet qui les inspirait. Il y en a qui ont martyrisé ma vie et qui m'ont poussée au désespoir, presque à la folie. Il y a en a qui m'ont tenue cloîtrée durant des années dans un spiritualisme excessif. Tout cela a été parfaitement sincère. » Une autre chose l'inquiète encore : le musicien préférerait-il l'entente des âmes à celle des corps ? Est-ce qu'il peut y avoir pour les natures sincères un amour purement intellectuel ? Est-ce qu'il y a jamais d'amour sans un seul baiser et un baiser d'amour sans volupté ? » Ce qui attire Sand, c'est bien sûr le talent de Chopin, mais c'est surtout son apparente fragilité.

Des semaines s'écoulent.

Alors que l'écrivaine regagne son domaine de Nohant, Chopin repris par l'agitation parisienne s'éloigne du cercle de l'hôtel de France. Finalement, à la fin janvier 1837, il commence par se faire une raison : « Mademoiselle Marie » s'éloigne. Ses lettres sont de plus en plus impersonnelles, sans doute sous l'influence de ses parents. Il faut dire aussi que la mauvaise santé du musicien n'est pas pour les rassurer, encore moins les échos qui leur parviennent de France, à propos de ses relations avec des « femmes scandaleuses ».

Alors qu'il persistait à guetter le courrier en provenance de Pologne, toussotant, et crachant, Sand déployait ses efforts pour attirer des invités à Nohant afin de distraire sa tendre amie, la comtesse d'Agoult. Elle écrit à Liszt :

> « *Dites à Mick [Adam Mickiewicz] que ma plume et ma maison sont à son service et que je l'adore ; à Chopin que je l'idolâtre ; à tous ceux que vous aimez que je les aime et qu'ils seront les bienvenus amenés avec vous.* »

Marie d'Agoult fera alors ce commentaire : « Chopin est irrésolu, il n'y a chez lui que la toux de permanente. »

Au printemps 1837, Chopin continue de souffrir cruellement du dénouement de l'affaire Wodzinska. Un matin, en pleine dépression, il décide de rassembler en un paquet toutes les lettres de sa bien-aimée et y inscrit deux mots : « Ma tragédie ». Mais cela ne suffit pas à effacer le souvenir de la jeune fille ni à apaiser son chagrin.

Ses finances se trouvaient aussi dans un état pitoyable, car voilà un an qu'il menait grand train. Il dut se remettre avec assiduité à donner des cours et vendre ses compositions. Bien que sa vie fût trop agitée pour lui apporter le repos et la concentration nécessaires à son travail, il était parvenu à ébaucher certains préludes, mazurkas et nocturnes.

À l'approche de ses vingt-huit ans, jamais il ne s'était senti si isolé, si à la dérive. Quant à l'aristocratie française, il saisissait mieux que quiconque le caractère superficiel de ses rapports avec elle.

Au printemps de 1838, il se mit à fréquenter de manière plus assidue les soirées de la comtesse Charlotte Marliani. Il y retrouva George Sand à la mi-avril. Quinze mois s'étaient écoulés depuis leur dernière rencontre. Qu'ont-ils échangé ce soir-là ? Sans doute rien de notable. Quelque temps plus tard, le 8 mai, ils sont à nouveau chez le marquis Astolphe de Custine. Ce soir-là, Chopin improvisa pendant des heures dans la pénombre, seulement éclairé par la lueur de quelques bougies.

Charme du moment ? Envoûtement provoqué par la divine inspiration du musicien ? Mystère des sentiments ? C'est en tout cas dans ce salon et ce 8 mai que George Sand tomba amoureuse du compositeur :

> « *J'ai été un peu confuse*, écrira-t-elle quinze jours plus tard à Grzymala, *et un peu consternée par l'effet que m'a produit ce petit être. Je ne suis pas encore revenue de mon étonnement et, si j'avais beaucoup d'orgueil, je serais très humiliée d'être tombée en plein dans l'infidélité de cœur au moment de ma vie où je me croyais à tout jamais calme et fixée.* »

Elle n'avait que trente-quatre ans, six ans de plus que Chopin, mais avait vécu avec une telle intensité et accumulé tant d'expériences qu'elle se sentait sans doute à bout de forces. Balzac l'avait décrite un mois ou deux plus tôt :

> « *Elle a doublé son menton comme un chanoine, elle n'a pas un seul cheveu blanc, malgré ses effroyables malheurs, son teint bistré n'a pas varié, ses beaux yeux sont tout aussi éclatants, elle a l'air tout aussi bête quand elle pense, car, comme je le lui ai dit, après l'avoir étudiée, toute sa physionomie est dans l'œil[1].* »

Le regard de Sand ne quitta pas Chopin de toute la soirée, et lui-même se surprit à contempler la fumeuse de cigares, se demandant si cette fumée qui l'enveloppait n'était finalement qu'un masque derrière lequel elle cachait sa timidité et sa féminité. Mais, paradoxalement, l'attirance qu'il commençait à éprouver l'inquiéta comme en témoigne ce mot griffonné pour Grzymala :

> « *Mon très cher, je dois absolument te voir aujourd'hui, serait-ce même pendant la nuit... à minuit ou à une heure du matin. Ne crains aucun embarras pour toi, mon chéri ; tu sais que j'ai toujours su estimer ton cœur. Il s'agit d'un conseil que j'ai à te demander.* »

Quinze jours plus tard, le 14 mai, la veille de regagner Nohant, Sand se rendit à Paris, chez Grzymala avec Delacroix et, une fois encore, écouta Chopin jouer jusque

---

1. Balzac, *Lettres à Mme Hanska*, vol. I.

tard dans la nuit. À l'instant où ils allaient se quitter, Chopin, le visage tourmenté, lui laissa entendre qu'il ne voulait pas « gâcher le souvenir » des trois dernières semaines. Sand en conclut que le musicien considérait l'amour physique comme étant quelque chose de « malsain », ce qui ne pouvait manquer de la choquer, elle qui avait couché avec presque tous les hommes qu'elle avait aimés.

Elle rentra à Nohant s'occuper de son fils malade, alors qu'à Paris Chopin recommençait à être tourmenté par le souvenir de Maria. Il est probable qu'il fut à ce moment confronté à un débat intérieur ; Maria représentant à ses yeux la pureté, la respectabilité ; George la marginalité et le sexe. Son indécision chronique, son incapacité à choisir jouèrent également, et il se tourna à nouveau affolé vers Grzymala qui, à son tour, écrivit à George Sand. Nous ignorons si Chopin fut mis au courant ou non du fait que Grzymala avertit Sand de « ne pas badiner avec Chopin », mais il dut lui expliquer que son ami gardait toujours au cœur le souvenir d'une autre.

Sand lui répondit par une (très) longue lettre où elle posait ses pensées et priait Grzymala de prononcer un jugement qu'elle jurait de respecter : « Je crois à votre évangile sans le bien connaître et parce que du moment qu'il a un adepte comme vous, il doit être le plus sublime de tous les évangiles », écrivait-elle ; puis elle se mit à analyser les principales questions telles qu'elle les voyait :

> « *Cette personne [elle fait ici allusion à Maria Wodzinska] qu'il veut ou croit devoir aimer est-elle propre à faire son bonheur, ou bien doit-elle augmenter ses souffrances, ses tristesses ? Je ne demande pas s'il l'aime,*

s'il est aimé, si c'est plus ou moins que moi. Je sais à peu près, par ce qui se passe en moi, ce qui doit se passer en lui. Je demande à savoir laquelle de nous deux il faut qu'il oublie ou abandonne pour son repos, pour son bonheur, sa vie enfin, qui me paraît trop chancelante et trop fragile pour résister à de grandes douleurs[1]. »

Elle fait remarquer qu'il y a « un être excellent, *parfait,* sous le rapport du cœur et de l'honneur, que je ne quitterai jamais », c'est-à-dire le tuteur de ses enfants, le dramaturge Mallefille.

Mais, un peu plus loin, elle admet que ses caresses sont devenues bien moins agréables depuis qu'elle est amoureuse de Chopin. Elle affirme aussi que Mallefille est malléable comme de la cire : « C'est une cire malléable sur laquelle j'ai posé mon seau [sic] » et qu'il ne gênera aucune décision qu'elle risque de prendre. Elle finit par suggérer une solution qui répond mieux à l'image qu'elle se fait d'elle-même :

« Je crois que notre amour ne peut durer que dans les conditions où il est né, c'est-à-dire que de temps en temps, quand un bon vent nous ramènera l'un vers l'autre, nous irons encore faire une course dans les étoiles, et puis nous nous quitterons pour marcher à terre. »

Elle voulait dire par là que Mallefille resterait son amant, que Chopin pourrait aimer autant de Polonaises qu'il le voudrait et elle « le serrer chastement dans mes bras quelquefois, quand le vent céleste voudra bien ».

---

1. *Lettres de Chopin et George Sand, 1836-1839,* recueil établi et annoté par Bronislas Edouard Sydow et Suzanne Chainaye, Palma de Mallorca.

Mais en vérité, elle était vraiment tombée amoureuse de Chopin et ne voulait plus de Mallefille, tandis que Chopin, lui, ne savait pas ce qu'il voulait, tout en étant très attiré par elle.

Le 6 juin, Sand arriva à Paris. Ses raisonnements et ses scrupules cédèrent rapidement le pas à l'instinct naturel. Elle loua une mansarde non loin de chez les Marliani, se laissant ainsi une certaine liberté.

En août, elle expédia Mallefille en Normandie avec son fils afin de voir Chopin comme elle le voulait. Un moment de félicité s'ensuivit, et Sand décrivit à Delacroix « le délicieux épuisement de l'amour exaucé ». En septembre, elle ajoutait :

> *« Je suis toujours dans l'ivresse où vous m'avez laissée. Il n'y a pas eu un seul petit nuage dans ce ciel pur, pas un grain de sable dans notre lac. Je commence à croire qu'il y a des anges déguisés en hommes. »*

Et encore :

> *« L'amour avant tout, n'est-ce pas ? L'amour avant tout quand l'astre est en pleine lumière, l'art avant tout, quand l'astre décline. »*

Au début du mois de septembre, la théorie de la « brise céleste » se trouva en conflit avec la réalité. Chopin devenait possessif et jaloux, et George Sand avait de plus en plus de difficultés à gérer sa liaison avec Mallefille de retour à Paris. Elle signifia donc et sans ménagement au dramaturge que tout était fini entre eux. Fureur de

Mallefille, bien moins « malléable » que Sand le crut. On raconte qu'il se serait posté devant l'appartement de Chopin, rue de la Chaussée-d'Antin, aurait bondi sur George Sand alors qu'elle en sortait. Celle-ci réussit à l'esquiver en se réfugiant derrière une charrette pour ensuite sauter dans un fiacre. On dit aussi qu'après avoir presque défoncé la porte de Chopin un soir, Mallefille aurait essayé d'étrangler le compositeur et n'en aurait été empêché que par l'intervention de Grzymala. Une certitude : Mallefille proféra à l'encontre du couple les pires menaces, contraignant les deux amants à ne plus se montrer ensemble jusqu'à la fin du mois de septembre.

Depuis quelque temps, George Sand prévoyait de passer l'automne et l'hiver en Italie. Les menaces de Mallefille rendaient ce projet plus opportun que jamais. Majorque fut choisi à la place de l'Italie.

Grzymala exprima quelques doutes sur l'opportunité d'un tel voyage. Chopin, comme toujours, hésitait. Ces problèmes pulmonaires faisaient craindre la phtisie et l'idée de quitter Paris pour passer six mois dans un pays inconnu ne l'enthousiasmait pas. Néanmoins, il ne pouvait se résigner à laisser partir cette femme à laquelle, désormais, il tenait tant. Il emprunta de l'argent, vendit d'avance la série presque complète des *Préludes*[1] et s'arrangea avec Pleyel pour se faire expédier un piano.

---

1. Au total, l'œuvre consiste en un opus de vingt-quatre pièces courtes, écrites chacune dans une tonalité différente.

Le 20 octobre, Chopin passa la journée à Saint-Gratien (Val-d'Oise) dans le château de l'un de ses admirateurs, le marquis Astolphe de Custine. À peine son hôte parti, Custine écrivit :

> « *Notre Chopin part pour Valence en Espagne, c'est-à-dire pour l'autre monde. Vous n'avez pas d'idée de ce que Mme Sand a trouvé le moyen d'en faire en un été ! La consomption s'est emparée de cette figure et en a fait une âme sans corps. Il a joué pour nous faire ses adieux, avec l'impression que vous savez. Le malheureux ne voit pas que cette femme a l'amour d'un vampire*[1]. »

Le soir du 7 novembre, le couple embarqua de Barcelone sur le *Mallorquin*, et entra en fin de matinée dans le port de Palma. Ils s'installèrent aussitôt dans une petite maison appelée *So'on Vent*, « Sous le vent », à trois kilomètres de Palma.

Le jour même, Chopin confia à son ami, le pianiste et compositeur Julien Fontana :

> « *Mon très cher, je suis à Palma au milieu des palmiers, des cèdres, des cactus, des oliviers, des orangers, des citronniers, des aloès, des figuiers, des grenadiers... enfin de tous les arbres que possèdent les serres du Jardin des Plantes. Le ciel est de turquoise, la mer de lapis-lazuli ; les montagnes d'émeraude, et l'air est comme au ciel. Du soleil toute la journée. Tout le monde est vêtu comme en été car il fait chaud. La nuit, on entend des chants et le son des guitares pendant des heures entières. Il*

---

1. *Mémoires et voyages, ou lettres écrites à diverses époques*, Paris, 1830, rééd. Éditions François Bourin, 1993.

y a d'énormes balcons, d'où des pampres retombent. Les remparts datent des Arabes. La ville, comme tout ici en général, reflète l'Afrique. Bref, une vie admirable!»

Le 12 janvier 1839, dans une nouvelle lettre, il évoqua ses nouvelles créations et… ses soucis d'argent :

«Mon chéri, je t'envoie les Préludes, *recopiez-les, Wolff et toi. Je ne crois pas qu'il y ait des fautes, Tu donneras les copies à Probst et l'original à Pleyel. Tu porteras à Léo, que je n'ai pas eu le temps de remercier, l'argent de Probst pour lequel je joins un billet et un reçu. Sur l'argent que te donnera Pleyel, c'est-à-dire quinze cents francs, tu payeras le loyer jusqu'au 1ᵉʳ janvier – 425 francs – et tu donneras congé gentiment. S'il était possible de louer l'appartement pour mars, ce serait fort bien, sinon il faudra le garder un trimestre encore. Tu donneras, de ma part, à Nouguès les 1 000 francs qui te resteront. Demande son adresse à Jeannot sans parler de l'argent, car il serait capable d'entreprendre Nouguès et je ne veux pas qu'en dehors de toi et de moi quelqu'un soit au courant. Si l'appartement se louait, tu ferais mettre une partie des meubles chez Jeannot et le reste chez Grzymala. Demande à Pleyel de m'écrire par ton inter-médiaire et dis-lui que j'en ai fini avec Wessel. Avant le nouvel an, je t'ai envoyé une traite pour ce dernier. »*

Hélas, vers la fin de janvier, Chopin tomba malade. Les poumons, toujours. On convoqua des médecins qui l'examinèrent à tour de rôle :

« L'un a flairé mes crachats, écrit-il à Fontana, l'autre m'a frappé pour savoir d'où je crachais, le troisième m'a

palpé en écoutant comme je crachais. Le premier a dit que j'allais crever, le deuxième que j'étais en train de crever, le troisième que j'étais crevé déjà. »

Dans ses *Mémoires*, Sand évoque aussi ces instants : « Le pauvre grand artiste était un malade détestable. Supportant la souffrance avec assez de courage, il ne pouvait vaincre l'inquiétude de son imagination. Le cloître était pour lui plein de terreurs et de fantômes, même quand il se portait bien, il ne le disait pas, et il me fallut le deviner. Au retour de mes explorations nocturnes dans les ruines avec mes enfants, je le trouvais, à dix heures du soir, pâle devant son piano, les yeux hagards et les cheveux comme dressés sur la tête. Il lui fallait quelques instants pour nous reconnaître. Il faisait ensuite un effort pour rire, et il nous jouait des choses sublimes qu'il venait de composer, ou, pour mieux dire, des idées terribles ou déchirantes qui venaient de s'emparer de lui, comme à son insu, dans cette heure de solitude, de tristesse et d'effroi. »

Et elle ajoute : « Son génie était plein de mystérieuses harmonies de la nature, traduites par des équivalents sublimes dans sa pensée musicale et non par une répétition servile des sons extérieurs. Sa composition de ce soir-là était bien pleine des gouttes de pluie qui résonnaient sur les tuiles sonores, mais elles s'étaient traduites dans son imagination et dans son chant par des larmes tombant du ciel sur son cœur. Le génie de Chopin est le plus profond et le plus plein de sentiments et d'émotions qui ait existé. »

Le temps s'aggrava, les murs de la maison absorbaient l'humidité comme une éponge, et l'état de Chopin empirait. À la mi-décembre, il reprit la plume pour écrire à Fontana : « En attendant, mes manuscrits sommeillent, et moi je ne puis dormir. Je tousse. Couvert de cataplasmes, j'attends le printemps ou quelque autre chose. » Les médecins qui l'avaient tant amusé avaient en fait diagnostiqué la tuberculose et, obéissant à la loi espagnole, l'avaient signalé aux autorités. Dès qu'il apprit la chose, le propriétaire des lieux les expulsa en exigeant un dédommagement pour reblanchir les murs à la chaux et remplacer les meubles ; la loi exigeait de brûler tout ce qu'avait touché un tuberculeux. Le couple et les enfants furent contraints de déménager dans un ancien couvent désaffecté de Valldemosa, une chartreuse au milieu des montagnes dans laquelle ils occupèrent trois pièces. « C'est le séjour le plus romantique de la terre », devait dire Sand.

Avec le retour du printemps, juste au moment où Chopin reprenait goût à la vie, décision fut prise de s'en aller, et le plus vite possible. La raison de départ reste obscure et les explications ultérieures qu'en donna George Sand se contredisent. En tout cas, le 11 février 1839, après cinquante-six jours passés à la chartreuse de Valldemosa, ils partirent pour Palma. Commence alors un vrai chemin de croix. Sand avait essayé d'emprunter une voiture pour descendre Chopin de la montagne, mais tous étaient au courant de sa maladie et personne ne désirait avoir à brûler sa voiture après qu'un tuberculeux l'eut occupée. Chopin dut parcourir quatorze kilomètres par une forte chaleur dans un grossier chariot sur un chemin épouvantable. Convulsé par la toux et crachant du sang, il arriva chez un ami qui avait offert de les héberger en attendant le départ du *Mallorquin*.

Ils embarquèrent le 13 février.

Le retour, de Palma à Barcelone, prit des allures héroïco-burlesques. Sur le bateau à vapeur se trouvaient une centaine de cochons, dont l'odeur infecte et les cris perçants donnèrent la nausée à tout le monde. Sand décrit cette traversée dans une lettre qu'elle expédia à Charlotte Marliani le 15 février 1839.

En arrivant à Barcelone, Chopin eut une hémoptysie et cracha des « bols pleins de sang ». À Barcelone, ils descendirent à l'hôtel où ils durent, une fois de plus, malgré le blanc-seing d'un médecin français, payer d'avance la literie et tous les objets qui devaient être détruits après leur départ. La santé de Chopin s'améliora nettement cette semaine-là et, le 22 février, ils purent enfin embarquer pour Marseille sur un vaisseau français.

La description qu'elle fit de leur séjour à Majorque dans l'un de ses ouvrages est sinistre et exacerbée. « Nous étions seuls à Majorque, aussi seuls que dans un désert, et quand la subsistance de chaque jour était conquise moyennant la guerre aux *singes,* nous nous asseyions en famille pour en rire autour du poêle. Mais à mesure que l'hiver avançait, la tristesse paralysait dans mon sein les efforts de gaieté et de sérénité. L'état de notre malade empirait toujours : le vent pleurait dans le ravin, la pluie battait nos vitres, la voix du tonnerre perçait nos épaisses murailles et venait jeter sa note lugubre au milieu des rires et des jeux d'enfants[1]. »

Le 24 février, après une traversée sans encombre, le navire atteignit Marseille. Chopin fut confié aux mains du docteur Cauvière, un ami des Marliani. Le médecin jugea l'état de Chopin critique et lui interdit de reprendre la route. Ils s'installèrent donc dans un hôtel.

> « *Dans la nuit*, écrit Chopin à Grzymala, *George travaille beaucoup et moi je dors car on me donne des pilules d'opium et le matin elle dort et moi je reste tranquille, je tousse et je médite*[2]. »

La convalescence durera quatre mois et ce n'est que le mois de juin qu'ils regagneront Nohant.

De retour à Paris à l'automne 1839, Sand emménage au 16, rue Pigalle ; tandis que Chopin conserve son appartement du 5, rue Tronchet pour y donner ses leçons.

Balzac écrit à Hanska :

> « *George Sand demeure rue Pigalle, 16, au fond d'un jardin. Elle a une salle à manger où les meubles sont en bois de chêne sculpté. Son petit salon est couleur café au lait et le salon où elle reçoit est plein de vases chinois superbes, pleins de fleurs. Il y a toujours une jardinière pleine de fleurs, le meuble est vert, il y a un dressoir plein de curiosités, des tableaux de Delacroix, son portrait par Calamatta J. Le piano est magnifique et droit, carré, en palissandre. D'ailleurs Chopin y est toujours. Elle ne fume que des cigarettes et pas autre*

---

1. *Un hiver à Majorque.*
2. *Lettres retrouvées*, éd. Thierry Bodin, Paris, Gallimard, 2004.

chose. *Elle ne se lève qu'à quatre heures et à quatre heures,*
Chopin, qui a fini de donner ses leçons, monte chez elle par
un escalier dit de meunier, droit et raide. »

En octobre 1839, Chopin donne un récital à Saint-Cloud, avec le pianiste et compositeur tchèque Ignaz Moscheles, devant Louis-Philippe et sa famille. En 1841, après six ans d'absence sur la scène publique, il se décide à donner un concert à Pleyel, non sans hésitation et conditions de toutes sortes qui font écrire à Sand :

> « *Une grande, grandissime nouvelle, c'est que le petit Chip Chip va donner un grrrrrrand concert. Ses amis le lui ont tant fourré dans la tête qu'il s'est laissé persuader […] et l'on ne peut rien voir de plus drôle que le méticuleux et irrésolu Chip, obligé de ne plus changer d'avis. […] Ce cauchemar chopinesque se passera dans les salons de Pleyel le 26 avril. Il ne veut pas d'affiches, il ne veut pas de programmes, il ne veut pas de nombreux publics, il ne veut pas qu'on en parle. Il est effrayé de tant de choses que je lui propose de jouer sans chandelles, et sans auditeurs, sur un piano muet.* »

Le concert fut un triomphe.

Trois années s'écoulèrent au cours desquelles Sand et Chopin se partagent entre Paris et Nohant.

En mai 1846, quand Chopin part pour Nohant achever quelques-unes des compositions qu'il a commencées, les tensions se sont multipliées et leur amour fait naufrage. La

désillusion profonde de Sand à l'égard de cette liaison sentimentale qui s'est peu à peu muée en chaîne pesante ne date
pas d'hier. À Albert Grzymala, son cher confident, elle écrit :

> « *Le mal qui ronge ce pauvre être au moral et au
> physique me tue depuis longtemps, et je le vois s'en aller
> sans avoir jamais pu lui faire de bien, puisque c'est
> l'affection inquiète, jalouse et ombrageuse qu'il me porte
> qui est la cause principale de sa tristesse. Il y a sept ans que
> je vis comme une vierge avec lui et avec les autres. Je me suis
> fait vieille avant l'âge, et même sans effort ni sacrifice, tant
> j'étais lasse des passions et désillusionnée sans remède.* »

Mais, à cette « désillusion », est venue s'ajouter l'attitude des enfants de Sand. À vingt-deux ans, Maurice a
décidé de régner en maître de Nohant et ne supporte plus
les ingérences du musicien. De son côté, Solange, âgée de
dix-huit ans, entretient avec le compagnon de sa mère
une relation plus qu'équivoque. Chopin est manifestement sous le charme de cette très jeune femme. Un
ensemble d'éléments qui font de la vie quotidienne un
calvaire. Quand Chopin, lassé, quitte Nohant à la fin
de l'été, la relation entre les deux êtres est moribonde.
À Paris, il retrouve avec plaisir ses élèves et ses amis
musiciens, parmi lesquels le violoncelliste Auguste
Franchomme pour qui il compose quelques très belles
pièces pour violoncelle et piano.

L'été 1847, pour la première fois depuis Majorque,
Chopin n'est pas invité à Nohant. Ainsi s'est brisée cette
illusion familiale qui lui était devenue si nécessaire pour
vivre et travailler.

Un voyage en Écosse n'est qu'un recours désespéré qui ne peut que hâter sa fin. Il y fait la connaissance d'une aristocrate écossaise, Jane Stirling. Elle le retrouvera à Paris où il lui donnera des cours de piano et elle deviendra son égérie.

Épuisé, il rentre à Paris le 24 novembre 1848 où il doit supporter le défilé incessant d'amis et d'admiratrices. À bout de forces, il se décide à appeler sa sœur, Louise, au secours. Au printemps de 1849, il emménage dans un appartement plus ensoleillé, sur la colline de Chaillot, au 64 de la rue de Chaillot, tout près de l'actuel Trocadéro. À cette époque, c'est presque la campagne.

Louise, son mari et sa fille arrivent le 9 septembre. Constatant la progression de la phtisie qui ronge Chopin, son dénuement matériel, sa détresse affective, elle décide de rester seule à Paris pour s'occuper de son frère. George Sand lui écrit, car elle a appris dans quel état de gravité se trouve le musicien. Mais Louise ne lui répond pas, et elle ne touche pas un mot à Frédéric de cette démarche, comme si elle craignait qu'une reprise de contact n'aggrave son état. Pour elle, Sand n'a toujours été qu'une intruse dans la vie de Frédéric.

De son côté, Sand ne se déplace pas. Elle s'est murée dans sa rancune, dans son silence et dans son mépris.

L'appartement de Chaillot n'est pas encore assez chaud pour que le malade puisse y passer l'hiver. On le fait déménager de nouveau pour le 12 de la place Vendôme, au premier étage. Louise l'aide à s'y installer, à la fin de septembre. Elle s'attache à reconstituer autour de lui un monde familier d'où elle prend soin de faire disparaître tout souvenir de George Sand. Mais à peine

Chopin est-il dans ce nouvel appartement que sa maladie s'aggrave ; les médecins consultés se déclarent impuissants et cèdent la place au prêtre, un Polonais que Louise a fait appeler : le père Jelowicki.

Chopin va s'éteindre dans la nuit du 17 au 18 octobre 1849. Il est très entouré, trop sans doute. La comtesse Delphine Potocka est venue spécialement de Nice pour lui chanter des airs italiens. Maigre, dérisoire consolation. Jane Stirling est là. Ses amis polonais, ses élèves se relaient à son chevet. Louise veille à tout. Solange, la fille de Sand, est présente avec elle auprès de l'agonisant, la dernière nuit. C'est elle qui lui tend un dernier verre d'eau. Il l'a réclamé, dans un souffle. Il n'a pas la force de le prendre. Rivé à son lit de douleur, il tend une dernière fois la main. Elle retombe mollement. Il est mort.

Le 20 octobre 1849, Eugène Delacroix écrit dans son *Journal* : « J'ai appris, après déjeuner, la mort du pauvre Chopin. Chose étrange, le matin, avant de me lever, j'étais frappé de cette idée. Voilà plusieurs fois que j'éprouve de ces sortes de pressentiment. Quelle perte ! Que d'ignobles gredins remplissent la place, pendant que cette belle âme vient de s'éteindre[1] ! »

---

1. Éditions Plon, tome I.

Victor et Juliette

Victor Hugo et Juliette Drouet

2 février 1833. Théâtre de la Porte-Saint-Martin.

Installé au premier rang, l'œil rivé sur la scène, Victor Hugo remonta le col de son manteau et continua de suivre le jeu des comédiens. La création de sa dernière pièce, *Lucrèce Borgia*, s'annonçait sous les meilleurs auspices. Frédérick Lemaître était parfait dans le rôle de Gennaro et Mademoiselle George allait, il n'en doutait pas, faire un triomphe en Lucrèce.

Acte trois. Scène première.

La princesse Negroni à Maffio, montrant Gennaro :

— Monsieur le comte Orsini, vous avez là un ami qui me paraît bien triste.

Victor sursaute.

Mais qui est-elle ? C'est la première fois qu'il voyait cette comédienne. Elle était magnifique. Quel âge pouvait-elle avoir ? Vingt-cinq ans ? Vingt-huit tout au plus ? L'ovale plus que parfait de son visage était mis en relief par une magnifique chevelure noire. Ses petites lèvres sensuelles semblaient faites pour le baiser.

L'écrivain, dramaturge, poète et dessinateur se pencha discrètement vers le directeur du théâtre, Félix Harel :

— Cette personne qui joue Negroni, son nom ?

— Juliette Drouet. Je vous en avais parlé. Comment la trouvez-vous ?

— Parfaite… mais dites-m'en plus.

— Elle a joué quelques pièces au théâtre du Parc à Bruxelles, puis le directeur du Vaudeville lui a confié – charmé sans doute comme tous les hommes qu'elle croise – des seconds rôles. Ensuite, elle a réussi à se faire engager par le théâtre de l'Odéon.

Harel enchaîna avec un sourire en coin :

— Ma parole, si j'en juge par votre expression, vous semblez bien intéressé par la dame. Je me trompe ?

L'écrivain éluda la question.

— Écoutons-la plutôt…

De retour chez lui, Victor avait encore les yeux pleins de sa vision et ses lèvres répétaient doucement : « Juliette ». Il faut dire que l'écrivain était un ardent sensuel qui faisait partie de ceux qui, avec la rapidité de l'éclair, déshabillent une femme en pensée. Celle qu'il avait aperçue dépassait certainement en perfection physique ses rêves les plus voluptueux.

Il se laissa choir dans le fauteuil le plus proche de l'âtre. Il avait trente et un ans, et la gloire marchait vers lui à grands pas. Quelques années auparavant, le 8 juin 1822, son premier livre, *Odes et poésies diverses*, avait connu un succès tel, qu'après l'avoir lu, Louis XVIII avait accordé à l'auteur une pension 1 200 francs qui venait s'ajouter aux 1 000 francs du ministère de l'Intérieur. Heureusement, car la famille Hugo avait été ruinée par la chute de l'Empire, et Victor n'était pas encore ce qu'il rêvait d'être : Chateaubriand.

Levant le visage, il aperçut le portrait de son épouse, Adèle Foucher. Adèle dont, depuis peu, le prénom ne rimait plus avec fidèle ! Voilà qu'elle s'était mise à le tromper. Et avec qui ? Avec Charles Augustin Sainte-Beuve. Saine-Bave, plutôt ! Dix ans de mariage, dix ans de chastes fiançailles, plus de vingt années de vie commune pour en arriver à quoi ? Pour être cocu par l'un de ses meilleurs amis ! Et pourtant Dieu sait si Victor avait aimé Adèle. Elle aussi, du premier regard. Il l'avait connue presque gamine. C'était la fille de ses voisins. Il en était tombé fou amoureux. Mais il lui avait fallu attendre la mort de Madame Hugo, hostile à leur union, pour que le couple puisse enfin se marier à Saint-Sulpice, le 12 octobre 1822.

Le 16 juillet 1823, Adèle avait accouché de leur premier enfant, un garçon. Il était arrivé au monde dans un état de grande fragilité. Baptisé Léopold, comme le père de Victor, il n'avait malheureusement pas vécu au-delà du 9 octobre. Quelques mois plus tôt, Victor créait avec Alfred de Vigny *La Muse française*, éphémère parution, et s'installait avec sa jeune épouse dans un entresol, au 90, de la rue de Vaugirard.

Puis naissait une fille : Léopoldine. C'est à cette époque que Victor avait réédité le succès de son *Ode au duc de Berry* en publiant un *Sacre de Charles X* qui lui valut la Légion d'honneur. À vingt-trois ans ! Du jamais vu.

Le 2 novembre 1826, Adèle accouchait d'un garçon. On lui attribua le même prénom que celui du roi, le protecteur de Victor, Charles.

Avec *Notre-Dame de Paris,* immense succès de librairie, les éloges s'étaient mis à pleuvoir. « C'est le Shakespeare du roman, disait-on, c'est l'épopée du Moyen Âge », écrivit Lamartine. Un jugement que d'autres ne partagèrent pas : « Un ouvrage ennuyeux, vide, plein de prétention architecturale », s'était exclamé Balzac, étouffé sans doute par la jalousie.

C'est à partir du mois de septembre 1830 que le mariage de Victor avait commencé à battre de l'aile. Adèle, son grand, son bel amour, avait perdu sa taille de guêpe et pour cause, entre 1828 et juillet 1830, elle avait encore donné le jour à deux enfants, François-Victor et Adèle[1], soit cinq enfants en sept ans ! Quoi d'étonnant qu'elle eût grossi et ce fût empâtée. Lassée d'avoir à perpétuer la race des Hugo, délaissée par son mari bourreau de

---

1. La seule qui survivra à son illustre père, mais dont l'état mental, très tôt défaillant, lui vaudra de longues années en maison de santé.

travail, elle avait pris la décision de ne plus remplir le devoir conjugal.

Décision d'autant plus facile qu'Adèle était tombée sous le charme d'un voisin qui habitait à deux pas, au 94, rue de Vaugirard. Cet ami de son mari survivait de sa plume en rédigeant des critiques littéraires, de mauvais romans et des vers dépourvus de style et n'était autre que… Charles Augustin Sainte-Beuve. Depuis le jour où il avait publié une critique élogieuse des *Odes et ballades* de Victor, les deux hommes s'étaient liés d'amitié. Cela remontait au mois de janvier 1827. Victor Hugo venait de découvrir, dans le journal *Le Globe,* deux articles, signés de simples initiales, qui rendaient compte de son édition nouvelle des *Odes.*

Hugo s'était rendu au *Globe* pour obtenir le nom et l'adresse de l'auteur de ces articles et lui exprimer sa gratitude. Le critique était… Sainte-Beuve. C'est ainsi qu'était née leur amitié. Selon Alfred de Vigny, Sainte-Beuve était petit et assez laid, et s'exprimait en faisant des grimaces obséquieuses telle une vieille femme[1]. Selon d'autres, l'homme était bien peu viril, féminin : « Il n'était pas impuissant, mais chez lui, la gymnastique de l'amour s'exécutait avec une telle difficulté, un tel embarras, une telle gêne[2] ! » Se sachant laid, il n'avait jamais regardé une femme en face. En fait de femmes, d'ailleurs, il n'avait fréquenté que des prostituées. Manifestement, cela ne parut pas le moins du monde rebuter Adèle.

---

1. *Correspondances*, t. 2 (août 1830–septembre 1835), PUF, 1989.
2. Sainte-Beuve, dans le *Journal* des Goncourt.

Sûr de son ami autant que de son épouse, Hugo, lui, ne se doutait de rien. Il aurait pourtant pu se poser quelques questions en voyant qu'Adèle fuyait à son approche et souffrait systématiquement de migraine dès qu'elle se mettait au lit. Mais non, il n'avait pas cherché à comprendre. Il travaillait comme un forcené, et se préparait à livrer une nouvelle pièce de théâtre, *Hernani*. Le 25 février 1830, ce fut chose faite. Ce soir-là, le Théâtre-Français devint l'occasion d'une « guerre » entre les partisans d'une hiérarchisation stricte des genres théâtraux et la nouvelle génération des romantiques. Ces derniers, au premier rang desquels Théophile Gautier, s'enthousiasmeront pour cette œuvre qui restera dans l'histoire de la littérature sous le nom de « Bataille d'Hernani ».

Au lendemain de son triomphe, on dut déménager. La propriétaire était lasse du tumulte engendré par les cinq marmots des Hugo. Direction la rue Jean-Goujon, près des Champs-Élysées, qui n'étaient pas encore à la mode, parsemés de rares maisons au sein de vastes espaces abandonnés aux maraîchers. L'immeuble occupé par les Hugo se dressait comme un défi au milieu des terrains vagues. En quelques années, la famille avait accumulé mille objets, meubles, tableaux, dessins, livres, manuscrits. Il fallut à l'arrivée trouver une place pour chaque chose : quelle agitation, que de soucis ! De loin, Sainte-Beuve suivait en imagination ce remue-ménage, tout en se mourant d'amour pour Adèle.

Jusque-là, le couple avait accueilli le personnage avec la même chaleur : il n'était pas un frère moins cordial, elle n'était pas une sœur moins tendre. Lorsque Adèle était née ne lui avait-on pas dit tout de suite qu'il serait le parrain de l'enfant ? D'ailleurs, méfiant, il avait questionné Victor : l'idée était-elle de lui ? Réponse franche de l'auteur : « Non, l'idée est d'Adèle », à laquelle il s'est rangé avec joie.

Pourtant Sainte-Beuve, n'était plus le même homme. Son secret devait lui peser et il n'avait plus la vivacité, la liberté d'esprit, les effusions d'autrefois. Ses visites, jadis si régulières, ne furent plus qu'intermittentes. Étonné par cette métamorphose, Victor l'interrogea. Il répondit évasivement, donna des raisons, des prétextes. Un jour enfin, le 7 décembre 1830, il avoua sa détresse et le fit par écrit :

> « *Mon ami, je n'y puis tenir ; si vous saviez comment mes jours et mes nuits se passent et à quelles passions contradictoires je suis en proie, vous auriez pitié de qui vous a offensé et vous me souhaiteriez mort, sans me blâmer jamais et en gardant sur moi un éternel silence. Je me repens déjà de ce que je fais en ce moment, et cette idée de vous écrire me paraît aussi insensée que le reste, tant je viens de tous les côtés me briser contre l'impossible. Mais enfin, la chose est commencée et je poursuis. Si vous saviez, hélas ! ce que j'éprouve toutes les fois que votre nom est prononcé à mes oreilles, toutes les fois qu'il m'arrive sur Madame Hugo et sur vous quelque nouvelle et quelque rapport. Si vous saviez comme tous les jours passés dans leurs moindres circonstances ; nos promenades à la plaine, nos visites aux*

Feuillantines et tout ce que j'avais rêvé de vie paisible et bénie auprès de vous, si vous saviez comme tout cela se déchaîne en moi au fond de mon cœur dans mes veilles et à quel supplice de damné je suis livré sans relâche depuis trois ou quatre heures du matin jusqu'au jour. »

Et d'ajouter :

« *Cet amour, Dieu m'est témoin que je l'ai cherché uniquement en vous, dans votre double amitié à Madame Hugo et à vous, et que je n'ai commencé à me cabrer et à frémir que lorsque j'ai cru voir la fatale méprise de mon imagination et de mon cœur. Si donc je cesse brusquement et si je ne vous vois plus désormais, c'est que des amitiés comme celle qui était entre nous ne se tempèrent pas : elles vivent, ou on les tue. Que ferais-je désormais à votre foyer, quand j'ai mérité votre défiance, quand le soupçon se glisse entre nous, quand votre surveillance est inquiète et que Madame Hugo ne peut effleurer mon regard sans avoir consulté le vôtre*[1] *?* »

Curieusement, à cette lettre, Victor n'avait pas accordé foi. L'auteur, le grand écrivain à succès se sentait invulnérable. Était-il possible qu'Adèle puisse aimer un autre que lui ? Jamais ! Sainte-Beuve prenait ses désirs pour des réalités.

Il avait répondu avec magnanimité :

« *N'ensevelissons point notre amitié : gardons-la chaste et sainte, comme elle a toujours été. Soyons indulgents*

---

1. *Lettres de Sainte-Beuve à Victor Hugo*, La Revue de Paris.

l'un pour l'autre, mon ami. J'ai ma plaie, vous avez la vôtre : l'ébranlement douloureux se passera. Le temps cicatrisera tout : espérons qu'un jour nous ne trouverons dans tout ceci que des raisons de nous aimer mieux. Ma femme a lu votre lettre. Venez me voir souvent. Écrivez-moi toujours[1]. »

Inconscience ? Ou volonté de nier une réalité qui aurait pu blesser sa vanité ? En tout cas, si Adèle avait franchi le pas, c'est probablement parce que, lassée de soutenir les audaces littéraires de son époux, épuisée par plusieurs grossesses, elle avait souhaité réinventer l'amour.

Trois ans plus tard, nouveau déménagement, mais cette fois au deuxième étage de l'hôtel de Guéménée, place Royale.

Et Juliette ?

Le lendemain du jour où il l'avait vue sur scène, l'écrivain s'était livré à son enquête.

C'est le 10 avril 1806 qu'était née à Fougères, en Bretagne, Julienne Joséphine Gauvain. Son père et sa mère, pauvres tailleurs, étaient décédés après avoir mis quatre enfants au monde, dont deux moururent en bas âge. Julienne et sa sœur Renée, placées à l'hospice, furent rapidement adoptées par leur oncle, René Henri Drouet, gardien de batterie à Camaret. Un homme adoré par Julienne au point que Juliette lui empruntera son

---

1. *Correspondance de Victor Hugo*, t 1, *1814-1848*.

patronyme. En 1814, René était « monté » à Paris avec sa femme et il avait confié Julienne aux dames de Sainte-Madeleine. Lorsqu'elle en sort, sept années plus tard, elle est dotée de l'une de ces éducations solides que dispensaient, même aux filles pauvres, les pensions de ce temps-là. Nous sommes en 1822. Jusqu'à l'hiver 1825, nous ne savons plus rien. Qu'a-t-elle fait pendant ces trois ans ? Elle s'appelle désormais Juliette Drouet, et pose nue chez Pradier, sculpteur à la mode dont elle est devenue la maîtresse. Un an plus tard, elle accouchait d'une fille, Claire.

Tout la destinait naturellement à la comédie et au vaudeville. Pour cela, elle perfectionna son chant, et accessoirement prit des cours d'aquarelle avec Redouté, le célèbre peintre de fleurs.

Devenue Mademoiselle Juliette, elle avait profité d'un séjour à Bruxelles en compagnie de son amant pour se faire engager au théâtre du Parc où sa jolie voix, son charmant visage et ses belles épaules lui avaient valu les éloges de la critique. Ce premier succès lui avait permis de revenir à Paris et d'entrer au théâtre du Vaudeville. Au bout d'une centaine de représentations, elle était devenue une actrice confirmée et entre-temps, Pradier avait cédé la place à un amant italien, ambassadeur de Toscane à Paris, qui fut à son tour assez rapidement remplacé par un prince russe, Demidoff, dont la chronique du demi-monde affirmait qu'il couvrait la comédienne de bijoux. Cependant, son goût du luxe et son incapacité à gérer son budget avaient poussé la jeune femme à contracter des dettes et à multiplier le nombre de ses créanciers.

En vérité, en se fourvoyant dans cette situation, la belle Juliette n'avait pas agi autrement que les jolies filles qui brûlaient leur vie aux feux de la rampe. Pour l'emporter sur leurs concurrentes, les actrices de ce temps étaient forcées de rivaliser d'élégance. Rien ne leur paraissait trop beau : chaussures, robes, coiffures, bijoux. Le 7 avril 1832, pour avoir omis de régler une usurière, une certaine dame Ribot, la comédienne avait été condamnée à garantir le remboursement d'une dette de huit mille francs. Si encore il n'avait existé que la dame Ribot ! Elle devait douze mille francs à un orfèvre ; mille francs à un gantier ; six cents francs à une blanchisseuse ; deux cent soixante francs à un coiffeur ; à plusieurs couturières et marchandes de tissu, à des avocats, sans oublier le mont-de-piété où régulièrement elle portait des bijoux.

Pour les rembourser, elle fut contrainte de jouer avec frénésie dans plusieurs pièces dans la même soirée, enchaînant plus de cinq cents représentations en deux ans. Finalement, pour asseoir son succès, elle avait pris pour amant Alphonse Karr, dont les critiques journalistiques la couvrirent d'éloges.

2 février 1833. Les trois coups ont retenti. Juliette est entrée en scène.

> *« Elle avait deux mots à dire, écrira Théophile Gautier, et ne faisait en sorte que traverser la scène. Avec si peu de temps et si peu de paroles, elle a trouvé le moyen de créer une ravissante figure, une vraie princesse italienne. »*

Quant à la pièce : un triomphe. Harel écrira à Hugo :

« *Le plus grand succès d'argent obtenu sous mon administration est celui de* Lucrèce Borgia. *Les recettes des trente premières représentations présentent un total de 84 769 francs. Aucun autre ouvrage n'a, dans le cours d'une exploitation de huit années, égalé ou même approché ce chiffre*[1]. »

Ce soir-là, ce n'est pas vers la loge de Mademoiselle George que Hugo se dirige, mais vers celle de Juliette. Il frappe. Elle ouvre. Le beau regard tendre de l'actrice croise celui, grave, et ému, de l'auteur.

La tradition était que l'on offre dans les théâtres, la semaine du mardi gras, des bals auxquels les acteurs conviaient leurs amis et connaissances. Le jeudi 14 février, Juliette et Victor se rendent ensemble à l'un d'eux. Mais Juliette est étonnée. Victor se montrait beaucoup moins entreprenant que les hommes qu'elle avait connus. Un peu comme s'il n'osait pas franchir le pas. Comme s'il craignait de basculer vers un abîme inconnu. Juliette, femme experte, décide alors de prendre sur elle de lever les derniers scrupules de Victor. Le 16 février, elle lui écrit une lettre qu'il recevra le lendemain chez lui :

« *Merci, mon bien-aimé Victor, de tout le bonheur que tu me donnes. Merci de ta croyance à l'avenir. Il y a déjà, entre nos âmes, une alliance sainte qui ne peut pas être rompue. Nos projets ne réussiraient pas encore qu'il ne faudrait pas*

---

1. *Victor Hugo*, Alain Decaux, Éditions Perrin, 1984.

nous décourager. Au revoir, mon cher ange, à demain mon bien-aimé Victor. À demain le bonheur. Demain, nous sentirons nos deux âmes se toucher sur nos lèvres. »

Or, trois jours vont s'écouler encore sans qu'il se passe rien. Juliette ne comprend pas, elle ne comprend plus. Le 19, soir du mardi gras, c'est au foyer du Gymnase que doit être donné un bal, suivi cette fois d'un souper. Hugo a accepté l'invitation. Une fois encore, il y va en compagnie de Juliette. Mais celle-ci est résolue à brusquer les choses. Qu'il vienne la chercher, oui, qu'ils aillent à ce bal, mais qu'au retour il agisse enfin !

D'où le billet éperdu qu'elle adresse à Victor :

« Viens me chercher, ce soir, chez Madame K. Je t'aimerai jusque-là pour prendre patience – et ce soir – oh ! ce soir, ce sera tout ! Je me donnerai à toi tout entière. »

Il est venu. Ils sont là tous les deux, dans le salon de Madame Krafft. En fait, ni elle ni lui n'ont envie d'aller à ce bal. Qui a prononcé la phrase qui allait déterminer tout leur avenir : « Et si nous n'y allions pas ? » Elle, sans doute. Elle l'a entraîné dans la petite chambre qui est la sienne : « Ce soir, ce sera tout. » Ce fut tout. Huit ans plus tard, il lui écrira :

« T'en souviens-tu, ma bien-aimée ? Notre première nuit, c'était une nuit de carnaval, la nuit du mardi gras de 1833. On donnait, je ne sais dans quel théâtre, je ne sais quel bal où nous devions aller tous les deux. (J'interromps ce que j'écris pour prendre un baiser sur ta belle

bouche, et puis je continue.) Rien, pas même la mort, j'en suis sûr, n'effacera en moi ce souvenir. Toutes les heures de cette nuit-là traversent ma pensée en ce moment, l'une après l'autre, comme des étoiles qui passeraient devant l'œil de mon âme. Oui, tu devais aller au bal et tu n'y allas pas, et tu m'attendis [...] Au milieu de la fête générale, nous avions mis à part et caché dans l'ombre notre douce fête à nous. Paris avait la fausse ivresse ; nous avions la vraie. N'oublie jamais, mon ange, cette heure mystérieuse qui a changé ta vie[1]. »

Puis, seize ans plus tard, le 20 février 1849 :

« Je n'oublierai jamais cette matinée où je sortis de chez toi, le cœur ébloui. Le jour naissait. Il pleuvait à verse, les masques déguenillés et souillés de boue descendaient de la Courtille avec de grands cris et inondaient le boulevard du Temple. Ils étaient ivres, et moi aussi, eux de vin, moi d'amour. À travers leurs hurlements, j'entendais un chant que j'avais dans le cœur ; je ne voyais pas tous ces spectres autour de moi, spectres de la joie morte, fantômes de l'orgie éteinte ; je te voyais, toi, douce ombre rayonnante dans la nuit, tes yeux, ton front, ta beauté, et ton sourire aussi enivrant que tes baisers. Ô matinée glaciale et pluvieuse dans le ciel, radieuse et ardente dans mon âme ! »

Et le 7 mars :

« Je vous aime, mon pauvre ange, vous le savez bien, et pourtant vous voulez que je vous l'écrive. Vous avez raison.

---

1. *Victor Hugo-Juliette Drouet, 50 ans de lettres d'amour (1833-1883)*, Éditions Ouest-France.

Il faut s'aimer, et puis il faut le dire, et puis il faut se l'écrire, et puis il faut baiser sur la bouche, sur les yeux, et ailleurs. Vous êtes ma Juliette bien-aimée. Quand je suis triste, je pense à vous, comme l'hiver pense au soleil, et quand je suis gai, je pense à vous, comme en plein soleil on pense à l'ombre. Vous voyez bien, Juliette, que je vous aime de toute mon âme. Vous avez l'air jeune comme un enfant et l'air sage comme une mère, aussi je vous enveloppe de tous ces amours-là à la fois. Baisez-moi, belle Juju ! »

Début août, éclatent les premiers orages amoureux.

Victor est jaloux. Il harcèle sa maîtresse de questions absurdes. Non, il n'est pas possible qu'elle puisse posséder naturellement une telle science de l'amour ! Auprès de qui a-t-elle appris à distiller aussi audacieusement de telles délices ? Il s'énerve de son passé. La première fois qu'il a évoqué ses turpitudes, elle a frémi, elle a eu honte. Elle s'est sentie humiliée. La dixième fois, elle a trouvé cela insupportable. Un jour, estimant qu'il avait vraiment dépassé les bornes, elle a couru après son départ à la coiffeuse où elle enfermait les lettres de son amant et les a déchirées en mille morceaux puis elle les a brûlées.

On se dispute, on se réconcilie sur l'oreiller.

De son côté, Adèle a fini par découvrir l'existence de Juliette. Elle ne dit rien. Elle a Sainte-Beuve, comment interdirait-elle à Victor d'avoir Juliette ?

C'est alors qu'il a commencé à écrire *Marie Tudor* et que la famille est absente, qu'il lui vient l'étrange idée de faire visiter à Juliette l'appartement familial. La jeune femme dut se sentir profondément mal à l'aise, confrontée à la réalité d'une autre vie, celle de Victor et d'Adèle, puisqu'elle commentera :

> « *Savez-vous que vous êtes bien charmant de m'avoir ouvert les portes de chez vous, c'était plus que de la curiosité satisfaite pour moi et je vous remercie de m'avoir fait connaître l'endroit où vous vivez, où vous aimez, et où vous pensez. Mais, pour être sincère avec vous, mon cher adoré, je vous dirai que j'ai rapporté de cette visite une tristesse et un découragement affreux. […] Il ne serait pas sensé que je vous attribue dans mon malheur plus de part que vous n'y avez, mais je puis sans cela, mon cher bien-aimé, vous dire que je me trouve la plus misérable des femmes.* »

À bout de nerfs, lassée d'être torturée, Juliette menace de rompre, de fuir avec sa fille. Guère longtemps. Elle l'aime, elle ne peut pas se passer de lui.

On peut constater dans ses écrits dans quels tourments la jette la jalousie morbide de son amant :

> « *Je ne peux pas m'empêcher, mon cher bien-aimé, de revenir sur la profonde tristesse que tu as conservée encore ce matin, ainsi que sur les doutes que tu manifestes sans cesse et à propos de tout, sur la sincérité de mon amour. […] Aujourd'hui, par exemple, j'ai eu la mauvaise pensée de te cacher la visite d'un créancier qui s'est présenté chez le portier et qui n'est pas monté. J'ai cherché dans mes ressources de quoi le payer à ton insu. Ce que tu me dis tous les jours et à tous les moments, que je ne t'aime pas, me fait craindre que tu n'aies de moi et de mon caractère une opinion monstrueuse que les malheurs de ma position rendent peut-être croyable,*

mais qui n'en est pas moins fausse, injuste et cruelle. [...] Je t'aime sans réflexion, sans arrière-pensée, sans raison aucune, bonne ou mauvaise. Je t'aime d'amour, je t'aime de cœur, je t'aime de l'âme, je t'aime de toutes mes facultés d'aimer, crois-le bien, car c'est bien vrai. Si tu ne veux pas le croire, je ferai une dernière tentative, un dernier effort pour te le prouver, j'aurai la triste satisfaction de me sacrifier entièrement à un doute absurde et fou. »

Ou encore :

« Il faut couper le membre gangrené, il faut, à tout prix, enterrer le cadavre qui se place, froid, entre nos baisers. Puis, comme les martyrs, nous trouverons une vie céleste, une nouvelle vie que nous recommencerons ensemble. »

Grâce à l'intercession de Victor, elle a pu rentrer à la Comédie-Française, mais elle n'a toujours pas joué une seule fois. Les semaines, les mois se suivent. Pas le plus petit rôle en vue. On l'aurait donc engagée avec l'intention de ne donner aucune suite au contrat ?

Elle laisse éclater sa colère et sa frustration :

« Maintenant que la calomnie m'a terrassée dans tous les sens ; maintenant que j'ai été condamnée dans ma vie sans avoir été entendue, comme je l'ai été dans ta pièce ; maintenant que ma santé et ma raison se sont usées dans ce combat sans profit et sans gloire ; maintenant que je suis signalée à l'opinion publique comme une femme sans avenir, je n'ose plus, je ne peux plus vivre. Ceci est bien profondément vrai : je n'ose plus vivre. Cette crainte a fait naître en moi le besoin du suicide… »

Pour l'apaiser, Victor décide de l'emmener en voyage. Ils partent le 3 juillet 1834. Ils feront halte entre autres, à Jouy-en-Josas et descendent à l'Écu de France où Hugo exigera la plus belle chambre. En souvenir de cette nuit d'extase, Juliette écrira :

> « *Mon bien-aimé Victor, je suis encore tout émue de notre soirée d'hier. À défaut d'amie et de cœur qui me comprenne et dans lequel je pourrais verser le trop-plein de mon bonheur, je t'écris ceci, qu'hier, 3 juillet 1834, à 10 heures 1/2 du soir, dans l'auberge de l'Écu de France, à Jouy, moi, Juliette, j'ai été la plus heureuse et la plus fière des femmes de ce monde ; je déclare encore que, jusque-là, je n'avais pas senti dans toute sa plénitude le bonheur de t'aimer et d'être aimée de toi. Cette lettre, qui a toute la forme d'un procès-verbal, est en effet un acte qui constate l'état de mon cœur. Cet acte, fait aujourd'hui, doit servir pour tout le reste de ma vie dans le monde ; le jour, l'heure et la minute où il me sera représenté, je m'engage à remettre ledit cœur dans le même état où il est aujourd'hui, c'est-à-dire rempli d'un seul amour qui est le tien et d'une seule pensée qui est la tienne. Fait à Paris, le 4 juillet 1834, à 3 heures de l'après-midi. Juliette.* » Un post-scriptum : « *Ont signé pour témoins les mille baisers dont j'ai couvert cette lettre.* »

Le 2 août 1834, la jeune femme, épuisée par les constantes remontrances de son amant, décide, une fois encore, de rompre.

L'amour et la haine… La haine, parce que Victor ne supporte plus les dettes qu'elle continue d'accumuler en catimini et qu'il perd un temps précieux à essayer d'échapper à la cohorte des créanciers qui l'assiègent dans l'espoir d'être payés. L'amour, parce que lorsqu'il imagine qu'elle pourrait le quitter, Hugo prend vraiment peur. Et si c'était vrai ? S'il n'avait pas mesuré son désespoir ? Alors vite, il se précipite rue de l'Échiquier. L'appartement est désert. Cette fois, Juliette a mis sa menace à exécution. Elle est partie en emmenant sa fille, chez sa sœur aînée, à Saint-Renan, près de Brest.

Aussitôt, Hugo sombre dans un désespoir infini.

« Comment ne vois-tu pas que tout ce que je fais, même le mal que je te fais, c'est de l'amour ? » écrit-il alors à la fugueuse. Il s'empresse de faire la tournée de ses éditeurs pour grappiller quelques droits, soit un millier de francs, avant de prendre le chemin de Saint-Renan.

Dès qu'elle le voit, Juliette tombe dans ses bras et l'un et l'autre se crient les mêmes mots : jamais plus ils ne se feront du mal. Sur le chemin du retour, ils prennent tout leur temps : Carnac, Auray, Vannes, Nantes, Angers, Amboise, Orléans, Étampes, Gisors, Saint-Germain. Ils ne retrouveront la capitale qu'à la fin du mois. Premier grand voyage en amoureux, premier d'une longue série où ils vont s'aimer encore plus qu'avant.

Durant le voyage, Hugo écrit à des amis et à son épouse, il envoie des lettres enflammées où il s'inquiète de Toto (François-Victor) aussi bien que de Didine (Léopoldine). Duplicité ? Non : il veut tout concilier, il s'en croit capable. Peut-être devine-t-il que ce qui unit Adèle et Sainte-Beuve n'a rien d'éternel.

Vers le mois de mai 1835, Juliette emménage au 50 de la rue des Tournelles, dans un petit appartement que Victor lui a loué dans le quartier de la Bastille, c'est-à-dire non loin de chez lui. Ainsi pourra-t-il venir la voir entre deux séances de travail. Car, même si Hugo commence à gagner largement sa vie, il continue de travailler comme un bourreau.

Il n'empêche. Malgré l'importance de ses droits d'auteur qui ne fera que croître, Victor conserve et conservera toujours un œil aigu sur les cordons de la bourse. Et pour l'heure, Juliette en fait les frais. Chaque mois, il lui verse 800 francs, mais lui interdit tout bijou excentrique ! Plus de toilettes neuves tous les huit jours. Finies les soirées dispendieuses dans tel ou tel grand restaurant.

« Oui, dit-elle. Si j'ai faim je goberai un œuf, si j'ai soif, je boirai de l'eau. Si j'ai froid je me pelotonnerai sous mes couvertures. Si je suis très malheureuse, je penserai à toi. » Il réplique : « Et tu noteras toutes tes dépenses dans ce carnet ! » « Oui », dit encore celle qui est quasiment devenue une esclave.

Que fait Juliette à longueur de journée dans son petit logis de la rue des Tournelles, puisqu'elle a à peine le droit d'en sortir pour n'être pas tentée d'aller se livrer à d'inconséquents achats ? De sa belle écriture, elle recopie lisiblement les manuscrits de son amant, elle lui écrit d'interminables lettres, elle lui prépare un souper qu'ils prendront aux chandelles et lui apporte ses chaussettes à ravauder. Est-ce qu'il lui arrive parfois de se révolter ? Oui, mais sans conviction.

« *Vois-tu, mon Victor, cette vie d'isolement, cette vie sédentaire me tue. J'use mon âme à te désirer, j'use ma vie dans une chambre de douze pieds carrés. Ce que je veux, ce n'est ni le monde, ni de stupides plaisirs, mais la liberté, la liberté d'agir, la liberté d'occuper mon temps et mes forces ; ce que je veux c'est ne plus souffrir, car je souffre mille morts par minute ! Je te demande la vie ! La vie comme toi, comme tout le monde, enfin !* »

Dans la seconde qui suit, elle se mord les doigts :

« *Non, n'écoute pas mes jérémiades, tu es pour moi l'homme le plus noble, le plus sincère, le plus généreux qu'il y ait au monde.* »

Et Adèle dans tout ça ?

Adèle, qui a finalement rompu avec son amant, commence à montrer des signes d'impatience. Elle ne veut plus que son mari voyage sans elle et suggère :

« *Je louerai une maison non loin de Paris. Tu pourras très bien y prendre domicile et aller à la ville quand il le faudra, les communications sont si faciles aujourd'hui. Nous serons bien, à la campagne.* »

Une maison ? Non. Ce sera un appartement à Auteuil, au numéro 1 de la rue de Boulogne et Victor ne fera qu'y passer.

Auteuil en 1838, c'est encore un village, la campagne. 1838, c'est aussi l'année de son chef-d'œuvre romantique, *Ruy Blas*.

Août 1839. Bar-le-Duc, Nancy, Strasbourg, le Rhin, Bâle, Zurich, Lausanne, Avignon, Marseille, Toulon. Cette année-là, ce seront près de soixante jours qu'il passera à engloutir les routes de France, d'Allemagne et de Suisse, près de deux mois – septembre et octobre – qu'il vivra dans les bras de Juliette, plus que jamais boulimique de gourmandises intimes. « *Mon cher petit Toto, au lieu de gribouiller de l'amour, cul par-dessus tête, dans mon encrier, j'aimerais mieux me trifouiller pêle-mêle avec vous* », lui avait-elle écrit lors d'une nuit de solitude. Ici, dans les auberges de Fribourg ou de Beaucaire, elle a tout loisir de rattraper les nuits de retard.

Témoin cette réflexion : « Je te conseille de te tenir en garde devant mon grand amour, ma grande bouche et mes grandes dents, car ces énormes dimensions ne sont que pour mieux t'aimer, mieux te baiser et mieux te manger, mon cher petit chaperon noir. »

Le 26 octobre 1839, retour à Paris

Le 27 du même mois, Juliette n'en peut déjà plus :

> « *J'ai encore sur les lèvres les bons baisers de tous les jours et de toutes les nuits, et je sens encore dans ma main la pression de la tienne... Quel hideux Paris où il n'y a rien pour les amants qui s'aiment comme nous nous aimons. Rien que de la pluie, des soupçons et de la jalousie, c'est-à-dire les trois fléaux les plus noirs, les plus tristes et les plus froids qui affligent le corps et le cœur.* »

Peut-elle alors imaginer que son grand amour ne va pas tarder à la tromper ? Hugo fait partie de ces hommes dont l'habitude épuise rapidement les élans amoureux.

Le 7 janvier 1841 à la troisième tentative, il accède à l'Académie française. Il lui avait manqué de nombreuses voix le 13 décembre 1839, et il lui en manqua encore cinq le 20 février suivant, essentiellement dues à une poignée d'académiciens menés entre autres par le dramaturge et librettiste Étienne de Jouy, opposés au romantisme et le combattant férocement. « Le diable les emporte, ces vieux blaireaux », s'était alors énervée Juliette qui ne supportait pas que les académiciens aient des humeurs trop classiques. Ce jour-là Victor fut admis à s'asseoir dans le fauteuil (n° 14) de Népomucène Lemercier, un homme qui avait pourtant passé sa vie à le critiquer.

Quelque temps plus tard, peut-être pris de remords ou pressentant que son amoureuse est à la veille de craquer, Victor décide de faire un geste. Il lui trouve un nouvel appartement, rue Saint-Anastase, avec un jardin privatif et lui annonce que dorénavant elle est autorisée à sortir seule dans Paris à condition, bien sûr, de ne pas se lancer dans de folles dépenses…

Juliette n'en croit pas ses oreilles. Après douze années de quasi-réclusion, elle va pouvoir se promener seule dans la grande ville ! Mais très vite, elle se pose des questions : Pourquoi ? Et s'il voulait se détacher d'elle ?

Vers le mois d'avril 1843, Léopoldine, âgée maintenant de dix-neuf ans, supplie son père de lui accorder l'été qui s'approche. Elle vit au Havre depuis qu'en février elle a épousé Charles Vacquerie, un fils d'armateur. Hugo accepte, mais sans lui dire qu'il ne va lui concéder qu'une seule journée car il était hors de question qu'il refusât cette fois encore à Juliette ce qu'elle appelait « son petit bonheur annuel ».

Juliette piaffe et Victor le sait. Comment concilier l'inconciliable ? Il redoute les scènes de Juliette mais pleure à la seule idée des larmes de Léopoldine. Mais bien plus complexe encore : une seconde amante est entrée dans sa vie. Elle s'appelle Léonie Biard. Elle a à peine vingt-trois ans. En 1840, une expédition scientifique au Spitzberg, en compagnie de son mari, l'a rendue célèbre et depuis qu'il l'a rencontrée dans le salon de Fortunée Hamelin, à l'automne 1841, Hugo est totalement épris.

Il doit jongler désormais entre Adèle, Juliette, Léopoldine et… Léonie.

Le 9, il arrive au Havre. Léopoldine, folle de bonheur, se jette dans les bras de son père, mais aussitôt, les larmes arrivent quand elle l'entend avouer qu'il repartira à l'aube, le lendemain matin. Elle se récrie, lance l'argument suprême qui à la fois l'émerveille et le foudroie : elle est enceinte. De combien ? De trois mois.

Malgré les supplications de sa fille, il repart à l'heure prévue. De son côté, Juliette était convaincue au contraire que Victor allait demeurer plusieurs jours auprès des siens. Ne lui a-t-elle pas écrit le 10 juillet 1843 :

> « *Je suis bien triste, mon Toto, je lis et je relis ta lettre pour me donner de la confiance et du courage mais je suis triste au-delà de toute expression. Je prévois que le bonheur d'être réuni à ta fille va te retenir bien des jours encore loin de moi.* »

En réalité, Hugo est allé rejoindre sa nouvelle maîtresse et, pendant quelques jours, il offrira à Léonie les journées volées à Léopoldine.

Fin août, comme pour se racheter, il emmène Juliette en Espagne. La tragédie va les rattraper le 5 septembre 1843. Alors que les deux amants sont dans les Pyrénées, Hugo tombe sur un article du *Siècle* qui annonce « la mort tragique de Léopoldine Vacquerie-Hugo avec son mari Charles Vacquerie dans le naufrage de leur barque ». Le canot de Charles avait chaviré « par le travers d'un banc de sable appelé dos-d'âne ».

L'écrivain est tétanisé par cette mort tragique. Juliette doit le soutenir pour ne pas qu'il s'effondre. Par la suite, cette mort lui inspirera plusieurs poèmes, notamment *Demain dès l'aube*.

À partir de cette date et jusqu'à son exil, Victor Hugo ne va plus rien produire ; ni théâtre, ni roman, ni poème. Certains voient dans la mort de Léopoldine une raison de sa désaffection pour la création littéraire. D'autres y voient plutôt l'attrait pour la politique, qui lui offre une autre tribune.

Quoi qu'il en soit, il continue d'aimer et à se partager entre ses trois femmes : l'épouse et les maîtresses. Comme tous les amants séparés par la vie, Léonie et lui aspirent à passer une vraie nuit ensemble, et ne pas avoir à se rhabiller à la hâte en s'imaginant que l'éternité leur appartient.

Quelle raison Léonie a-t-elle pu donner à son mari, le 4 juillet 1845 au soir, quand elle lui annonça qu'elle ne rentrerait pas avant le lendemain matin ? Il a feint en tout cas de la croire.

Victor, lui, depuis longtemps, n'avait plus à se justifier auprès d'Adèle. Quant à fournir des explications à Juliette… Il lui avait déniché une chambre meublée dans le passage Saint-Roch, à deux pas de l'église du même nom et à trois pas de chez les Biard eux-mêmes.

L'aube vient à peine de poindre, lorsque soudain une voix claque de l'autre côté de la porte.

— Au nom du roi, ouvrez !

Victor Hugo enfile à la hâte son caleçon, pendant que Léonie, paniquée, se cache sous les draps.

Un commissaire de police en écharpe fait irruption dans la chambrette. Il est suivi comme son ombre par un François Biard pâle de colère.

— Habillez-vous, Madame, et suivez-moi ! lance le représentant de la loi. Vous n'ignorez pas que l'adultère est puni de prison.

Puis, se tournant vers l'homme en caleçon :

— Vous aussi, Monsieur.

— Non, répond Hugo je suis pair de France !

Le commissaire est fort ennuyé, car les pairs de France sont intouchables. S'ils commettent un crime ou un délit, seuls les autres pairs peuvent ordonner leur arrestation pour les juger ensuite.

On emmène donc la pauvre Léonie en larmes.

Hugo descend l'escalier. La rue Saint-Honoré est toute proche. Il marche. Quand il arrive place Royale, la maison dort encore. Il réveille Adèle et tombe à genoux devant elle. En mots entrecoupés, il lui raconte tout. Il prie, supplie, demande grâce. Et Adèle au grand cœur l'apaise. Elle l'assure qu'elle ira en personne tenter de convaincre le mari trompé de ne pas donner suite à cette déshonorante histoire.

Il s'enferme ensuite dans son cabinet et tourne en rond rongé par le remords. La femme qu'il aime est en cellule à cause de lui, et lui est libre ! C'est insupportable. Mais, à mesure que les heures passent, l'anxiété s'ajoute au chagrin. Hugo est devenu un personnage public. Sa récente accession à la Chambre des pairs, sa familiarité connue avec le roi ont ajouté à cette célébrité née de ses succès littéraires. Un pair de France, un académicien pris en flagrant délit, dans une chambre meublée, par un commissaire de police ! Comment la presse ne l'apprendrait-elle point ? Tout cet édifice si patiemment construit depuis l'adolescence risque de s'effondrer en un jour. Et que dira Juliette quand elle apprendra sa trahison ?

Adèle est-elle allée trouver Léonie dans sa prison pour méditer avec elle, dans l'intérêt de « leur » Victor, une stratégie commune ? Ou encore a-t-elle supplié Biard pour qu'il retire sa plainte ? Là-dessus nous sommes réduits à de vagues spéculations. En tout cas le mari ne porta pas plainte et Léonie fut libérée.

Frénésie sensuelle de l'auteur qui n'hésitait pas à déclarer : « J'aime les jeunes femmes, non les vieilles. Je ne suis pas bouquiniste en amour. »

Une remarque qui avait de quoi inquiéter Juliette. Elle qui approchait de la quarantaine à grands pas. Et si Léonie est encore une toute jeune femme, elle n'est pas pour autant sereine. Elle piaffe, elle rage d'être contrainte de partager l'homme qu'elle vénère avec « la vieille ». La vieille étant Juliette : «Que je suis malheureuse, écrit-elle, de vous aimer comme je vous aime sans aucun espoir d'avenir.»

Un soir, elle passe devant les fenêtres du bureau de son amant. Pas de lumière. Aussi, comme elle n'ose pas monter, elle erre dans Paris en sanglotant. Il faudra bien qu'il se décide! Qu'il choisisse, oui, il n'est que temps, ce sera elle ou l'autre! Mais «l'autre», Juliette, a plus que jamais besoin de Victor. Parce que sa fille est morte. La petite Claire Pradier que Victor avait moralement un peu adoptée s'était étouffée dans une dernière quinte de toux. Voilà si longtemps que la phtisie rongeait sa jeune poitrine de vingt printemps. Il y a trois ans, il perdait Léopoldine, aujourd'hui Juliette a perdu Clairette, ils sont quittes dans le drame.

Hugo est resté conservateur, mais avec son culte de la monarchie, sa foi religieuse a disparu. L'art pour l'art ne lui suffit plus, il commence à aborder les idées sociales. Déjà, dans sa conclusion des *Lettres sur le Rhin*, il cherchait à résoudre le problème de l'équilibre européen et proposait de partager l'Europe entre la France et la Prusse. Comme Lamartine, il aspire à entrer dans la fournaise politique.

La révolution de 1848, qui met à la tête du gouvernement provisoire Lamartine, alors à l'apogée de la popularité, fait de Victor Hugo, pair de France, un simple particulier. Le poète, quelque peu effrayé et désorienté d'abord, se reprend, entrevoit des choses nouvelles, mais reste conservateur et se tient dans l'ombre jusqu'au 4 juin 1848.

Porté candidat, sur une liste réactionnaire, il est élu député de la Seine à l'Assemblée nationale.

Lorsqu'éclate le coup d'État du 2 décembre 1851, Hugo se joint aux représentants républicains qui tentent de soulever le peuple et d'organiser la résistance. Il rédige des proclamations enflammées ; mais peu d'ouvriers répondent à son appel, et la résistance est bientôt écrasée. Hugo, qui figure sur les listes de proscription, doit plier bagage. Ce sera Bruxelles. Pourquoi Bruxelles ? Parce que Juliette lui a communiqué le nom d'une amie qui assurera son hébergement et c'est encore Juliette qui va lui procurer un passeport au nom de Jacques Firmin Lanvin.

Le 14 décembre, il arrive en Belgique, où Juliette ne tarde pas à venir le retrouver. Elle est aux anges. Elle se dit qu'elle va enfin être en mesure de pouvoir partager pleinement la vie de son amant et qu'ils vivront ensemble vingt-quatre heures sur vingt-quatre, comme mari et femme !

Elle doit vite déchanter. Hugo exige des résidences séparées. Il s'installe dans un vaste appartement de la Grand-Place, au numéro 16, juste en face de l'hôtel de ville, tandis qu'elle devra se contenter d'un deux-pièces, dans une galerie ouverte du passage des Princes. Et comme il faut l'occuper, il lui confie son dernier manuscrit, un terrible pamphlet titré *Napoléon le Petit,* pour qu'elle le recopie lisiblement.

Un soir, elle explose. « J'en ai assez d'être beaucoup plus ta secrétaire, ta ménagère et ton intendante que ta maîtresse ! Et depuis deux mois, tu ne m'as pas touchée ! »

Colère en feu de paille. Assez vite, grâce aux charmes persuasifs de son amant, elle retrouve le sourire.

Mais voilà que Léonie, toujours aussi éprise, menace de venir le retrouver à Bruxelles. Alors Victor, affolé, attitude incroyable, demande… à Adèle d'aller raisonner la dame et de la dissuader de mettre son projet à exécution :

> « *Mme d'Aunet veut venir me rejoindre ici. Elle a l'intention de partir le 24. Va la voir tout de suite et parle-lui raison. Une démarche inconsidérée en ce moment peut avoir les plus grands inconvénients. Tous les yeux aujourd'hui sont fixés sur moi. Je vis publiquement et austèrement dans le travail et les privations. […] En ce moment donc, il ne faut rien déranger à cette situation. J'ai d'ailleurs dans l'idée qu'avant peu nous serons à Paris. Dis-lui tout cela. Traite-la avec tendresse et ménage ce qui souffre en elle. Elle est imprudente, mais c'est un noble et grand cœur. Ne lui montre pas ceci. Brûle-le tout de suite. Dis-lui que j'écrirai à l'adresse qu'elle m'a donnée. Veille aux coups de tête.* »

Et Adèle, on oserait dire « sainte Adèle », s'exécutera. Exit Léonie qui, découragée, finira par se faire une raison. Il ne se montrera pas ingrat. Le jour où elle connaîtra des difficultés financières, il viendra à son aide.

Mais, bientôt, en avril 1852, alors que Hugo vient de fêter ses cinquante ans, le cabinet belge redoutant des représentations du gouvernement français somme le poète de quitter le pays. Où aller ? Il songe à l'île de Jersey, parce que « c'est une ravissante île anglaise, à dix-sept lieues des côtes de France. On y parle français, et on y vit très bien à bon marché. Tous les proscrits disent qu'on y est admirablement ». Va pour Jersey.

Sur le bateau à vapeur où Victor et Charles ont pris place le 1ᵉʳ août 1852 et qui vogue vers l'Angleterre, une femme voyage aussi. Pour les Hugo, une étrangère. Cette femme, c'est Juliette. Victor lui a mis le marché en main : bien sûr, elle l'accompagnera à Jersey. Il ne saurait se séparer d'elle. Mais les convenances exigent, soit qu'elle le rejoigne par un autre bateau ; soit, si elle choisit le même voyage, que nul ne sache qu'elle l'accompagne. Nouvelle humiliation. Bref sursaut qu'elle surmonte par la force d'une longue habitude :

« Bonjour, mon Victor, bonjour. Je ferai tout ce que tu voudras. Du moment où mon cœur est tout à fait désintéressé dans la question, peu m'importe quand et comment mon corps changera de place et se transportera de Bruxelles à Jersey. Ainsi, mon Victor, je ne fais aucune difficulté de partir en même temps que toi, car, entre le chagrin d'une séparation de vingt-quatre heures et l'amertume d'être près de toi comme et moins qu'une étrangère, mon pauvre cœur ne saurait choisir. »

En arrivant dans la capitale de l'île anglo-normande, elle a le visage boursouflé et ridé. Il est vrai, aussi, qu'elle a beaucoup grossi depuis quelques mois. Victor l'installe dans le petit appartement d'un cottage, Nelson Hall, alors que lui a fait le choix de louer, sur la mer, une grande maison baptisée Marine Terrace. Juliette passera le plus clair de son temps, à recopier la prose ou les vers que Victor lui remettra quand il passera en coup de vent.

Automne 1855. Victor Hugo, ayant protesté contre l'expulsion de Félix Pyat et de deux autres proscrits réfugiés à Jersey, reçoit du gouvernement l'ordre de quitter l'île avant le 2 novembre. Il était devenu *persona non grata*. Il s'embarque alors pour Guernesey le 31 octobre en compagnie de François-Victor et, nouveauté pour Juliette, elle les accompagne. Deux jours plus tard, Charles les rejoindra. Adèle a dû rester à Jersey avec sa fille et Vacquerie pour le déménagement. Une fois sur place, il achète en haut de Saint-Pierre-Port une maison abandonnée, Hauteville House. Quant à Juliette il la case dans une petite maison appelée La Fallue.

Douze années s'écoulent. Dans le courant du mois de février 1867, Adèle qui n'en peut plus de dépérir sur ce rocher décide de rentrer définitivement à Bruxelles. C'est qu'elle ne se porte pas bien. Elle ressent des étouffements qui inquiètent son entourage : le cœur. De plus, une hémorragie rétinienne a fortement affaibli sa vue. C'est à peine si elle peut lire. À ses fils, elle parle souvent de sa mort. Ils se récrient ; elle sourit. Elle n'a pas peur. Seulement, elle formule un regret : « Il est triste pour moi d'être à la fin de ma vie au moment où j'apprécie les grandes œuvres et de mourir quand l'intelligence me vient. »

Le 31 mars 1867, une dépêche annonce à Victor la naissance du premier-né d'Alice et de Charles. Un garçon. Georges. Un petit-fils ! Le 25 juillet, il assiste à son baptême, dans l'église Sainte-Gudule, à Bruxelles. Malheureusement, l'enfant décédera un an plus tard, le 14 avril 1868, d'une méningite. Heureusement, à ce deuil succède un bonheur : en juillet, Alice est enceinte de cinq mois. Hugo tient à assister à la naissance du nouveau bébé. Le 27 juillet, il quitte Guernesey avec Juliette. Il emporte une copie de *L'Homme qui rit*. Sur la chemise qui contient le manuscrit, il a noté : « Le dénouement me reste à faire. » Place des Barricades. Toute la famille est réunie. Adèle vient d'arriver de Paris pour retrouver les siens. Comme elle a l'air mal ! Elle écrit à son mari : « C'est la fin de mon rêve que de mourir dans tes bras. »

Le 16 août, merveille, un second petit Georges voit le jour !

Le 24 août, Victor et Adèle font une promenade en calèche. Elle montre de la gaieté, lui beaucoup de tendresse. Le lendemain, 25 août, il note : « Petit Georges vient très bien. Il tête [*sic*] maintenant les deux seins. Il a longtemps voulu ne téter que le sein gauche. Tendance démocratique. » Et plaisanterie d'un Hugo très évidemment heureux.

À 3 heures de l'après-midi, tout change. Brusquement, Adèle s'abat : attaque d'apoplexie. « Respiration sifflante. Spasmes. » Les médecins appelés en hâte constatent un état hémiplégique avec paralysie du côté droit. Toute la nuit, Hugo et ses fils la veillent. On a appliqué les sangsues : « La fièvre diminue ; compresses froides sur le front. » Le lendemain : « Nous l'avons changée de lit ; état comateux. » Les trois principaux médecins de Bruxelles sont appelés en consultation : « Hélas ! peu d'espoir. » Il note encore : « Ma femme ouvre les yeux quand je lui parle et me presse la main. De même à ses fils. » Le docteur Allix, ami dévoué, les a rejoints. Il est sombre.

Le 27 août, à six heures et demie, Adèle s'éteint.

« J'ai pris des fleurs qui étaient là. J'en ai entouré sa tête. J'ai mis autour de la tête un cercle de marguerites blanches, sans cacher le visage ; j'ai ensuite semé des fleurs sur tout le corps et j'en ai rempli le cercueil. Puis je l'ai baisée au front et je lui ai dit tout bas : "Sois bénie !" Et je suis resté à genoux près d'elle. Charles s'est approché, puis Victor. Ils l'ont embrassée en pleurant et sont restés debout derrière moi. […] À cinq heures, on a soudé le cercueil de plomb et vissé le cercueil de chêne. Avant qu'on posât le couvercle du cercueil de chêne, j'ai, avec une petite clef que j'avais dans la poche, gravé sur le plomb, au-dessus de sa tête : V. H. Le cercueil fermé, je l'ai baisé. Il y a vingt-deux clous au couvercle. Je l'avais épousée en 1822. J'ai mis, avant de partir, le vêtement noir que je ne quitterai plus. »

Deux ans plus tard, le 4 septembre, l'Empire croulait, laissant la France envahie, en proie à d'irréparables désastres. Après plus de dix-huit années d'exil, Hugo pouvait enfin revenir à Paris, sous les acclamations.

En avril 1872, il loue deux appartements superposés au 21, rue de Clichy. Eu égard à ses rhumatismes, il laisse à Juliette le troisième étage.

Presque octogénaire, on aurait pu croire l'écrivain assagi. C'eût été le sous-estimer. Jamais il ne fut aussi ardent, au point qu'il serait impossible d'énumérer celles qui succombèrent à ses assauts.

En 1878, la dernière en date s'appelle Blanche. Le 27 juin après l'avoir vue danser nue devant lui, il rentre à son domicile et s'écroule, victime d'un malaise.

Le lendemain au réveil, il déclare qu'il se sent très bien. Il suffit de le voir pour penser le contraire. Dans l'après-midi, comme la journée est très belle, Juliette suggère une promenade en voiture. Il accepte. En route, il sombre dans un mutisme total. Elle s'affole. En hâte, elle fait appeler les docteurs Allix et Sée. En les attendant, fidèle à une tradition ancienne de plus de quarante ans, elle lui écrit étant à quelques mètres de lui :

> « *Cher bien-aimé, tu m'as paru bien préoccupé pendant toute la promenade et même un peu fatigué. Vraiment, mon cher adoré, je crains que tu ne te surmènes au-delà du possible et je voudrais pour tout au monde te voir prendre un peu de repos. Je ne serai tranquille que lorsque tu seras hors de la portée de tous ceux qui te harcèlent.* »

Un coup de sonnette : les médecins. Avant de les introduire auprès de Victor, Juliette les attire dans un coin du salon. Elle baisse la voix pour leur confier que, malgré son âge, le maître se laisse trop souvent aller, avec de jeunes personnes, à des excès qui peuvent être à l'origine du malaise dont il a souffert. Les médecins hochent la tête et s'en vont examiner Hugo. Aucun doute : il y a eu attaque et il faudra prendre des précautions. L'un des médecins se penche vers Hugo et, sentencieusement, l'avertit qu'il n'est pas raisonnable de faire à soixante-seize ans ce que l'on pratiquait à vingt ans. L'œil de Hugo s'écarquille. Visiblement, il ne comprend pas. Le médecin chuchote : les dames…

La stupéfaction se lit sur le visage de Hugo : « Mais, docteur, reconnaissez que la nature devrait avertir ! »

Décision est prise alors de retourner sur l'île de Guernesey pour se reposer. Le 4 juillet, il embarque accompagné de Juliette bien entendu, mais aussi d'un petit groupe d'amis et quatre domestiques.

Peu à peu, il semble revigoré par l'air marin et, pour la première fois, le 10 août, il se remet à écrire.

Juliette croyait son lion définitivement changé en agneau. Elle déchante. Il recommence à travailler, écrit des lettres qu'il lui cache. Des femmes, encore ! Sa jalousie se ranime d'autant plus furieusement qu'elle a cru en être définitivement délivrée. Persuadée que les preuves de la trahison de son vieil amant se trouvent dans cette maison, elle va de pièce en pièce, cherche, ouvre les armoires, bouleverse les tiroirs, visite les moindres recoins. Non contente de le réprimander, elle prend la plume le 20 août :

« Juliette à Victor, 20 août 1878, mardi matin, cinq heures et quart : Les fières prosternations de mon âme devant la tienne s'adressent à l'homme divin que tu es, non à la vulgaire et bestiale idole des amours dépravées et cyniques que tu n'es pas. Ta gloire qui éblouit le monde éclaire aussi ta vie. Ton aube est pure, il faut que ton crépuscule soit vénérable et sacré. Je voudrais, au prix de ce qui me reste à vivre, te préserver de certaines fautes indignes de la majesté de ton génie et de ton âge. Tu sais cela autant

et plus que moi et surtout tu le dirais mieux. Mais ce n'est pas une raison pour me taire, au contraire, et je te supplie à genoux d'avoir pitié de moi qui t'adore. »

L'automne venu, le calme revient. Puis, c'est le retour à Paris.

Les quatre étages de la rue de Clichy, c'était trop, désormais. Il emménage dans un petit hôtel particulier, au numéro 130 de l'avenue d'Eylau. La chambre de Juliette ? On l'a aménagée au second, attenante à la chambre de son poète. De là, elle va pouvoir venir le dorloter tout à son aise. Le dorloter ? Elle en est pourtant bien incapable puisqu'elle ne quitte plus son lit. Vers les 6 heures du soir, il vient l'exhorter à descendre pour le dîner, lui assurant qu'une tranche de gigot ne peut manquer de lui faire du bien. « Quelquefois elle obéissait, relate Alphonse Daudet, et son spectre en dentelles présidait les repas, avec l'affabilité coutumière. Tantôt, accablée de souffrances, elle devait refuser, malgré toute sa bonne volonté, et Victor Hugo bougonnait et boudait. »

Le 1ᵉʳ janvier 1882, les « deux vieux », d'une chambre à l'autre, vont échanger leurs messages du début de l'an. Juliette n'est capable d'adresser à Victor que quelques lignes :

« Cher adoré, je ne sais où je serai l'année prochaine à pareille époque, mais je suis heureuse et fière de te signer mon certificat de vie pour celle-ci par ce seul mot : Je t'aime. »

Lui :

« Quand je te dis : Sois bénie, c'est le ciel. Quand je te dis : Dors bien, c'est la terre. Quand je te dis : Je t'aime, c'est moi. »

Elle est devenue une pauvre petite chose diaphane. Elle ne peut plus absorber le moindre aliment.

En février 1884, ce sont leurs noces d'or. Victor offre à Juliette sa photo avec cette dédicace : *Cinquante ans d'amour, c'est le plus beau mariage.* Elle est si faible qu'elle ne peut même plus le remercier. Elle voudrait lui demander pardon d'être si mal. Elle en est incapable.

Le 11 mai 1883, elle ferme les yeux pour la dernière fois.

Le lendemain, à sa fenêtre, le vieil homme, qui n'a pas eu la force de suivre le convoi mortuaire, regarde s'éloigner le cercueil qui emporte ses amours. Lui, toujours si droit, montre un dos tout à coup voûté. Ses yeux sont rouges.

Il se traîne jusqu'à sa table de travail et écrit ces derniers mots : « Sur ma tombe on mettra comme une grande gloire, le souvenir profond, adoré, combattu, d'un amour qui fut faute et qui devint une vertu. »

La folie créatrice
Auguste Rodin et Camille Claudel

 a *féroce amie,*

*Ma pauvre tête est bien malade, et je ne puis plus
me lever ce matin.*

*Ce soir, j'ai parcouru (des heures) sans te trouver, nos
endroits. Que la mort me serait douce et comme mon
agonie est longue. Pourquoi ne m'as-tu pas attendu à
l'atelier ? Où vas-tu ? À quelle douleur j'étais destiné ? J'ai
des moments d'amnésie où je souffre moins, mais aujour-
d'hui, l'implacable douleur reste. Camille ma bien-aimée
malgré tout, malgré la folie que je sens venir et qui sera
votre œuvre si cela continue. Pourquoi ne me crois-tu
pas ? J'abandonne mon Salon, la sculpture. Si je pouvais
aller n'importe où, un pays où j'oublierais, mais il n'y en
a pas. Il y a des moments où franchement je crois que je
t'oublierai. Mais en un instant, je sens ta terrible puissance. Je n'en puis plus, je ne puis plus passer un jour sans
te voir. Sinon l'atroce folie. C'est fini, je ne travaille plus,
divinité malfaisante et pourtant je t'aime avec fureur.
[...] Tes chères mains laisse-les sur ma figure, que ma*

chair soit heureuse, que mon cœur sente encore ton divin amour se répandre à nouveau. Dans quelle ivresse je vis quand je suis auprès de toi. Auprès de toi quand je pense que j'ai encore ce bonheur et que je me plains. Et dans ma lâcheté, je crois que j'ai fini d'être malheureux que je suis au bout. Non tant qu'il y aura encore un peu d'espérance, si peu une goutte, il faut que j'en profite la nuit, plus tard, la nuit après. [...] Ah! Divine beauté, fleur qui parle, et qui aime, fleur intelligente, ma chérie. Ma très bonne à deux genoux devant ton beau corps que j'étreins[1]. »

C'est ainsi que le grand Auguste Rodin s'adressait en 1886 à celle qui commença par être son élève et qui devint sa passion, son amour, sa folie, sa maîtresse : Camille Claudel.

Tout commence vers 1882. Rodin a alors quarante-deux ans ; Camille à peine dix-huit. Camille est alors une superbe jeune fille. Rodin, lui, est trapu, massif. Il évoque plutôt Héphaïstos, le dieu forgeron laid et boiteux dont il possède la force physique. De surcroît, il est d'une timidité maladive. Économe de ses gestes et de ses paroles, portant lorgnon, car il est myope, il s'exprime d'une voix très douce, quasi féminine, en totale opposition avec sa carrure athlétique. Léon

---

1. *Camille Claudel, Correspondance*, édition d'Anne Rivière et Bruno Gaudichon, Gallimard, 2008.

Daudet qui l'a souvent fréquenté disait : « Quand il plaçait son mot, c'était à voix basse, comme une confidence ; mais un grand et fort tourbillon flottait autour de lui [1]. »

En 1882, Rodin est un sculpteur de renom qui a connu longtemps toutes les affres de la pauvreté. Elle, une artiste débutante. Tous deux vivent la sculpture de la même manière, intuitive et instinctive, inspirés par le même amour éperdu de la terre. Il est issu d'une famille modeste. Son père, Jean-Baptiste, d'origine normande, était employé à la préfecture de police de Paris. Sa mère, Marie Cheffer, venait de Lorraine.

En partie à cause de sa forte myopie, Rodin mena des études médiocres, dont il garda longtemps le handicap d'une faible maîtrise du français. À longueur de journée, il couvre les pages de ses cahiers de dessins. Les études ne l'intéressent guère. Alors, le jour de ses quatorze ans, ses parents eurent la sagesse de l'inscrire à l'École spéciale de dessin. Une école remarquable où peintres, sculpteurs et décorateurs reçurent une formation professionnelle exemplaire.

En 1857, fort d'un talent reconnu par ses professeurs, il tente le concours d'entrée à l'École des Beaux-Arts. Il réussit l'épreuve de dessin, mais échoue trois fois de suite à celle... de la sculpture ! La sculpture qui est et sera la grande passion de sa vie. Il va donc étudier à la « Petite

1. *Fantômes et vivants*, Nouvelle librairie nationale, 1914. Mémoires improvisés recueillis par Jean Amrouche, Gallimard, 1954.

École », nom qu'on donne alors aux Arts décoratifs, située rue de l'École-de-Médecine.

Camille, elle, est née à Fère-en-Tardenois, le 8 décembre 1864. Son frère, Paul Claudel, naîtra le 6 août 1868. Très vite, dès l'âge de douze ans, l'adolescente affiche une véritable passion pour la terre. Selon Paul, dès cet âge, elle avait décidé qu'il serait poète ; leur sœur Louise musicienne, et elle-même sculpteur.

En 1876, le père est muté à Nogent-sur-Seine puis à Wassy-sur-Blaise (Haute-Marne). La famille suit. En 1881, on déménage encore. Cette fois ce sera Paris. Il semble que ce soit sur le conseil de son ami Alfred Boucher, sculpteur reconnu, que Louis-Prosper Claudel décide de ce déménagement, convaincu que ses enfants méritaient mieux que des études moyennes. Selon d'autres sources, ce serait Camille elle-même qui, apparaissant déjà en maîtresse femme, aurait imposé ce que sa mère appellera plus tard « cet exil ».

Pour Paul, ce sera Louis-le-Grand, le plus réputé, le plus prestigieux des lycées parisiens. Camille, qui ne peut prétendre entrer aux Beaux-Arts, fermés aux femmes jusqu'en 1897, ira suivre des cours à l'atelier Colarossi, rue de la Grande-Chaumière sous la houlette de Boucher. Ce dernier lui présente un jour l'homme en lequel il a le plus confiance : Paul Dubois. Dubois est un artiste célèbre, médaillé d'honneur au Salon des Beaux-Arts. Boucher attend beaucoup de son jugement, dont il espère qu'il corroborera le sien. Or, lorsque Dubois passe en revue les sculptures en terre de Camille, il s'écrie, stupéfait : « Mais vous avez pris des leçons avec Rodin ! » Cette ressemblance si criante serait donc déjà un lien obscur et souterrain, tissé avant toute rencontre préalable, avant tout échange ?

Camille a tout de suite aimé Paris : son agitation, ses lumières, la liberté qu'on y respire. Paris l'émerveille et la stimule. Paris l'enivre. Elle est en cela à l'opposé de sa mère qui déteste cette ville et rend ses deux enfants responsables de cet exil. C'est pour Camille et pour Paul, et pour eux seulement, qu'elle est venue habiter ici, par esprit de sacrifice, sinon elle rejoindrait sa campagne, son cher village dont elle est privée par leur faute.

En 1882, alors qu'elle vient d'avoir dix-huit ans, loue un atelier au 117 rue Notre-Dame-des-Champs. Elle y accueille bientôt d'autres femmes sculpteurs, en particulier des Anglaises, parmi lesquelles Amy Singer, Emily Fawcett et Jessie Lipscomb. Pendant quelque temps, cette dernière sera logée dans la famille Claudel, moyennant un loyer de 200 francs par mois.

Camille expose très tôt, et sans répit. Elle est présente au Salon des Artistes français entre 1885 et 1889. Elle optera ensuite pour le Salon de la Société nationale des Beaux-Arts (SNBA) où elle exposera avec la même assiduité. Sa vie et son travail ne font qu'un.

Alfred Boucher, toujours présent, corrige de temps à autre le travail des demoiselles jusqu'au jour où, lauréat du prix du Salon 1881, il doit partir pour l'Italie. Il prie alors son ami Auguste Rodin de le remplacer. Le sculpteur accepte. D'une part, parce qu'il n'en est pas encore à négliger le modeste salaire qu'il va recevoir. Mais aussi parce qu'il a une dette envers Boucher. Quelques années plus tôt, au moment de l'affaire de l'*Âge d'airain*, Boucher avait été l'un des défenseurs du Maître. Cette statue, exposée au Cercle artistique et littéraire de Bruxelles, donnait une telle impression de vie qu'on accusa Rodin d'avoir fait un moulage sur un modèle vivant. Par conséquent, son œuvre ne pouvait véritablement passer pour une œuvre d'art. Rodin s'était donc vu discrédité par les instances étatiques qui ne reconnaissaient pas son statut d'artiste. En définitive, ce fut grâce à un groupe de sculpteurs professionnels (parmi lesquels Boucher) qui adressèrent une lettre au directeur des Beaux-Arts qu'il avait été lavé de tout soupçon.

Dès le premier instant, Camille l'appelle Monsieur Rodin. Il est le professeur ; elle est Mademoiselle Camille. Malgré leurs liens et malgré l'évolution de leur histoire, ils s'en tiendront à ce premier rapport de forces. « Mademoiselle Camille » est d'abord une élève et elle le restera, même s'il lui reconnaît un immense talent. Il dira un jour : « Je lui ai montré où trouver de l'or, mais l'or qu'elle trouve est bien à elle. » Il ne lui a pas fallu longtemps pour reconnaître en elle l'étincelle de génie qui l'habite et qu'elle concrétise en sculptant avec une étonnante maturité.

L'atelier de Rodin, sur la porte duquel trône la lettre M. comme Maître, est aussi vaste et encombré qu'un hall de gare et tout aussi bruyant. Des dizaines d'assistants, des mouleurs, des praticiens s'affairent.

Ici, des filles d'à peine vingt ans travaillent sans chaperon au milieu des hommes. Des modèles posent nus pour des figures d'une impudeur notoire. Seins de femmes, sexes d'hommes, ventres et fesses. Tel est l'univers que découvre Camille, à l'école de Rodin. Elle ne va pas mettre longtemps à se rendre indispensable. Après quelques semaines à gâcher le plâtre, on lui donne des pieds et des mains à sculpter. Très vite, le mot « élève » ne convient plus. Celui d'« assistante » est encore insuffisant. Praticienne. Jour après jour, elle donne les preuves de son talent en s'attaquant au marbre et le Maître peut mesurer sa valeur en l'observant travailler la terre à mains nues ou la pierre au ciseau.

À cette époque, il travaille sur une œuvre titanesque, *Les Bourgeois de Calais.* Camille s'y consacrera pendant des mois. Bien qu'on soit certain de sa collaboration, la main de Camille se confond avec celle de Rodin et il en sera ainsi pour d'autres œuvres du sculpteur. Mais la jeune artiste ne travaille pas seulement pour Rodin, elle pose maintenant pour lui. Et le Maître ne fera aucun mystère de ce nouveau modèle, dont il ne paraît pas se lasser et dont il exposera fièrement, à divers salons, plusieurs figures qui la représentent. A-t-elle posé nue ? On le suppose. Mais nul n'a pu identifier son anatomie parmi les innombrables nus féminins sculptés par Rodin.

Une certitude : Camille a trouvé en Rodin l'homme qu'elle cherchait. Un homme qui est à la fois un père, un ami et bientôt un amant. De son côté, Rodin va lui devoir beaucoup. Pas seulement sa participation active à l'élaboration de chefs-d'œuvre, mais autre chose qui compte plus encore : une réelle émulation esthétique. La relation passionnelle qui survient entre eux mêle alors tous les aspects du travail créateur, de l'inspiration à la réalisation.

Quand leurs œuvres s'uniront au point de se confondre, quand l'une s'identifiera à l'autre, Rodin se contemplera en elle comme dans un reflet spéculaire. Il s'aimera lui-même à travers Camille. C'est l'empreinte de son propre esprit, la marque même de sa main, l'irruption de son désir dans la création de Camille que Rodin contemplera alors dans cette œuvre autre devenue dans une illusion le double de la sienne.

À Camille, Rodin confie l'exécution de certaines parties de ses sculptures : mains et pieds notamment. Comme tout élève, elle doit faire dans la facture du Maître : c'est la règle. Elle ne peut échapper à l'influence de ce père spirituel, elle s'identifie à son style, à sa manière sculpturale, elle lui emprunte ses sujets.

Les voilà devenus amants, alors que Rodin vit depuis plus de vingt ans avec Rose Beuret, fille d'un cultivateur de Haute-Marne. Ouvrière couturière, elle avait commencé par lui servir de modèle avant de devenir sa maîtresse. Elle lui a fait un enfant en 1866 : Auguste Eugène Beuret, que Rodin n'a jamais voulu reconnaître. Camille, elle, vit seule. Elle ne gagne pas bien sa vie. Sans l'aide de son père qui l'entretient financièrement, la vente de ses sculptures ne suffirait pas à lui permettre de se louer un appartement. Les relations avec ses amies anglaises s'étant quelque peu refroidies, elle décide de quitter Notre-Dame-des-Champs pour s'installer dans le quartier des Gobelins au 113, boulevard d'Italie.

Rodin ne tarde pas à se rapprocher d'elle. La même année, à quelques mois d'intervalle, il loue au 68 du même boulevard une belle maison du XVIIIᵉ siècle, plantée au milieu d'un parc, que les gens du coin appellent La Folie Neufbourg. Neufbourg, comme son ancien propriétaire, et Folie parce qu'on désigne ainsi, au XVIIIᵉ siècle, les propriétés d'agrément construites pour abriter des amours galantes. Dès lors, sa vie va se partager entre trois adresses : celle de son atelier au Dépôt des Marbres, la rue de Bourgogne où il a installé Rose Beuret et son fils, et… le boulevard d'Italie. Trois adresses et… deux femmes qui, même si elles tolèrent ses incessantes allées et venues, manifestent de plus en plus fermement leur désir de le voir choisir l'une ou l'autre.

Dès que le temps le permet, les deux amants s'évadent pour l'île de Wight ou en Touraine. Surtout la Touraine. La première fois que le couple y est allé, Rodin venait tout juste de recevoir une commande pour une sculpture de l'auteur de la *Comédie humaine*. Il en avait profité pour prétexter à Rose qu'il avait besoin de se familiariser avec les lieux où avait vécu Balzac. Le château de l'Islette, près d'Azay-le-Rideau, devint un port d'attache où les deux amants séjourneront à plusieurs reprises en 1889, 1890 et 1892.

La nuit, elle dort nue, même quand Rodin n'est pas là : « Je couche toute nue pour me faire croire que vous êtes là, mais quand je me réveille ce n'est plus la même chose. » En post-scriptum elle supplie : « Surtout ne me trompez plus. »

Ces escapades ensoleillées et sensuelles forment une enclave dans la vie de Camille. Mais malheureusement, ce sont des moments de bonheur rares, des parenthèses bucoliques où elle apparaît tout à coup – elle, si sombre et si torturée – détendue, épanouie, presque rayonnante.

L'amour de Rodin ? Il éclate avec évidence dans les lettres à Camille. C'est un amour ardent et passionné, également douloureux que le sculpteur exprime avec sincérité et même avec humilité, comme s'il en demandait pardon.

Elle est pour lui la grâce et le bourreau, le bien et le mal. En colère ou boudeuse, elle peut le fuir et ainsi le punir, lui ôtant le bonheur de sa présence, comme en 1886, quand elle passe exprès quelques semaines loin de lui, en Angleterre. Il souffre de son départ et se plaint de n'avoir plus aucun goût à la vie. Camille voudrait être l'objet unique de son attention. Or, il vit entouré de femmes, plus belles les unes que les autres : ses élèves, ses amies, ses modèles. On pourrait se perdre dans la liste de ses innombrables fréquentations et conquêtes. La plupart ne durent pas ; elles sont liées à la transe d'une œuvre, au coup de sang du créateur qui confond la sensualité du modèle vivant avec la statue qu'il pétrit. Son travail et l'amour se mêlent souvent dans la fièvre du désir.

Le 12 octobre 1886, comme dans un mouvement désespéré, Rodin écrit à Camille une lettre qui enregistre un engagement officiel, une sorte de contrat. Il consigne une double promesse, d'exclusivité et de fidélité :

« Pour l'avenir à partir d'aujourd'hui 12 octobre 1886, je ne tiendrai pour mon élève que Mlle Camille Claudel et je

la protégerai seule par tous les moyens que j'aurai à ma disposition par mes amis qui seront les siens, surtout par mes amis influents. Je n'accepterai plus d'autres élèves pour qu'il ne se produise pas par hasard de talents rivaux quoique je ne suppose que l'on rencontre souvent des artistes aussi naturellement doués. À l'exposition, je ferai mon possible pour le placement, les journaux. Je n'irai plus sous aucun prétexte chez Mme… à qui je n'enseignerai plus la sculpture[1]. Après l'exposition au mois de mai nous partirons pour l'Italie et y resterons au moins six mois, commencement d'une liaison indissoluble après laquelle Mlle Camille sera ma femme. Je serais très heureux de pouvoir offrir une figurine en marbre si Mlle Camille le veut bien accepter. D'ici 4 mois ou 5 mois, d'ici au mois de mai, je n'aurai aucune femme sans cela les conditions sont rompues. Si ma commande du Chili s'exécute, c'est au Chili que nous irons au lieu de l'Italie. Je ne prendrai aucun des modèles de femme que j'ai connus. Il sera fait une photographie chez Carjat dans le costume que Mlle Camille portait à l'académie toilette de ville et peut-être en costume de soirée. Mlle Camille restera à Paris jusqu'à mai. Mlle Camille s'engage à me recevoir à son atelier quatre fois par mois jusqu'au mois de mai. Rodin[2]. »

Ce « contrat » semble avoir connu un début d'exécution, puisque Camille posa effectivement pour le photographe Carjat dans une tenue similaire à celle décrite dans la lettre. Et quant à la promesse de la « protéger par tous les moyens », il la tiendra aussi avec une irréprochable constance.

---

1. Il s'agissait d'une de ses élèves dont Camille se montrait férocement jalouse.
2. Camille Claudel, *Correspondance.*

Camille s'endette. Elle emprunte de l'argent à son père, à son frère et même à un ami resté incognito. Plus les années passent, plus ses lettres contiennent de réclamations. L'argent, à force de manquer, devient une obsession. D'autant que, pour un sculpteur, il ne peut être question de réduire son train de vie sans priver son art de ce qui le nourrit : le marbre, le bronze, l'onyx et les patines. Il lui est impossible d'y renoncer sans nuire à ses sculptures. Elle se prive de tout pour continuer à travailler. Elle refuse même de faire partie d'un cercle d'artistes qui l'en priaient, n'ayant pas les moyens de régler le montant à ses yeux exorbitant de la cotisation.

Dans les premiers jours de février 1898, Rodin quitte le 13e arrondissement. Il y laisse des œuvres et des objets en dépôt qu'il récupérera quatre ans plus tard.

C'est à ce moment que Camille, usée par cette relation qui la consume et dont elle ne voit pas l'issue, décide de rompre. Après toutes ces années de passion commune, elle a fini par prendre conscience que Rodin ne l'épousera jamais, et qu'il ne quittera pas non plus pour elle sa vieille compagne, Rose Beuret. Elle a trente-quatre ans et veut travailler seule et pour son compte. Ce désir d'indépendance marque aussi son besoin de s'affirmer en tant que femme et en tant qu'artiste afin que sa création ne soit plus confondue avec celle du Maître.

Dans un premier temps, elle abandonne l'atelier du boulevard d'Italie pour en louer un autre au 63, rue de

Turenne, puis, dès janvier 1899, elle s'installe 19, quai Bourbon dans l'île Saint-Louis.

Rupture interminable qui va s'étaler sur de nombreuses années, impossible à consommer, la confrontant à la douloureuse impossibilité de rendre pérenne cet amour. Elle rompt avec Rodin, mais coupe aussi les ponts avec tout ce qui pourrait entretenir sa douleur, recommandant à l'un de leurs amis communs :

> *Cher Monsieur,*
>
> *Je vous prie de vouloir bien faire votre possible pour que Monsieur Rodin ne vienne pas me voir mardi. Je n'aime pas montrer des choses pas finies et des esquisses en herbe ; on a le temps de les voir quand elles sont terminées, et pourquoi faire connaître toutes mes idées avant qu'elles soient mûres ?*
>
> *Si vous pouviez en même temps inculquer à Monsieur Rodin délicatement et finement l'idée de ne plus venir me voir, vous me feriez le plus sensible plaisir que j'aie jamais éprouvé. Monsieur Rodin n'ignore pas que bien des gens méchants se sont imaginé de dire qu'il me faisait ma sculpture ; pourquoi donc alors faire tout ce qu'on peut pour accréditer cette calomnie ?*
>
> *Si Monsieur Rodin me veut réellement du bien, il lui est très possible de le faire, sans d'un autre côté faire croire que c'est à ses conseils et à son inspiration que je dois la réussite des œuvres auxquelles je travaille péniblement.*
>
> *Excusez-moi Monsieur de vous parler franchement et recevez mes plus sincères amitiés.*

Évoquant cette rupture, Paul Claudel écrit :

> « *La séparation était inévitable et le moment hâté de la part de ma sœur par une violence effroyable de caractère et par un don féroce de raillerie ne tarda pas à arriver. Camille ne pouvait pas assurer au grand homme la parfaite sécurité d'habitudes et d'amour-propre qu'il trouvait auprès d'une vieille maîtresse. Et d'autre part, deux génies d'égale puissance et de différent idéal n'auraient su longtemps partager le même atelier et la même clientèle. Le divorce était pour l'homme une nécessité, il fut pour ma sœur la catastrophe totale, profonde, définitive [...] Elle avait tout misé sur Rodin, elle perdit tout avec lui. Le beau vaisseau quelque temps ballotté sur d'amères vagues s'engloutit corps et biens*[1]. »*

Rodin, selon les témoins, a souffert mille morts du départ de Camille, au point de pleurer devant Edmond de Goncourt qui rapporte le fait dans son *Journal*, de s'épancher auprès d'Eugène Morand, en se plaignant que Camille est « folle », ou d'inquiéter le sculpteur Émile-Antoine Bourdelle : « Quand elle est partie, Rodin en a eu une si grande douleur que ses amis ont craint pour sa vie. »

Malgré la rupture, effective en 1898, il lui vient en aide à plusieurs reprises, jouant de son influence auprès des critiques qui lui vouent une admiration sans bornes et sont prêts à louer tout artiste né sous son influence. Camille demeure pour lui la femme aimée. Non seulement il ne l'oublie pas, se désole de rester impuissant à la regarder agir en dépit du bon sens, fermant les portes une

---

1. Paul Claudel, *Ma sœur Camille*, 1951.

à une à ceux qui ont parfois quelque peine à rester ses amis.

Peu à peu, elle si fraîche et si attrayante se transforme en un mort-vivant. Dans ce qui est devenu son antre, pas de meubles, en dehors d'un lit et d'un fauteuil défoncé. Dans l'évier, traîne de la vaisselle sale. On n'a pas fait le ménage depuis des lustres et la poussière envahit tout. Surtout, on marche sur des débris de plâtre, comme sur des tessons de bouteille, qui crissent sous les pas. L'habitante des lieux ressemble à son logis : même laisser aller. Elle porte un vieux manteau de velours gris qui lui donne une allure de reine déchue. Elle ne l'enlève plus, même pour sculpter, car il fait froid dans l'atelier humide et mal chauffé. Sur la tête, n'ayant plus les moyens de s'offrir un chapeau, elle arbore un foulard ou un bandeau. De lourdes mèches de cheveux s'en échappent. Camille a beaucoup grossi. Le corps est presque obèse. Le visage, bouffi, a perdu son bel ovale. Tristesse du double menton. Le teint, jadis de lait, est cireux. À quarante ans, elle ressemble à une vieille femme. Seul demeure l'éclat rebelle des yeux.

Lorsqu'il rentre de son troisième séjour en Chine, en septembre 1909, Paul Claudel n'a pas vu sa sœur depuis plus de trois ans. Il est lui aussi saisi par son changement. Son *Journal* enregistre, en quelques traits rapides, les ravages de cette altération : « À Paris, Camille folle, le papier des murs arraché à longs lambeaux, un seul fauteuil cassé et déchiré – horrible réalité. Elle, énorme, et la figure souillée, parlant incessamment d'une voix monotone et métallique. »

C'est ce qui le frappe le plus, cette voix, où il ne reconnaît plus la personnalité de sa sœur. « Elle avait complètement changé », écrira-t-il à l'abbé Daniel Fontaine, sans entrer dans plus de détails ni s'autoriser le moindre apitoiement.

Quatre ans plus tôt, il avait exprimé son inquiétude à son ami Gabriel Frizeau, l'un des rares pour lesquels il ait écrit le mot fatal : « malade ».

En réalité Camille a développé clairement, avec les années, ce que les médecins appellent un délire de persécution. Elle se voit en victime, assaillie de toutes parts, poursuivie par toutes sortes de gens, presque la terre entière, qui en veulent à son talent. Elle est persuadée qu'on l'exploite, qu'on tire profit de sa pauvre vie. Mais sous cette multitude d'agresseurs, elle a identifié leur chef, son principal bourreau, dont il est bien inutile de répéter le nom maudit : Rodin ! Toujours sur la défensive, méfiante et soupçonneuse, elle s'enferme. À partir de 1906, volontairement retirée du monde, elle construit autour d'elle sa propre prison et se met à détruire les œuvres qu'elle juge ratées ou de facture insatisfaisante. Elle explose ses sculptures au marteau. Les plâtres sont réduits en miettes, qui lui font un tapis blanc sale. Les plus gros morceaux, elle les fait enterrer, comme de véritables cadavres, par des charretiers.

Pour exemple ce *Persée et la Gorgone*. Dans son groupe *L'Âge mûr,* Camille Claudel avait déjà tendu au monde un miroir de sa rupture dévastatrice avec Rodin. Dans *Persée et la Gorgone,* ce miroir est devenu plus déformant, plus terrible encore. En s'appuyant de nouveau sur un mythe capable de lui fournir une mise en forme de son drame intime, Camille Claudel a prêté ses propres traits à la Gorgone qui est décapitée par Persée, « celui qui tue sans regarder». Rien n'est plus terrible que cette tête tranchée qui, effrayée, prend conscience dans le reflet du miroir et de sa folie et de sa mort. C'est toute l'horreur d'un être qui bascule, de manière irrémédiable, dans le néant. Pour faire «un sacrifice humain» – ce sont ses propres mots – Camille Claudel a détruit le plâtre de cette œuvre dont nous possédons seulement une photo la montrant elle, en face de sa création aux dimensions plus grandes que nature. Haineuse, féroce, l'artiste toise sa sculpture comme pour apprécier qui des deux sera supérieure en puissance destructrice. En effet, elle montre, par cette création, la destruction même à l'œuvre. Cette photographie annonce tristement sa déchéance finale.

Depuis sa rupture, elle est presque toujours malade, clouée au lit par des douleurs, des malaises. Devenue hargneuse, elle se met à envoyer des lettres d'injures accompagnées d'immondices, non seulement à Rodin mais aussi à un fonctionnaire des Beaux-Arts qu'elle trouve trop lent.

D'ordre probablement psychosomatique, comme on ne disait pas encore alors, ce sont de véritables signaux de détresse que son corps envoie à la ronde. Son état nerveux va empirer avec les années. Seule certitude médicale en ce qui la concerne : son délire de persécution, lui, est parfaitement avéré. Diagnostic : «démence paranoïde». Les médecins parleront de «psychose systématisée chronique».

Dure journée pour les Claudel : ils ont consulté des médecins, probablement aussi des hommes de loi et conclu à la nécessité d'interner Camille dans une maison de santé. Maison de santé ? On tombe dans les hypocrisies du vocabulaire. On appelle alors « maison de santé », ou encore « maison d'aliénés » et « maison spéciale », les cliniques ou hôpitaux psychiatriques. Mais les gens les nomment plutôt des asiles, « des asiles de fous ». Une loi du 30 juin 1838, article 8, permet de placer un individu, contre son gré, dans l'un de ces établissements. Deux conditions sont requises à cette fin : produire un certificat médical et remplir un formulaire de demande de placement volontaire. Ce dernier document doit être signé par un membre de la famille ou, à défaut, par un proche. Cette loi, très controversée, dite du « placement volontaire », simplifie le processus du placement d'office requérant l'intervention d'autorités policières.

Le vendredi 6 mars, Paul rencontre le directeur de Ville-Évrard, établissement médical de la région parisienne, sur la commune de Neuilly-sur-Marne, aujourd'hui dans le département de Seine-Saint-Denis. Celui-ci demande qu'une modification soit apportée au certificat ; Paul le renvoie aussitôt au docteur Michaux, en lui demandant de s'en acquitter le plus rapidement possible. Le docteur Michaux signe le texte définitif, le samedi 7 mars. Le 10 mars au matin, aux alentours de 11 heures, deux hommes pénètrent de force dans l'atelier du quai Bourbon. Ils s'emparent de Camille, terrifiée. Une ambulance attend devant la porte.

En cette même journée du 10 mars, elle est examinée par le docteur Truelle. C'est lui qui suivra Camille durant toute son hospitalisation à la maison de santé de Ville-Évrard dont il est le médecin-chef.

Il note les propos que lui tient Camille.

«— *Je suis venue ici tout à l'heure. Je suis venue en automobile. On m'a fait passer par la fenêtre. C'est un enlèvement.*

— *C'est Rodin le sculpteur et ma famille qui l'ont provoqué.*

— *Cela remonte à 3 000 ans ou avant le déluge.*

— *Rodin voulait me faire travailler de force à son atelier.*

— *Le travail que je faisais pour avoir une imagination meilleure. Lui, n'a pas d'imagination. Il avait besoin d'une imagination.*

— *Je travaillais, je faisais du modelage mais je ne me doutais pas que c'était lui qui mettait la main dessus.*

— *Rodin a gagné sur moi des millions. Cependant, Le Penseur, ce n'est pas lui qui l'a fait. Il l'a copié sur Carpeau, et le Victor Hugo, il l'a copié sur un tableau du Louvre.*

— *Il m'empoisonnait avec du curare, de l'arsenic.*

— *J'étais dans son atelier à 18 ans. Il me battait, me donnait des coups de pied.*

— *Je ne me suis aperçue de cela qu'en 1907. Il empoisonne tout le monde de ma famille.*

— *Je me suis plainte à tout le monde mais il tient le ministère de la Justice, il tient tout le monde par les ficelles.*

— *C'est un fou sadique. Il viole les petites filles. Il a été condamné une première fois il y a 1 000 ans.* »

En 1913, l'asile de Ville-Évrard est divisé en trois parties : un asile d'aliénés pour les indigents, le service spécial qui reçoit les alcooliques du département de la Seine, et la maison de santé, ou pensionnat.

La maison de santé possédait trois classes différentes. En troisième classe les dortoirs accueillaient dix à douze pensionnaires. En deuxième, trois ou quatre. Les privilégiés de la première classe habitaient une chambre particulière, munie d'un lit, de tapis, de meubles personnels. Il a même existé une classe exceptionnelle avec domestiques.

Les soins se composaient essentiellement de tisanes, d'hydrothérapie (les bains pouvaient durer des heures), d'électrothérapie (pas d'électrochocs, mais des champs magnétiques), d'enfermement en cellule, de camisole. Les familles pouvaient demander d'interdire les visites à leurs parents hospitalisés et leur courrier était quelquefois retenu par le médecin. Madame Claudel, la mère, interdit toute visite, tout courrier. Elle ne viendra jamais voir sa fille à Ville-Évrard. Dans une lettre au médecin de sa fille, elle explique qu'elle n'est pas libre et que surtout elle redoute une entrevue, sachant d'avance qu'elle va être accablée de reproches et d'injures.

Le 10 juin 1913 Camille Claudel pèse 66,5 kilos.

Une note de la veilleuse datée du 17 juin 1913 nous informe que Camille Claudel est calme et qu'elle se tient toujours seule au jardin. Elle ne s'occupe à rien toute la journée. Elle parle quelquefois de sa famille, et en bien. Elle a une façon bizarre de se coiffer, elle met des feuilles et des fleurs dans ses cheveux, elle n'est pas très soigneuse, ni très propre. Elle s'alimente bien.

Le 21 juillet, Madame Claudel écrit une fois encore au médecin qu'elle ne veut pas aller voir sa fille. Elle a trop peur d'une scène atroce qu'elle lui ferait. Elle sait que

Camille n'aurait aucun plaisir à la voir… « Je suis très contente de la savoir où elle est, au moins elle ne peut nuire à personne. »

Le 8 septembre, elle pèse 60,5 kilos, pourtant l'alimentation est bonne et constante. Le médecin pense à une mauvaise mastication.

Le 14 octobre Camille Claudel écrit au docteur Truelle :

> *Monsieur le docteur*
>
> *Il y a longtemps que je vous ai demandé de faire venir une personne de ma famille. Il y a plus de 9 mois que je suis ensevelie dans le plus affreux désespoir. Pendant ce temps on m'a pris mon atelier et toutes mes affaires. J'ai absolument besoin de voir une personne amie. J'espère que vous ne me refuserez pas. Agréer mes civilités.*

En avril, il est noté que la malade se dit toujours très persécutée par Rodin, c'est lui seul qui l'a fait enfermer. Elle se méfie des aliments, pense qu'il y a du poison dedans pour la faire mourir plus vite.

Rodin a sans doute appris par la presse l'internement de Camille. Victime d'une hémiplégie, montrant déjà quelques signes de gâtisme et ne sortant plus guère de sa villa de Meudon, il est cependant si frappé par la nouvelle qu'il décide d'intervenir. Mais il doit le faire en secret, car il redoute les yeux suspicieux de Rose. Il vient de rompre avec la duchesse de Choiseul – Claire –, sa dernière maîtresse en titre, mais n'a pas renoncé pour autant aux muses et aux femmes, surtout quand elles sont jeunes et pourvues de beaux corps. Mais Camille continue d'occuper une place dominante dans son cœur. Il voudrait lui faire parvenir une somme d'argent afin d'adoucir ce qu'il appelle d'un mot juste la « géhenne ». Il réussira à lui envoyer 500 francs anonymes, en juillet 1914, par le biais de la Caisse de l'État.

Dans les derniers jours du mois d'août 1914, à cause de la guerre – la bataille de la Marne a lieu à vingt kilomètres –, la préfecture de la Seine ordonne l'évacuation dans le Midi de la France des hôpitaux de Ville-Évrard et de Maison-Blanche.

Lorsque Camille Claudel quitte l'hôpital de Ville-Évrard, elle a perdu 25 kilos.

Les malades payants sont dirigés vers les asiles de Montdevergues et de Pierrefeu. Les autres, soixante malades non transférables, sont envoyés à la Salpêtrière, cinquante partent pour l'asile d'Auxerre, et cinq cent soixante-dix-sept dans les asiles des Bouches-du-Rhône et du Var.

Même quand les médecins de Montdevergues, après que Camille a passé cinq ans dans leurs murs, constatent chez leur patiente une diminution et un espacement rassurants des signes paranoïaques, Madame Claudel refusera de la laisser sortir. Elle suppliera les médecins et le directeur de la garder encore. Car elle a peur de sa fille : « Elle nous déteste, elle est toute prête à nous faire tout le mal qu'elle pourra. »

Quant à seulement déplacer Camille, à la rapprocher de Paris en l'inscrivant à Sainte-Anne ou à la Salpêtrière, comme les médecins de Montdevergues le préconisent. Cette simple perspective donne des cauchemars à Madame Claudel qui s'oppose avec la plus grande fermeté à ce rapprochement.

20 octobre 1915

> *Monsieur le Directeur,*
>
> *J'ai reçu hier une nouvelle lettre de ma fille C. Claudel m'informant qu'elle était très malheureuse et qu'elle désirait être transférée à Sainte-Anne à Paris. Je me demande avec la plus grande inquiétude comment elle s'y prend pour me faire parvenir des lettres par d'autres intermédiaires que le médecin ou vous-même. J'en suis excessivement inquiète, car elle peut aussi bien écrire à d'autres personnes qui s'en serviront pour continuer la campagne contre nous qu'ils ont commencée il y a deux ans.*
>
> *Je ne veux à aucun prix la retirer de chez vous où elle se plaisait il y a très peu de temps. Je ne vais pas la changer d'établissement tous les six mois et quant à la prendre chez moi ou la remettre chez elle, comme elle était autrefois, jamais, jamais[1]...*

Lorsque Madame Claudel mourra en 1929, Camille sera tout de même maintenue à Montdevergues par son frère et sa sœur qu'elle suppliera en vain de la libérer.

Le 29 janvier 1917, Rodin âgé de soixante-dix-sept ans se décide à épouser à Meudon, après cinquante-trois ans de vie commune, Rose Beuret. Il était temps. Le mois suivant, elle mourra d'une pneumonie à soixante-treize ans. Rodin la rejoindra neuf mois plus tard.

---

1. *Camille Claudel*, Reine-Marie Paris.

Jusqu'à la fin de sa vie, Camille restera persuadée que le sculpteur laissa des ordres derrière lui pour continuer de la persécuter.

Pourtant, dans une lettre datée du 3 septembre 1932, Blot, son galeriste et fondeur, lui écrit :

> « *Un jour que Rodin me rendait visite, je l'ai vu soudain s'immobiliser devant ce portrait, le contempler, caresser doucement le métal et pleurer. Oui, pleurer. Comme un enfant. Voilà quinze ans qu'il est mort. En réalité, il n'a jamais aimé que vous, Camille, je puis le dire aujourd'hui. Tout le reste – ces aventures pitoyables, cette ridicule vie mondaine, lui qui, dans le fond, restait un homme du peuple –, c'était l'exutoire d'une nature excessive. Oh ! Je sais bien, Camille, qu'il vous a abandonnée, je ne cherche pas à le justifier. Vous avez trop souffert par lui. Mais je ne retire rien de ce que je viens d'écrire. Le temps remettra tout en place […]. »*

Camille meurt le 20 octobre 1943 d'une attaque cérébrale.

Ni Paul, ni son épouse, ni aucun de ses nombreux enfants n'assistent à son enterrement, qui se déroulera le lendemain, 21 octobre. Comme la plupart des morts de Montdevergues qui ont leur carré réservé au cimetière de Montfavet, elle est inhumée au carré numéro 10 dans une tombe anonyme, surmontée d'une croix et portant un simple numéro : 1943-392.

Pour toi, je construirai l'éternel

Shah Jahan et Mumtaz

'aube jetait ses premiers feux sur les flancs de la capitale de l'Empire moghol, dressée sur la rive de la Yamuna, l'une des sept rivières sacrées de l'Inde.

Arjumand est déjà vêtue, cœur fébrile, prête à sortir. Pour la première fois de sa vie, alors qu'elle vient de fêter ses dix-huit ans, la jeune fille va accompagner sa mère au Meena, le bazar royal, le marché du vendredi. C'est ici que les femmes du harem viendront se fournir en onguents, parfums, soieries. D'ordinaire, les hommes ne sont pas admis ; s'ils se faisaient prendre, un bourreau leur trancherait les mains. Mais certains jours, exceptionnels comme celui-là, le marché ouvre ses portes à tous ; hommes et femmes, pauvres et riches et même aux courtisanes.

Pour Arjumand, ce sera l'occasion de pénétrer dans l'enceinte de Lal Quila, le fort Rouge. Une immense forteresse au cœur de laquelle se dressent les doubles palais : celui du défunt Akbar et celui de son fils, Jahangir.

Cela fait si longtemps qu'Arjumand rêve de découvrir l'univers mystérieux qui se cache derrière les hauts murs de grès. Pourtant, ses parents l'ont prévenue : le marché royal se déroule dans la cour et non dans le palais de Jahangir, bien loin des ors et des splendeurs.

Qu'importe ! Traverser l'enceinte suffit déjà à son bonheur. Pour l'occasion, elle a revêtu sa plus belle robe, et posé sur sa chevelure d'ébène son plus beau châle.

Après avoir franchi la majestueuse porte du fort, la mère et la fille gagnent le grand périmètre où d'autres vendeuses les ont précédées.

Après avoir atteint la place qui leur était dévolue, Arjumand installa avec soin les trépieds, et posa une planche de bois par-dessus, qu'elle recouvrit d'une nappe brodée. Ensuite, au fur et à mesure que sa mère les préparait, elle aligna de petits cristaux de sucre sur un présentoir : les *mishris.*

— Mère, pensez-vous que ma tante nous rendra visite ?

— C'est peu probable. Comme toutes les épouses de l'empereur, Nour Jahan est bien occupée.

Alors que la boule du soleil se hissait lentement au-dessus des murailles, l'immense portail de bronze du palais s'ouvrit pour laisser passer les femmes du harem. L'atmosphère devint très vite festive. On discutait, on riait, on débattait. Bientôt, excitées par la musique et la danse, les courtisanes, d'ordinaire si réservées, se mirent à interpeller sans pudeur les hommes seuls. De leur côté, les jeunes gens de l'aristocratie rivalisaient en joutes oratoires, et c'était à qui trouverait la meilleure rime, la plus spirituelle, pour attirer l'attention des jeunes filles.

Mais voilà que, brusquement, la foule se fige. Les discussions retombent et c'est le silence.

Un imposant palanquin porté par des esclaves vient de surgir. On le dépose à terre. Les rideaux s'écartent. Un jeune homme d'une vingtaine d'années apparaît. Aussitôt, un cri d'admiration parcourt la foule et un nom jaillit sur toutes les lèvres : Khurram, Khurram. En effet, c'est bien Khurram, le prince héritier, le fils de Nour el-Dine Mohammad, dit Jahangir, l'empereur, le « possesseur du monde ».

Le jeune prince jeta un regard circulaire autour de lui, fit quelques pas, examina distraitement les étals, s'arrêta, repartit. Rendit leur salut à ceux qui s'émerveillaient de sa présence, jusqu'au moment où il croisa le regard brûlant d'Arjumand.

Quelqu'un lui parla. Les mots couverts par les battements de son cœur, il n'entendit rien.

Il n'entrevoyait que partiellement le visage de la jeune fille qui se tenait debout derrière son étal, mais ce qu'il voyait le ravissait.

De son côté, Arjumand semblait tout aussi bouleversée. Ce jeune homme représentait tout ce dont elle avait rêvé. Il était beau. Il se dégageait de lui une vraie noblesse ; celle du cœur. Dans un geste affolé, elle se hâta de rabattre son châle sur son visage pour masquer la rougeur qui envahissait ses joues.

Khurram fit un pas vers l'étal et désigna les *mishris*.

— Combien pour le tout ?

— Deux mille roupies.

À l'énoncé du prix, la mère d'Arjumand manqua de défaillir. Deux mille roupies ? Sa fille aurait-elle perdu la tête ?

Pourtant, la somme ne parut pas émouvoir le prince outre mesure. Il plongea spontanément la main dans la poche de sa tunique.

— Tiens, dit-il, en tendant à la jeune fille une poignée de pièces d'or.

Arjumand ne put s'empêcher de pouffer de rire.

— Seigneur, je plaisantais ! Mais que croyez-vous acheter ?

— Des… des diamants. Pourquoi ?

Elle rit de plus belle.

— Mais pas du tout ! Ce sont de vulgaires *mishris*. Du sucre de canne !

Khurram resta un moment interdit, puis il éclata de rire à son tour.

— Des *mishris* ! Deux mille roupies ?

À présent, leurs rires ne faisaient plus qu'un, et éclipsaient les premiers nuages annonciateurs de pluie.

Soudain, le prince fit silence et son expression se drapa d'une certaine gravité.

Arjumand, surprise, se tut aussi. Que se passait-il ?

Elle mit quelques secondes à comprendre. À son insu, son châle avait glissé sur ses épaules, révélant du même coup l'ensemble de ses traits.

Khurram est ébloui. Jamais il n'a croisé une telle beauté, une pareille perfection.

— Comment t'appelles-tu ? demanda-t-il la voix rauque.

— Arjumand. Arjumand Banû Begam.

— Et de quelle famille es-tu ?

La jeune fille le fixa avec amusement.

— Un peu de la vôtre, monseigneur.

Khurram ouvrit grand les yeux.

— Mon père est Asaf Khan, poursuivit Arjumand, le frère de Nour Jahan.

— Nour Jahan ?

Nour Jahan était la femme de l'empereur. Une femme aussi belle qu'intelligente. Fille d'un émigré persan, à dix-sept ans, elle avait épousé un aventurier, Sher-afghan, qui avait obtenu un poste administratif à Burdwan au Bengale, au début du règne de Jahangir. On disait, ici et là, que l'intérêt que l'empereur portait à la jeune femme fut probablement la cause de la mort de son époux. En effet, un matin, Jahangir accusa Sher-afghan d'« avoir une tendance à la rébellion », et le fit tailler en pièces. Quatre ans plus tard, l'empereur épousa la veuve et lui donna le nom de Nour Jahan, la « Lumière du monde ». L'ambition de la jeune femme se révéla très vite sans mesure. Grâce à l'influence considérable qu'elle exerça sur l'empereur, elle réussit à faire nommer son père et son frère à des postes importants de la cour, et marier sa fille au plus jeune des fils de Jahangir, le prince Shâhryâr. L'un des nombreux demi-frères de Khurram.

— Nous serions donc un peu parents, nota le prince.

— Cousins par alliance, en effet.

Il la contempla un moment en silence, puis chuchota sur un ton sibyllin :

— Qui sait, si nous ne sommes pas destinés à nous revoir ?

Et il pivota sur les talons.

Une forêt de chandeliers illuminait la chambre de l'empereur.

Khurram franchit le seuil, et salua son père, les mains jointes devant sa poitrine.

— Namasté[1].

— Tu as demandé à me voir ? questionna le souverain.

Le prince articula un timide « oui ». Son père l'avait toujours impressionné. Il est vrai que Jahangir avait une personnalité pour le moins complexe. Il pouvait se montrer un homme affable, amoureux de la nature et épris de justice. Il avait fait attacher à un pilier de pierre, devant la porte du palais, une chaîne formée de petites cloches que tout citoyen pouvait faire sonner pour exiger réparation. Il était aussi capable de s'émouvoir parce que les éléphants frissonnaient quand on les aspergeait en hiver avec de l'eau froide. Et dans le même temps, il tramait des assassinats dont il se vantait sans le moindre remords, et aimait faire fouetter à mort devant lui ceux qui lui déplaisaient. Son entourage avait fini par mettre sur le compte de son addiction à l'opium cette singulière attitude. Ce n'était un secret pour personne que Jahangir était un opiomane invétéré.

— Oui, père, commença Khurram, vous m'avez parlé un jour des femmes et du pouvoir qu'elles exercent sur nous, les hommes. Ce pouvoir, j'en ai ressenti toute la puissance aujourd'hui. J'ai rencontré ce matin, au marché royal, une jeune fille plus belle que la beauté la plus parfaite. Mon cœur s'est envolé. Je l'ai reconnue.

— Reconnue ?

— Oui. C'est elle. Parmi toutes les autres, présentes ou à venir, c'est elle que le destin m'a choisie.

---

1. Littéralement, « Je salue ou je m'incline » devant vous.

— Son nom ?

— Elle s'appelle Arjumand Banû Begam. Fille d'Asaf Khan. Elle est la nièce de votre épouse favorite, la reine Nour Jahan.

Jahangir hocha la tête.

— Voilà qui est bien. De sang proche et noble. Et quelle est ton intention ?

— L'épouser, si vous m'en donnez la permission.

L'empereur demeura silencieux pendant quelques secondes, puis :

— Non.

Khurram blêmit.

L'empereur rectifia :

— Pas de suite.

— Mais pourquoi, père ? Ce que je ressens, n'est-ce pas de l'amour ?

— Vraisemblablement. Encore qu'il soit bien trop tôt pour en être sûr. Cependant, il faut que tu respectes notre tradition. L'empereur se doit d'avoir un harem et donc plusieurs femmes. Or, si tu épouses cette personne en premières noces, je crains que, aveuglé par ta passion, tu ne veuilles plus en épouser d'autres. Et ceci n'est pas acceptable.

— Père, vous m'infligez une torture que je ne saurais supporter.

— Dans ce cas, il ne tient qu'à toi de l'abréger en prenant femme au plus vite. Ensuite, tu agiras comme bon te semble. Mon but n'est pas de t'éloigner de ton amour, mais que tu respectes nos traditions. Elles sont sacrées. Sache que ce que tu as ressenti aujourd'hui, certains meurent sans l'avoir vécu. Remercie Dieu de ce cadeau et fais-en bon usage.

Il ne tient qu'à toi d'abréger ta torture en prenant femme au plus vite.

Khurram prit son père au mot.

En quelques semaines, il épousa tour à tour Kandahari Begam et Akbarabadi Mahal. Deux femmes de « bonne famille ». Khurram les avait-il seulement regardées ? Peu lui importait qu'elles fussent belles, laides, petites, grosses ou maigrelettes : un seul être au monde comptait, Arjumand.

Agra, 10 mai 1612

Ses sœurs et sa mère l'avaient habillée d'un magnifique sari couleur safran, fardé ses yeux de khôl et relevé ses lèvres d'un rouge carmin. Ensuite, elle avait tracé au milieu des cheveux, à l'endroit du sixième chakra, le sindoor, avec une poudre vermillon. Elle devrait le conserver jusqu'à sa mort.

Il ne restait plus qu'à attendre patiemment l'arrivée de la délégation chargée de la conduire au palais. Après de longues minutes, les dernières et, comme souvent, les plus dures à supporter, Arjumand fut tirée de ses rêveries par des bruits de pas. Asaf Khan venait d'apparaître dans l'encadrement de la porte. Il alla vers sa fille et l'enlaça tendrement.

— Arjumand, l'homme qui vient te chercher aujourd'hui est celui qui va te prendre à nous. J'espère qu'il saura te rendre heureuse. Et toi, efforce-toi d'être une noble épouse, la meilleure des épouses et donne à ton mari une grande et belle descendance.

La gorge nouée, la jeune fille dévisagea sa mère et ses sœurs.

— Où que je sois, je serai toujours près de vous. Et…

On frappait.

Asaf Khan alla ouvrir la porte.

L'escorte était là.

Devant la maison familiale, deux rangées de cavaliers étaient alignées de part et d'autre de l'entrée, formant une haie d'honneur. Tout au bout on apercevait le prince assis dans un palanquin posé à terre. Intimidée mais déterminée, Arjumand alla lentement vers lui. Plus, elle s'approchait de son futur mari, plus elle prenait conscience qu'il ne s'agissait pas d'un rêve.

Khurram, lui, voyait enfin le poids de l'attente s'envoler. Il la dévorait des yeux, plein d'admiration pour l'harmonie des formes qu'il devinait sous le drapé du sari. Dans quelques heures, ce corps lui appartiendrait.

Dès qu'elle fut assise dans le palanquin, à la droite de son futur mari, il déclara dans un souffle :

— Je ne veux plus jamais être séparé de toi…

— Je t'en fais le serment. Nous serons unis à jamais.

Khurram fit signe au cortège de se mettre en route. Une foule dense les acclamait tout au long du chemin pavé de fleurs qui les conduisait au palais.

Au moment d'entrer dans le fort Rouge, Arjumand crut entendre leurs éclats de rire, ceux qui avaient accompagné leur première rencontre :

— Combien pour le tout ?

— Deux mille roupies.

Et elle serra plus fort la main de Khurram.

Après l'avoir aidée à quitter le palanquin, Khurram conduisit sa bien-aimée vers une immense salle où les attendaient les invités. On apercevait l'impératrice Taj Makani, la mère de Khurram, et légèrement en retrait Nour Jahan, la favorite.

Au fond de la salle, debout sur une estrade de marbre blanc, Jahangir observait le couple qui remontait l'allée centrale. Lorsqu'il s'inclina devant lui, il déclara :

— Mes enfants, l'amour est le mystère de la vie. Bien que ses chemins soient rudes et escarpés, suivez-le, car nul ne peut atteindre l'aube sans passer par le chemin de la nuit. À présent, prononcez vos vœux.

— Père, commença Khurram, je désire devenir le mari d'Arjumand Banû Begam, la protéger et l'aimer tant que je vivrai.

Le prince fit signe à l'une de ses esclaves de lui apporter un collier serti de pierres précieuses qu'il posa autour du cou de sa bien-aimée.

— Arjumand, dit-il encore, tu seras la merveille de mon palais, et tu t'appelleras désormais Mumtâz Mahal, la « Préférée du palais ».

— Je fais le serment de t'aimer jusqu'à ma mort, dit à son tour la femme, de m'occuper de notre foyer et de te donner une descendance dont tu seras fier.

Le prince saisit la main de sa femme, tandis que le roi déclarait solennellement :

— Au nom de Dieu le Clément, le Miséricordieux, vous êtes désormais mari et femme. Qu'Il bénisse votre union !

Khurram fit un pas en avant et déposa un baiser sur les lèvres de Mumtâz. Le premier baiser de leur histoire…

La nuit flottait sur le palais.

Sentir la chaleur de Khurram, sa joue contre la sienne, fit tomber les dernières peurs de Mumtâz.

Elle murmura :

— Apprends-moi l'amour.

Bientôt leurs bouches se mêlèrent, et leur peau, et les battements de leurs cœurs.

À travers la fenêtre, un rai de lune éclairait leurs corps.

Il cria :

— Je t'aime… Je t'aime.

Mais la jeune femme ne l'entendit pas, puisque ses sens ne lui appartenaient plus.

Insensiblement, elle qui n'avait jamais fait l'amour se surprit à gémir, à ployer sous le plaisir. Elle s'abandonna, dériva vers lui, buvant à des sources jamais entrevues. À mesure que l'étreinte se prolongeait, se révélaient peu à peu des joies insoupçonnées, des fièvres brûlantes, tout un monde jusque-là enfoui dans les secrets de sa chair. Et lui accomplissait le même voyage. Alors le voile se déchira. Le corps de Mumtâz s'arc-bouta violemment. Elle se mordit la lèvre inférieure pour mieux contenir sa jouissance. Ni souffrance ni douleur, le bonheur seulement. Khurram était en elle, et son ventre, mer vierge, l'avait accueilli comme un amant de retour. Ils s'unirent encore et encore jusqu'à la fin de la nuit, jusqu'à l'heure où le premier rayon de soleil se glissa dans la chambre.

1er octobre 1617

— Entre mon fils ! ordonna Jahangir.

Khurram s'exécuta.

— Comment se porte ma petite perle, Raushanarâ Begam ?

— Très bien, père. Votre petite-fille se porte admirablement.

— Elle va bientôt avoir un mois, n'est-ce pas ?

— Dans deux jours. Oui.

— Permets-moi de te féliciter pour la fertilité de ton couple.

Il énuméra sur ses doigts.

— Deux filles, Huralnissa Begam, Jahânârâ Begam, un garçon : Dârâ Shikôh, un autre garçon, Mohammad Shujâ et aujourd'hui une fille.

— Tout le mérite en revient à Mumtâz. C'est son ventre qui porte la vie.

— Mais c'est toi qui l'ensemences. À présent, écoute-moi attentivement. Tu connais notre situation. Toutes ces années durant, j'ai livré bataille et remporté nombre de succès militaires. Il y a cinq ans, j'ai écrasé une révolte des Afghans du Bengale et, grâce à ma politique conciliante, j'ai réussi à les rallier définitivement à l'empire. De même, je suis parvenu à séduire les Rajput[1], en leur accordant une paix généreuse. Dès lors, j'ai cru que c'en serait fini des affrontements et que la paix régnerait à jamais. Hélas, depuis quelque temps, un nouvel ennemi a surgi…

---

1. Habitants du Rajasthan.

— Amar Singh Ier…

— Parfaitement. Le maharaja de Mewar[1] a juré notre perte. On m'a informé qu'il vient d'occuper Ahmadnagar. Il n'est pas question de laisser cette action impunie.

L'empereur prit une profonde inspiration avant de poursuivre :

— Tu vas partir et tu seras mon bras armé. Je te donne pour mission de reconquérir la ville et de briser ce mécréant. Tu as toute ma confiance.

Si Khurram accueillit la nouvelle non sans fierté, elle l'inquiétait aussi. Depuis quelques mois il s'était aperçu que la favorite, Nour Jahan, « La lumière du monde », intriguait en coulisses. Préparait-elle un coup d'État ? Aspirait-elle à placer son fils, Shâhryâr, le demi-frère de Khurram, sur le trône ? Rien n'était clair et pourtant tout semblait prédire l'orage. De surcroît, Nour le détestait. Il le lui rendait bien. Quitter le palais, c'était laisser le champ libre à l'intrigante, mais avait-il le choix ? La prise de Ahmadnagar mettait l'empire en péril.

— Très bien, dit-il, il sera fait selon votre désir. Et je vaincrai, avec l'aide de Dieu.

Mumtâz le fixa avec gravité.

— Tu pars donc…

— Oui, mon amour.

— Combien de temps ?

— Je l'ignore. Cette campagne militaire risque de durer. J'ai mal. Mal à l'idée de te laisser seule, de t'abandonner.

— Tu ne m'abandonneras pas.

---

1. Région de l'État du Rajasthan dans l'ouest de l'Inde.

— Je suis bien forcé, pourtant.

— Aurais-tu oublié ce que nous nous sommes promis ? Ne jamais nous séparer ? Je pars avec toi.

Khurram eut un mouvement de recul.

— Mais es-tu consciente du danger qui t'attend ? Il ne s'agit pas d'un voyage d'agrément, mais d'une guerre.

— Je sais.

Elle répéta avec détermination :

— Je viens avec toi. Me savoir à tes côtés te rendra invincible. Tu verras.

Émerveillé par le courage de son épouse, et bouleversé par la force de son amour, Khurram céda.

Était-ce la présence de Mumtâz à ses côtés ou la force de son armée qui permit à Khurram de remporter la victoire ? Nul ne le saura jamais. Au terme d'âpres combats qui durèrent près de neuf mois, le 3 novembre 1618, Amar Singh fut contraint de capituler et Ahmadnagar reconquis.

Alors qu'il fêtait l'événement avec ses frères d'armes, on informa le prince que son épouse s'apprêtait à accoucher. À peine eut-il franchi le seuil de la tente où se trouvait Mumtâz qu'un cri de bébé perça l'air de la nuit.

— C'est un garçon, annonça la sage-femme.

— Que Dieu le bénisse !

Khurram déposa un baiser sur les lèvres de Mumtâz.

— Tu n'as pas trop souffert ?

— Grâce à Dieu. La joie de mettre au monde notre enfant a dompté la douleur.

Il prit le bébé dans ses bras et dit :
— Tu t'appelleras Mohinnudin Aurangzeb.
Il le reposa ensuite délicatement sur la poitrine de son épouse en murmurant :
— Allah te bénisse.

De retour à Agra, Khurram fut accueilli en triomphe.
Son père, enchanté, lui donna le titre de Shah Jahan, le « roi du monde » et augmenta sa liste civile.
Le prince et son épouse purent enfin vivre pleinement leur amour et cet amour alla grandissant. Rien ne semblait capable de l'atteindre ou de le fragiliser. Ni les intrigues de Nour Jahan ni l'usure du temps. Seules les femmes de son harem souffraient : jamais seigneur ne les avait autant négligées.
Mais aucun bonheur ne dure. Quatre ans plus tard, en juillet 1622, alors que Mumtâz accouchait de son huitième enfant, Suraya Banû Begam [1], une funeste nouvelle fit trembler le royaume : la forteresse de Kangra, dans l'Himalaya, avait été conquise et Kandahar était tombé sous la coupe de l'habile souverain de la Perse, Shah Abbas.
Une fois de plus, Jahangir ordonna à son fils de reprendre les armes.
— Non, père !
L'empereur le dévisagea comme s'il le voyait pour la première fois.

---

1. Elle avait accouché le 18 décembre 1619 du Ummmid Baksh.

— Non! répéta celui que l'on n'appelait plus que Shah Jahan. Je suis las, exaspéré par l'hostilité de votre favorite, Nour Jahan, et de ses intrigues. D'ailleurs, s'il n'y avait pas eu nos divisions internes, des divisions dont elle est entièrement responsable, Kandahar n'aurait pas basculé. Vous ne pouvez ignorer que c'est le fils de Nour, mon demi-frère Shâhryâr qui, par son manque de courage, a permis cette catastrophe.

— Comment oses-tu ? Sais-tu que je pourrais te faire mettre à mort pour rébellion ?

Shah Jahan le toisa. Ce vieil homme de cinquante-trois ans, malade et usé par l'opium et l'alcool, ne lui faisait plus peur.

Il s'exclama :

— S'il vous reste une once de sagesse, ce serait plutôt votre reine et Shâhryâr que vous devriez éliminer !

Mumtâz était blême.

— Mon amour, sais-tu ce que tu risques ? Tu viens de signer ton arrêt de mort. Le mien et celui de nos enfants.

— Jamais, personne ne touchera à un seul de vos cheveux. Nous allons partir. Je dispose encore d'une poignée de fidèles qui détestent la reine encore plus que moi. Nous nous battrons.

— Contre ton père ?

— Et sans état d'âme. Mon père n'est plus qu'une ombre.

Malgré les protestations de son épouse, et tous les efforts qu'elle fit pour lui faire entendre raison, Shah

Jahan entra en rébellion et, agissant ainsi, il ouvrit pour lui et les siens les portes de l'enfer.

Les années qui se succédèrent ne furent qu'une suite d'affrontements, et de sang versé, jusqu'à ce que, finalement, le prince rebelle et sa petite armée soient décimés près de Delhi, en 1623, par l'armée impériale commandée par un brillant général : Mahâbat Khan.

Et commença le temps de l'errance avec pour seul réconfort l'amour inconditionnel de Mumtâz. Deux ans. Deux longues années, ponctuées d'une nouvelle naissance, celle d'un garçon, Murâd Baksh, né le 8 septembre 1624.

Il en est des colères des hommes comme celles de la nature, un jour vient où la tempête retombe et le calme reprend ses droits. Vers le milieu de l'année 1625, Shah Jahan se réconcilia avec son père et cette fois tous les habitants d'Agra furent convaincus que s'ouvrait une période de paix et de sérénité. C'était mal connaître la favorite de l'empereur. Le succès de Mahâbat Khan avait suscité la jalousie de Nour Jahan et celle de Shâhryâr. Ils complotèrent si bien que leurs intrigues finirent par exaspérer le général qui décida d'en finir avec ce couple infernal. Par un coup de main audacieux, il se saisit de la favorite et de l'empereur et les fit jeter en prison. Shah Jahan laissa faire. Pourtant, Dieu sait comment, la favorite réussit à s'échapper et à rejoindre une armée de sympathisants. Un geste inutile. Nous étions le 28 octobre 1627. Dans la nuit, l'empereur Jahangir s'éteignit dans sa cellule et le général Mahâbat Khan se rallia spontanément à Shah Jahan. Dès le lendemain, le prince fut proclamé empereur et s'empressa de dépêcher tous ses rivaux potentiels dans l'autre monde ; Nour Jahan et son fils Shâhryâr furent parmi les premiers.

— Je t'aime, ma bien-aimée. Mais je crois que je ne t'aimerai jamais autant que tu le mérites.

Mumtâz Mahal se lova contre son mari. Elle avait trente-quatre ans, son corps jadis parfait ne l'était plus : huit accouchements avaient eu raison de son harmonie et elle s'apprêtait à mettre au monde un neuvième enfant. Or, curieusement, Shah Jahan trouvait dans ses seins devenus moins fermes, son ventre imparfait, des raisons nouvelles de s'émouvoir et de s'attendrir. Pas un seul jour ne s'était levé sans qu'il bénisse le ciel de cet amour.

Et, de son côté, Mumtâz continuait de ne respirer qu'à travers son époux et de ne voir le monde que par ses yeux.

Ils auraient voulu vivre toute leur vie durant, inséparables, cloîtrés dans une pièce, isolés du reste du monde. Mais c'était évidemment impensable. Avant d'être époux, Shah Jahan était empereur. Bientôt, l'empire fut la proie de nouvelles attaques. Elles provenaient cette fois des colons portugais qui, un siècle auparavant, avaient bénéficié d'une charte impériale leur permettant de s'établir au Bengale. Or, depuis quelque temps, ils se livraient à des pratiques intolérables, prélevant des taxes, sur les marchands indiens en particulier et sur le tabac. C'en était trop !

Shah Jahan commença par charger le gouverneur du Bengale de châtier les Portugais qui vivaient dans la région, et lui-même repartit en campagne.

Mumtâz le suivit.

Ensemble, inséparables, ils franchirent les cols, dormirent à la belle étoile, connurent le feu et le sang, la violence et la mort. Des jours, des nuits, des années. Et des naissances : Daulat Afza, Husnara Begam, Gauhara Begam... Mais le drame guettait.

Le 16 juin 1631, à Burhanpur, dans la région du Dekkan, la troupe avait dressé le camp. Mumtâz dormait près de son mari sous la tente impériale. Elle approchait du terme de sa quatorzième grossesse. Brusquement, elle poussa un cri de terreur, arrachant Shah Jahan à son sommeil. Il se dressa.

— Qu'y a-t-il, mon amour ?

— C'est horrible. Je me suis vue mourir en donnant naissance à un fils.

L'empereur tenta de la rassurer. Il caressa tendrement le ventre arrondi de sa femme.

— Tous tes accouchements se sont bien passés. Pourquoi voudrais-tu qu'il en soit autrement du prochain ?

— Les rêves sont des prédictions. Dieu nous parle à travers les rêves. Il cherche peut-être à me prévenir.

— Dieu annonce-t-Il aux futurs défunts l'arrivée de l'Ange de la Mort ? Je ne crois pas. C'est juste une angoisse.

Les traits de Mumtâz se fermèrent.

— Khurram, je veux que tu me promettes trois choses. Quelle que soit l'issue de cet accouchement, tu n'auras plus d'enfants. Ni avec moi, ni avec d'autres femmes.

— Je te le promets.

— Tu t'occuperas de mes parents jusqu'à leur mort. Ils sont tout pour moi et, sans eux, je ne serais pas la femme que tu aimes aujourd'hui.

Shah Jahan opina.

— Et, enfin, si je venais à mourir, promets-moi d'ériger un mausolée en mon nom dans lequel je reposerai jusqu'au jour du Jugement.

L'empereur s'affola.

— Tu ne mourras pas !

— Promets-moi !

— Et si je mourais avant toi ?

— C'est que Dieu aura voulu te libérer de tes promesses.

Shah Jahan s'efforça de sourire.

— Très bien, je te fais le serment de bâtir le plus beau et le plus pur monument de tout l'univers. Un édifice comme jamais l'homme n'en a connu. Pour toi, je construirai l'éternel. Tu es rassurée ?

Il enlaça sa femme et lui murmura à l'oreille :

— En attendant, n'oublie pas qu'un jour, toi aussi tu as prêté un serment : ne jamais m'abandonner.

Le lendemain, le rêve de Mumtâz devint réalité.

Elle accoucha d'un enfant mort-né et glissa lentement dans les bras de la mort.

Selon la tradition, on enveloppa sa dépouille baignée de camphre et d'eau de rose dans cinq tissus de soie et on la transporta jusqu'aux jardins de Zainabad, au bord de la rivière Taptia, où elle fut inhumée, le 11 décembre, le corps aligné du nord au sud et le visage tourné vers La Mecque.

Pendant quarante jours, accablé de douleur, Shah Jahan garda le deuil et ne porta que du blanc, la couleur traditionnelle. Il n'avait pas perdu une femme, il avait perdu l'amour.

Agra, fin décembre 1631

Le front ceint d'un épais turban noir, Ustad Issa Shirazi se présenta devant Shah Jahan. Curieusement, l'empereur avait imposé qu'il fût accompagné de sa femme.

— Maître Issa, si tu es ici, c'est parce que, selon tous mes conseillers, tu serais le plus grand architecte du monde. Il semble qu'aucun homme dans tout l'empire, ni ailleurs, n'égale ton génie.

Ustad Issa se contenta de baisser humblement la tête.

— J'aimerais te poser une question, reprit l'empereur : aimes-tu ta femme ?

L'architecte sursauta, surpris par la question.

— Éperdument, Majesté. Mon épouse est le soleil de ma vie.

— Elle est donc tout pour toi.

— Tout, et bien plus encore.

— C'est bien.

Shah Jahan resta un moment silencieux avant d'enchaîner :

— Le mausolée que tu vas construire devra surpasser en beauté toutes les plus sublimes constructions connues à ce jour. Tu en es conscient ?

L'architecte acquiesça.

— Maître Issa, à présent, j'aimerais te poser une autre question : As-tu une idée de ce que la perte de mon épouse représente ?

— Majesté, je sais seulement que votre souffrance doit être si vive qu'il me paraît impossible ne serait-ce que de l'imaginer.

Shah Jahan approuva, le regard dans le vide.

Soudain, sa voix s'éleva, brisant le silence :

— Garde !

Un soldat se présenta immédiatement.

L'empereur pointa alors son index sur la femme d'Ustad Issa, et ordonna :

— Tranche-lui la gorge !

Sous l'œil horrifié de l'architecte, le garde obtempéra. Alors que la malheureuse s'écroulait dans une mare de sang, l'architecte hurla sa douleur :

— Pourquoi ? Pourquoi, Majesté ?

Imperturbable, Shah Jahan répliqua :

— Nous voici désormais à égalité. Ma douleur est devenue tienne. Construis le mausolée comme s'il devait accueillir le soleil de ta vie.

Que se passa-t-il ensuite dans l'esprit de Shah Jahan ? Tout à coup, avec le soutien des ulémas, il ordonna la destruction de tous les temples hindous récemment construits à travers son empire et fit amener dans la capitale impériale quatre mille chrétiens et hindous, et les fit torturer avant d'être circoncis et forcés de se convertir à l'islam. Certains en conclurent que parfois les trop grandes douleurs cherchent un bouc émissaire.

Automne 1648

Le mausolée de marbre blanc se dressait à présent dans toute sa splendeur. Merveille entre les merveilles. Il aura fallu quelque vingt mille ouvriers et mille éléphants transportant les matériaux venus de toute l'Asie pour l'ériger. Des artisans furent amenés d'Europe pour concevoir les délicats treillis de marbre et les panneaux, faits de milliers de pierres semi-précieuses.

On importa le jaspe du Panjab, la turquoise et la malachite du Tibet, le lapis-lazuli du Sri Lanka, le corail de la mer Rouge, la cornaline de Perse et du Yémen, l'onyx du Dekkan et de Perse, les grenats du Gange et du Bundelkhand, l'agate du Yémen et de Jaisalmer, le cristal de roche de l'Himalaya. En tout, une trentaine de types de pierres fines ou ornementales polychromes furent utilisés pour composer les motifs de marqueterie incrustés dans le marbre blanc.

Le dôme central du tombeau était entouré par quatre minarets identiques, qui s'inclinaient vers l'extérieur de telle sorte qu'en cas de tremblement de terre, ils s'écrouleraient dans la direction opposée au tombeau. À l'avant du monument se trouvait le *charbâgh*, quatre jardins, plantés d'arbres.

L'ensemble reflétait différentes couleurs tout au long du jour et de la nuit afin, dit-on, de rappeler la souplesse et les changements d'humeur de la femme : rose à l'aurore, éclatant de blancheur à midi, doré au couchant, mystérieusement lumineux sous la clarté lunaire.

Une fois l'édifice terminé, Shah Jahan se mit en tête de construire pour lui-même un tombeau, réplique exacte du Taj Mahal, mais en marbre noir, de l'autre côté de la rivière Yamuna. Mais il ne put en venir à bout. Il mourut le 31 janvier 1666 et fut inhumé aux côtés de son épouse.

D'aucuns racontent qu'à certaines périodes de l'année, lorsque la Yamuna déborde, la pleine lune y fait se refléter le Taj Mahal blanc en… noir.

Remerciements

Ma gratitude va à mon ami Merwann qui a bien voulu m'accompagner tout au long de ce voyage. La documentation qu'il a bien voulu rassembler, de même que ses conseils, me furent d'une aide plus que précieuse.

Table